Geschichten zum Weiterdenken · *Begleitbuch*

GESCHICHTEN ZUM WEITERDENKEN

Ein Lesebuch für Schule, Gruppe und Familie

BEGLEITBUCH
von Lore Graf, Ulrich Kabitz, Martin Lienhard
und Reinhard Pertsch

KAISER · GRÜNEWALD

ISBN 3-459-01195-5 (Kaiser)
ISBN 3-7867-0730-8 (Grünewald)

© 1979 Chr. Kaiser Verlag München und Matthias-Grünewald-Verlag Mainz. Alle Rechte vorbehalten. Abdruck, auch auszugsweise, nur mit Genehmigung der Verlage. Fotokopieren nicht gestattet. – Umschlag von Ingeborg Geith. Gesamtherstellung: Georg Wagner, Nördlingen. – Printed in Germany.

Inhalt

Vorwort 7
Zu den Geschichten 13
Register 184
Stichworte — Bibelstellen

Vorwort

Die „Geschichten zum Weiterdenken" knüpfen an das Buch „Geschichten zum Nachdenken" an. Angesichts der vielen ausgezeichneten Kurzgeschichten, die wir damals aus inhaltlichen und didaktischen Gründen wegen unserer vorrangigen Orientierung am Hauptschulunterricht beiseite lassen mußten, entstand schon früh die Idee, einen weiteren Band mit Erzählungen für Erwachsene herauszugeben. Die in ihrem Ausmaß unerwartet breite und positive Aufnahme, die die „Geschichten zum Nachdenken" gefunden haben, ließ diese Idee zu einem Entschluß reifen. Wir können nun ein Geschichten- und ein Begleitbuch vorlegen, die beide die Konzeption der „Geschichten zum Nachdenken" zur Grundlage haben, aber auch ein gutes Stück weiterführen.
So haben wir wie dort bei der Auswahl der Geschichten strenge Kriterien zugrunde gelegt. Es sollten wiederum nur Geschichten aufgenommen werden, die etwas zu sagen haben, aber dem Leser nicht das Denken abnehmen; die Probleme thematisieren, aber nicht vorschnell idealistische oder moralistisch gefärbte Lösungen anbieten; die Spannung erzeugen, aber nicht die Phantasie töten, sondern Lust zum Weiterdenken machen. Geändert hat sich, daß nun auch Geschichten zu Wort kommen, die „schwieriger" sind, vielschichtiger in Inhalt oder Form und wohl einer breiteren Eigenerfahrung bedürfen, damit ihre Intention zu verstehen ist. Sie wenden sich daher in erster Linie an den erwachsenen Leser, an junge Erwachsene in Schule oder Gruppe und natürlich auch an ältere Erwachsene, die für sich oder zusammen mit anderen gute Geschichten lesen wollen.
Die Anordnung der Geschichten weicht ebenfalls nur wenig von der in den „Geschichten zum Nachdenken" ab. Alle unsere Überlegungen, die wir diesbezüglich anstellten, führten uns immer wieder auf jene Form der Grob- und Feingliederung zurück. Diese Übereinstimmung beider Bücher im Aufbau hat den Vorteil, daß die einzelnen Teile von „Geschichten zum Weiterdenken" als Fortsetzung oder Ergänzung zum vorangegangenen Buch aufgefaßt und gelesen werden können. Die Titel der einzelnen Abschnitte sind unter dem Einfluß unseres eigenen Weiterdenkens anders bzw. komplexer geworden, doch wird man leicht den Zusammenhang beider Gliederungen erkennen.
In entsprechender Weise handelt es sich bei dem vorliegenden Begleit-

buch um eine Weiterentwicklung des Konzepts, das wir bereits im Lehrerhandbuch zu „Geschichten zum Nachdenken" (dort mit spezifischer Zielsetzung) entwickelt haben. Die in jenem Band gemachten Ausführungen zu einer tiefenpsychologischen Sichtweise im Blick auf die Erzählungen und die darin zutage tretenden menschlichen und zwischenmenschlichen Probleme sowie zu methodischen Möglichkeiten, die Geschichten in Gruppen oder Klassen zu behandeln, sollen hier nicht noch einmal wiederholt werden. Man kann sie, falls das Interesse dazu besteht, ohne weiteres auch auf die neuen Geschichten übertragen.

Auch die drei Teile jedes Begleittextes spiegeln den Aufbau wider, der sich im Lehrerhandbuch zu „Geschichten zum Nachdenken" bewährt hat. Im einzelnen haben wir uns jetzt allerdings mehr Freiheiten zugestanden als in jenem Zusammenhang, wo es uns in erster Linie um Hilfen für den Lehrer in der Hauptschule ging. Nun einigten wir uns darauf, die persönliche Handschrift noch mehr hervortreten zu lassen. Nicht nur, weil wir glauben, daß es den hier aufgenommenen Geschichten am besten entspricht, wenn wir ebenso engagiert antworten, wie sie uns anreden. Vielleicht erhält der Leser dadurch außer didaktischen Hilfen auch einige Beispiele dafür, wie vielfältig der persönliche Umgang mit Geschichten möglich ist. Indem wir darzustellen versuchten, was uns an einer Geschichte wichtig wurde und an welche Erscheinungen, Ereignisse, Menschen oder Verhältnisse unserer näheren oder ferneren Umgebung wir bei unserer Auseinandersetzung mit einer Geschichte gedacht haben, wollen wir zugleich die Frage stellen: Wie ergeht es Ihnen mit der Geschichte? Wie kann es einem Ihrer Gruppenmitglieder ergehen?

Solchem persönlichen Dialog mit den Geschichten — sei es für sich oder innerhalb einer Gruppe — soll auch das in diesem Begleitbuch vermehrt angebotene Zusatz-, Kontrast- und Arbeitsmaterial dienen. Wir haben es gesammelt, weil wir glauben, daß Geschichten oft besser zu verstehen sind, wenn man sie wie Bilder gegen einen kontrastreichen Hintergrund hält oder sie im Zusammenhang mit anderen Werken oder Informationen sieht.

Wir hoffen, daß wir mit dem so gestalteten Begleitbuch demjenigen, der sich mit den „Geschichten zum Weiterdenken" einlassen will, einige Wege ersparen und vielleicht diesen oder jenen neuen Weg empfehlen können.

Zu den Geschichten

(Auf den folgenden Blättern ist außen jeweils die laufende Seitenzahl dieses Bandes, innen *kursiv* die betreffende Seitenzahl im Lesebuch angegeben.)

I (Lesebuch)		(Begleitbuch) II	
		AUF DER SUCHE NACH SICH SELBST	
		Identität und Schablone	
14	Hermann Hesse	Flötentraum	13
19	Marie Luise Kaschnitz	Das dicke Kind	15
25	Dino Buzzati	Wenn es dunkelt	16
32	Kurt Marti	Neapel sehen	18
33	Peter Bichsel	Der Mann mit dem Gedächtnis	20
35	Heinrich Böll	Der Lacher	23
		Wagnis und Kleinmut	
39	Ernst Lange	Sprung von der Mauer	25
40	Uwe Johnson	Jonas zum Beispiel	27
41	Rainer Maria Rilke	Die Turnstunde	29
45	Josef Reding	Mister Cagneys Komplex	31
47	M. Stähelin	Das Freuspiel	32
		Schicksal und Schuld	
51	Shirley Jackson	Die Lotterie	33
59	Ernst Eggimann	Radstand	35
64	Anton Tschechow	Ein Fall aus der Praxis	38
74	Alfred Andersch	Grausiges Erlebnis eines venezianischen Ofensetzers	39
80	Agathe Keller	Frische Blutwürste	41
		Zuversicht und Verzweiflung	
83	Heinrich Böll	Steh auf, steh doch auf	43
85	Günter Spang	Seine große Chance	45
88	Alan Sillitoe	Samstagnachmittag	47
95	Lukas Hartmann	Katzentrost	48
99	Caroline Muhr	Der blaue Fritz	50
101	Elisabeth Gürt	Eine Tasche voll Einsamkeit	52
104	Josef Reding	Reste einer gestrigen Mitteilung	54

I			II
		Glaube und Unglaube	
110	Werner Bergengruen	Der Arzt von Weißenhasel	56
117	Dino Buzzati	Die Herausforderung des Zauberkünstlers	58
121	Ernst Schnydrig	Der geduldige Hiob und seine zwei Ferkel	60
124	Max Frisch	Glück	62
129	Werner Bergengruen	Die Märchenkutsche	65
132	Werner Reiser	Vom Engel, der am Weihnachtsabend weinte	68
135	Maxim Gorki	Es war am Heiligen Abend	71
		AUF DEM WEG ZUM ANDERN	
		Beistand und Behinderung	
142	Kurt Marti	Ja	74
146	Christa Reinig	Skorpion	76
147	Theodor Weißenborn	Die Welt im Haigerloh	79
151	Josef Reding	Neben dem blauen Seepferdchen	82
		Engagement und Passivität	
158		Am seidenen Faden	84
159		Zwei Menschen wollten Hochzeit halten	85
159	Josef Reding	Ordentlich auf Null ...	88
164	Josef Reding	Den Unsrigen nachlaufen?	90
		Vergebung und Vergeltung	
169	Martin Lienhard	Die Schrift an der Wand	93
170	Werner Bergengruen	Das Netz	95
177	Siegfried Lenz	Das unterbrochene Schweigen	96
180	Arnim Juhre	Wir wohnen schon vierzig Jahre hier	98
185	E.F. Vollenweider	Fragen Sie nach Bodo	99

I			II
		Einfühlung und Unverständnis	
194	Marie Luise Kaschnitz	Wer kennt seinen Vater	101
201	Gerd Heinz-Mohr	Das Gleichnis vom verlorenen Vater	102
202	Franz Hohler	Bedingungen für die Nahrungsaufnahme	105
205	Ernst Kein	Vater zuliebe	108
212	Josef Reding	Kobbe hatte den besseren Platz	110
		Intimität und Isolierung	
215		Jenseits des Flusses	112
216	Theodor Weißenborn	Die Züge nach Morrow	115
219	Heinrich Böll	An der Brücke	116
221	O. Henry	Tildys kurzes Début	119
226	Ingrid Jendrejcyk	Zwei Frauen	121
230	Marie Luise Kaschnitz	Die Füße im Feuer	122
239		Die kleinen Leute von Swabedoo	124

AUF DER GRENZE ZUM NEULAND

		Christentum und Ideologie	
246	Theodore O. Wedel	Das Gleichnis von der unnütz gewordenen Rettungsstation	125
247	Josef Reding	Sie nannten ihn Padrechico	127
254	Ignazio Silone	Wir hatten gelogen	128
256	Dino Buzzati	Die Lehre von Whipping	131
260	Dino Buzzati	Der Streik des Teufels	133
		Gerechtigkeit und Unrecht	
265	Jakob Wassermann	Der Stationschef	135
268	Alice Childress	Es hätte für einen hübschen kleinen Laden gelangt	137
271	Franz Fühmann	Das Judenauto	139
277	Mauro Pellegrini	War José anders?	141
279	Josef Reding	Auf ziseliertem Silber	143

I			II
		Ohnmacht und Gewalt	
285	Armin Kraft	Der Löwenanteil	145
285	Armin Schibler	Der Mann ohne Fernsehen	147
288	Reinhard Lettau	Herr Strich schreitet zum Äußersten	150
290	Slawomir Mrozek	Das Haus an der Grenze	151
293	Heinrich Böll	Mein teures Bein	153
		Menschlichkeit und Zynismus	
297	Lore Graf	Schubladen	156
299	Thaddäus Troll	Tobias und die Lügner	158
301	Franz Hohler	Der Rand von Ostermundigen	159
305	Franz Ochs	Von der Lebensdauer eines Fließbandes	161
306	Adolf Sommerauer	Die toten Fische	163
309	Renate Katarina Oswald	Leben und Tod im August oder ungenaue Beschreibung meiner Familie	166
		Fortschritt und Versäumnis	
317	Gabriel Garcia Marquez	Widerstand gegen das Vergessen	168
319	Ray Bradbury	Der Mann	170
331	Reinhard Pertsch	Die Affeninsel	172
333	Ray Bradbury	Die Landstraße	176
337	Friedrich Dürrenmatt	Der Tunnel	180
345	Hermann Hesse	See, Baum, Berg	182

Bei den folgenden Hinweisen zu den einzelnen Geschichten sind zur stets gleichen Gliederung in drei Hauptabschnitte folgende Zeichen eingesetzt:

 = INHALT UND THEMATIK

 = ÜBERLEGUNGEN UND ERFAHRUNGEN

 = MATERIALIEN UND HINWEISE

Hermann Hesse, Flötentraum

INHALT
Ein Jüngling wird vom Vater mit einer Flöte in die Welt geschickt. Nach einer beglückenden Liebeserfahrung kommt er an einen Fluß. Ein Fährmann nimmt ihn mit und lehrt ihn neue Lieder. In diesen schwingt immer stärker der Ton des Todes mit, bis der Fährmann verschwindet. An seiner Stelle übernimmt der Jüngling — alt und wissend geworden — das Steuer.
LESEDAUER: 22 Minuten
THEMATIK: *Erwachsen-Werden,* Leben, Tod

Die Geschichte liest sich wie ein Traum. Sie läßt den Leser mit einer eigenartigen Stimmung zurück: in süßer Traurigkeit. Die Geschichte scheint uns zuzuflüstern: So ist es, du weißt es auch, ganz innen. Du hast es auch schon erlebt, aber wieder beiseite geschoben. Du hast es schon erlebt, daß im schönsten Lied die verhaltene Begleitung des Todes mitschwingt, daß im Kuß schon die Bitternis des Abschieds enthalten ist. Du weißt, daß bei allem, was du tust, der Abschied schon immer dabei ist.
Hesse hat in einer außerordentlich stimmungsvollen Geschichte den einzigartigen Moment im Leben jedes Menschen eingefangen, in dem er sich zum ersten Mal der ablaufenden Zeit existentiell bewußt wird. Es ist das der Augenblick des Erwachsen-Werdens. Der Augenblick, der alle Erlebnisse, alle Gefühle, alle Gedanken im Vergleich zu früher verändert. Der Augenblick, der die Begrenztheit der eigenen Kräfte und Möglichkeiten klarmacht.
Es ist eigentlich keine Geschichte zum Diskutieren. Viel eher zum Meditieren.
Eine Geschichte, die man allein oder in kleiner Gruppe schweigsam aufnimmt und mit ,,sprachlosen" Mitteln der Bewegung, der Musik, des Malens verarbeitet. So finden wir bestimmt andere Bilder, die ähnliches ausdrücken: fallendes Herbstlaub, Rauhreif über einer leuchtend roten Hagebutte, oder auch das ,,Sehen" von Adam und Eva nach dem Genuß des Apfels.

1. Mose 3, 1—7.
Musikalisch improvisieren: Melodien spielen/singen, in denen langsam die Begleitung des Todes einsetzt.
Mit Farben läßt sich ähnliches gestalten.

Eine der Geschichte entsprechende Form scheint mir das Gedicht zu sein. Bestimmt fallen Ihnen verschiedene Herbst- und Todesgedichte ein.

Beispiele:

Rainer Maria Rilke, Die Duineser Elegien, v.a. die 10. Elegie

Rainer Maria Rilke, *Sonette an Orpheus, 1. Teil, IX. Sonett*

Nur wer die Leier schon hob
auch unter Schatten,
darf das unendliche Lob
ahnend erstatten.

Mag auch die Spiegelung im Teich
oft uns verschwimmen:
Wisse das Bild.

Nur wer mit Toten vom Mohn
aß, von dem ihren,
wird nicht den leisesten Ton
wieder verlieren.

Erst in dem Doppelbereich
werden die Stimmen
ewig und mild.

Andreas Gryphius, *Das Leben*
Die leichte Hand voll Jahr,
Die uns des Himmels Licht auf dieser Erden schenket,
Rennt nach der schwarzen Bahr,
Dies Leben wird in Angst und Tränen ganz ertränket.
Die Blumen, eh als sie gefunden,
Sind mit dem Mittag oft verschwunden.
Der Tau hat kaum das Feld benetzet
Und ist nicht, wenn die Sonn entsteht.
Ein Funk hat kaum das Aug ergetzet,
Wenn er in seine Nacht vergeht.
Ein Schiff reist durch die See,
Ein Vogel durch die Höh,
Der Schatten durch das Land,
Der Sturmwind über Sand.
Man sieht die Pfeile kaum durch die geteilten Lüfte streichen,
Doch nichts läßt hinter sich des zu geschwinden Ganges Zeichen.
So schnell, ja schneller fleucht dies Leben,
Das wir eh enden als anheben.
Wir sind kaum in dies Licht geboren
Und sind schon von dem Tod erkoren,
Den wir oft unerkannt erleiden.
Wir kommen, und man heißt uns scheiden!

Vgl. auch Märchen wie „Dornröschen", „Die drei Federn", „Jorinde und Joringel", alles Grimm'sche Märchen.

M.L.

Marie Luise Kaschnitz, Das dicke Kind

INHALT
Die Erzählerin erhält Besuch von einem seltsamen dicken Mädchen. Sie findet es unsympathisch, ja abstoßend. Am Ende merkt sie, daß sie selbst einmal dieses Kind war, das einem Traumbild von sich nachhing, bis es erfährt, daß es selber etwas dazu tun muß, um seinen eigenen Weg zu finden.
LESEDAUER: 24 Minuten
THEMATIK: *Identität,* Kindheit

Der Mensch hat die Fähigkeit, Unangenehmes, ihn Belastendes einfach zu vergessen. Wenn er es nicht verarbeitet hat, führt es in seinem Unterbewußten ein Eigenleben und meldet sich immer wieder, meist in verschlüsselter Form (Traum). Diese tiefenpsychologische Erkenntnis bildet den Hintergrund für diese Geschichte.
Die Zeitebene zwischen Gegenwart und Vergangenheit wird surrealistisch überschritten. Die Erzählerin sieht in der Person, die sie in ihrer Kindheit war, ein fremdes Mädchen, das ihr aber auf eine merkwürdige Weise bekannt vorkommt. Und sie lehnt diesen Menschen ab, haßt ihn sogar. Noch jetzt ist das Traumbild, die schlanke, mutige, erfolgreiche „Schwester", von der die Dicke in Trauer und Sehnsucht spricht, das Kind nach ihrem Herzen. Sie erkennt, daß sie auch in ihrem Erwachsensein die „Raupe", die sie war, noch nicht angenommen hat, obgleich sie sich doch nach hartem Ringen durch das „Gespinst" hindurchgearbeitet hat. Sie hat sie vergessen, und deshalb kommt sie im Wachtraum noch einmal zu ihr zurück.

Fragen, die sich mir im Anschluß an die Geschichte stellen:
— Was fällt mir beim Lesen spontan dazu ein?
— Welche Gefühle dem dicken Kind gegenüber wurden bei mir ausgelöst?
— Wie erkläre ich mir diese Gefühle?
— Kenne ich ähnliche Erfahrungen wie die Erzählerin?
— Was habe ich als Kind/Jugendlicher an mir abgelehnt? Warum gerade dies? Hatte bzw. habe ich in diesem Zusammenhang heute noch peinigende Gefühle?
— Hatte ich auch ein Traumbild von mir? Habe ich es heute noch?
— Wie wurde (werde) ich damit fertig, daß ich diesem Traumbild nicht entsprach (entspreche)?
— Oder bin ich ihm durch Anstrengungen tatsächlich nähergekommen?
— Bin ich mir dadurch auch selbst nähergekommen?

Marie Luise Kaschnitz (1901–1974). Veröffentlichung von Lyrik, Essays, Hörspielen und Erzählungen. 1955 Büchnerpreis.
Die Geschichte entstammt dem Erzählband „Lange Schatten".
In ihren Geschichten geht es meist um Probleme und Konflikte, die auf den ersten Blick nicht sehr weltbewegend erscheinen. Beim näheren Betrachten zeigt sich jedoch, daß es gerade diese scheinbar nebensächlichen Erfahrungen sind, die ein Leben maßgeblich bestimmen können.

Ergänzende Literatur:
M. James / D. Jongeword, Spontan leben, Reinbek 1974.
J.O. Stevens, Die Kunst der Wahrnehmung, München 1975.

L.G.

Dino Buzzati, Wenn es dunkelt

INHALT
Der erfolgreiche Geschäftsführer Sisto Tarra begibt sich, durch ein Klopfen aufmerksam gemacht, auf den Dachboden. Dort steht er einem ca. 11jährigen Knaben gegenüber. Bald merkt er, daß er selbst jener Knabe ist, und versucht ihm stolz zu zeigen, was aus dem Knaben Sisto geworden ist. Aber der Knabe versteht ihn nicht; er sieht nur, daß sich die Kinderträume nicht verwirklicht haben.
LESEDAUER: 32 Minuten
THEMATIK: *Sinn des Lebens*, Kinderträume

Es ist typisch für Buzzati, daß die Geschichte in einer Sphäre der Halbwirklichkeit spielt. Ganz sachte wird der Leser aus seiner Welt der Realitäten entführt in eine Welt des Non-Sens oder des Traumes – je nach dem Standpunkt des Verfassers. Für mich hat die Szene auf dem Dachboden den Charakter eines bedrängenden Traumes. Verschollene Erinnerungen und nicht gewagte Wünsche werden in diesem Traum geweckt. Deshalb macht mich diese Geschichte betroffen. Sie hat in mir eine ganze Welt aufleben lassen, die Welt meiner früheren Vorstellungen, Wünsche und Ideale, die ich unter dem Druck der Realität, der Konkurrenz, der Selbstzensur und der Zeit aufgegeben habe. Zu meinem Vorteil oder Nachteil? Wie kann ich die Erfolge im Beruf, im Leben überhaupt gegen die dafür aufgegebene Freiheit und Spontaneität abwägen? Sisto ist am Ende nicht mehr sicher, ob es recht so ist mit seinem Leben, wie es ist. Ich habe mich mitnehmen lassen auf diesem Weg und mich am Schluß gefragt: Wohin ziele ich mit meinem Leben? Wie kann ich wissen, ob ich es richtig eingesetzt habe? Diese Fragen haben mich dazu bewogen, einem eigenen Kinderfoto gegenüberzusitzen und ein Zwiegespräch mit dem Kleinen zu führen. Die Zeit hat sich gelohnt. Ich habe neu nach den Wünschen und Sehnsüchten meiner Kinder fragen gelernt.

„Survivre n'est pas vivre". Paris Mai 1968, Mauerinschrift.
„Kinder sind eine Brücke zum Himmel" (Persisches Sprichwort).
„Wenn die Weisen am Ende ihrer Weisheit angelangt sind, muß man die Kinder hören" (J.J. Pestalozzi).
„Laßt euch die Kindheit nicht austreiben" (Erich Kästner).
A. de Saint-Exupéry, Der kleine Prinz, Düsseldorf 1968.
1. Joh. 3,14. Luk. 15,11ff Gleichnis vom verlorenen Sohn.
Zeitungsberichte über Mißhandlungen von Kindern.
Cantate-Schallplatte, Halleluja-Billy, Teldec, Telefunken-Decca, Hamburg. Rechte bei Tonkunst Verlag Karl Merseburger, Darmstadt. Darin das Lied von der Sehnsucht:
„Schluck deine Sehnsucht hinunter, wisch dir die Angst vom Gesicht. Frag nicht, warum alles ist wie es ist, denn die Großen wissen es nicht.
Ich hab meinen Vater gefragt, warum der Himmel so weit ist. Da hat er gelacht und gesagt: so fragt nur, wer nicht gescheit ist. Drum: Schluck deine Sehnsucht hinunter.
Ich hab meine Mutter gefragt, warum sie so traurig und matt ist. Da hat sie geseufzt und gesagt: mein Kind, man ist froh, wenn man satt ist. Drum: Schluck deine Sehnsucht hinunter..."

Dino Buzzati, 1906 in Belluno geboren und 1972 in Mailand gestorben, war Journalist und Schriftsteller (Romane, Novellen und Kurzgeschichten).

M.L.

Kurt Marti, Neapel sehen

INHALT
Der Fabrikarbeiter hatte am Ende seines Gartens eine Bretterwand aufgestellt, um die verhaßte Fabrik aus seinem Gesichtskreis zu verbannen. Er haßte auch seine Frau, den Meister, den Arzt.
Nach vierzig Jahren Arbeit wird er krank. Vom Bett aus sieht er das Gärtchen und die Bretterwand. Nach drei Wochen will er zwei Bretter von der Wand weghaben, damit er die Fabrik sieht. Nach einer weiteren Woche verlangt er, daß die Hälfte der Wand weggeschafft wird, nach vierzehn Tagen die ganze Wand.
Kurz darauf stirbt er.
LESEDAUER: 4 Minuten
THEMATIK: *Arbeit,* Freizeit, Lebensinhalt

„Um Gottes willen, ist diese Fabrik das einzige, das dieser Arbeiter in den Tod hinübernehmen will?", hat ein sechzehnjähriger Bursche ausgerufen, nachdem ich die Geschichte vorgelesen hatte. Die Diskussion über Sinn und Unsinn unserer industriellen Arbeits- und Lebensweise war damit in dieser Gruppe nicht mehr zu bremsen.
Es ging vor allem um die Frage: Wie weit kann ich mich da als Einzelner heraushalten? Kann ich bei der Berufswahl die Weichen stellen? Kann ich mir durch eine entsprechende innere Lebenseinstellung einen freien Lebensraum mit andern Inhalten als nur die Fabrik schaffen?
Wie weit werde ich andererseits durch Strukturen vereinnahmt, die mich schließlich so stark einengen, daß ich nur noch im Takt meiner Arbeit zucken kann?
Heißt das, daß ich nicht bei mir, sondern bei den Strukturen beginnen muß, bei der Änderung von Arbeitsplätzen, der Arbeitszeit, der Mitbestimmung usw.?
Aber ist der sterbende Mann nicht doch selber schuld an seinem armseligen Leben? Hätte er sich nicht schon längst eine andere Arbeit suchen müssen? Indessen, jemand muß doch diese Arbeit machen! Also muß er sich arrangieren mit den Möglichkeiten, die ihm geboten werden. Das etwa sind die Fragen und Argumente aus jener Diskussion mit Sechzehnjährigen.
Am gleichen Tag, an dem dieses Gespräch stattfand, kam abends ein fünfundzwanzigjähriger Mann zu mir. Er klagte über seine Arbeit: „Die Monotonie macht mir zu schaffen. Morgens 7.00 Arbeitsbeginn, Mittagspause, abends 17.00 Schluß. Am andern Tag dasselbe. Gibt es einen Beruf mit mehr Freiheiten? Am besten,

ich hätte eine Million gut verzinst angelegt. Ich bin nicht etwa zu faul, um zu arbeiten, aber ich möchte tun, was mir Spaß macht."
Die Geschichte zeigt, wie eine menschenunwürdige Arbeit mithilft, menschliche Beziehungen zu zerstören. Der Mann schaut als letztes „seine" Fabrik zärtlich an, nicht seine Frau. Das kann er aber erst angesichts des Todes tun, wie ihm in seiner Sprachlosigkeit klar wird, daß es für ihn nur noch die Beziehung zu dieser Fabrik gibt. Während des Lebens haßte er die Fabrik. Geahnt hat er es also mindestens, daß das nicht seine Lebensbestimmung sein kann. Aber die Kraft, das zu ändern, reichte nach der Arbeit nicht mehr. Er hat wahrscheinlich immer noch etwas erwartet, etwas Erfüllenderes, etwas Höheres, immer erwartet. Jetzt spürt er, daß es keine Erwartungen mehr gibt für ihn.

Film von Charlie Chaplin, Modern Times.
G. Wallraff, Am Fließband, in: Geschichten zum Nachdenken, 17, und Hinweise im dazugehörenden Lehrerhandbuch.

Fragen:
Welche Wünsche und Vorstellungen hatte der Mann (hatten Sie)
— bei Schulende?
— bei der Verheiratung?
— bei Stellenantritt in der Fabrik?
Weshalb erschrickt die Frau, als der Mann die Fabrik sehen will?

Worte:
Der Jugend kann ich nur drei Worte des Rates erteilen: Arbeite, arbeite, arbeite (Bismarck).
Arbeit macht das Leben süß (Sprichwort).
Wer nicht arbeiten will, soll auch nicht essen (Thess. 3,10).
Nicht was du tust, ist, was dich ehrt, wie du es tust, bestimmt den Wert (Sprichwort).
Mancher arbeitet un thut vil — ein anderer aber tritt in sein erndt (mittelalterlicher Spruch).
Neapel sehen und dann sterben.

Bibelstellen:
Arbeit ist Auftrag und Wille Gottes: 1. Mose 3,17—19; 2. Mose 20,9.
Arbeit ist wichtig: Spr. 6,6.
Aber sie soll nicht an die Stelle von Gottesdienst treten: Luk. 10,38—42; Luk. 12,15ff; Matth. 6,25—34.

M.L.

Peter Bichsel, Der Mann mit dem Gedächtnis

INHALT
Ein Mann lernt vom Fahrplan bis zur Zugnummer alles auswendig, was mit der Eisenbahn zusammenhängt. Allein darin findet er Freude und Bestätigung. Dabei mißversteht er völlig den Sinn des Zugfahrens, was dazu führt, daß er das Bahnhofsgelände nicht mehr betreten darf, weil er gegen Reisende tätlich wurde. Als dort ein Informationsbüro eingerichtet wird und der Auskunftsbeamte ebenso wie er alle einschlägigen Fragen beantworten kann, stellt sich der Mann mit dem Gedächtnis um. Nun lernt er die Anzahl der Treppenstufen aller möglichen Häuser auswendig.
LESEDAUER: 10 Minuten
THEMATIK: *Identität*, soziale Anerkennung

Der Mann mit dem Gedächtnis zeigt eigentlich nur hinsichtlich des Gegenstandes, dem er sich zuwendet, ein ungewöhnliches Verhalten. Im übrigen unterscheidet er sich kaum vom „normalen" Menschen:
— Er lernt voller Eifer auswendig wie ein Musterschüler, der nichts anderes im Kopf hat, zur Freude seiner Eltern.
— Er speichert Wissen, ohne etwas rechtes damit anfangen zu können und obwohl andere Dinge weit wichtiger für ihn wären, wie bisweilen der Schüler in der Schule.
— Er setzt auf seine intellektuellen Fähigkeiten wie einer, der einen sozialen Aufstieg versucht und dieses Ziel nicht anders erreichen kann als durch geistige Anstrengung und Leistung.
— Er wird zu einem Experten in einer Welt, die von Experten beherrscht wird und die zusammenbrechen würde ohne Spezialisten.
— Er spielt seinen Wissensvorsprung, seine „expert power" aus und erwartet sich davon eine Bestätigung seines Ansehens und Einflusses. Kein Spezialist ist davon frei.
— Er wechselt sein Spezialgebiet, als keine Nachfrage mehr nach seinen Kenntnissen zu bestehen schien. Ein solches Verhalten wird in der Wirtschaft von immer mehr Menschen verlangt.
— Er sucht in dem, was er tut, einen Erfolg, Selbstbestätigung und Anerkennung, ohne die kein Mensch leben kann.

— Er will einmalig sein, unverwechselbar sein, sich von anderen abheben, wie jeder von uns.
Trotzdem geht ihm der Kontakt zum Mitmenschen und zur Realität generell verloren. Dabei geht es Menschen wie ihm ebenso wie allen anderen letztlich um diesen Kontakt und um Zuwendung. Die Tragik solcher Schicksale liegt nicht nur darin, daß der Betreffende selbst nicht um seine unbewußten Motive weiß, sondern auch darin, daß derartig verschlüsselte Signale auch von anderen nicht verstanden oder übersehen werden.

Aus der Theologie und der Psychologie stammen die folgenden beiden Zitate. Beide reden von einer Sehnsucht bzw. einem Bedürfnis des Menschen und werfen Schlaglichter auf Verhaltensweisen, wie sie der „Mann mit dem Gedächtnis" zeigt. Sind sie einander ähnlich?

Die Sehnsucht des Menschen

„... Jeder Mensch ist voll von Fragen, ja, im Grunde von einer Frage; ja mehr: der Mensch ist Frage, bewußt oder unbewußt. Er ist das deshalb, weil sein eigentliches Sein immer als ein künftiges vor ihm steht. Menschliches Leben ist, bewußt oder unbewußt, bewegt von dem Verlangen, der Sehnsucht nach ‚Wahrheit', nach ‚Wirklichkeit', nach ‚sinnvoller', nach verwirklichter echter Existenz. Man kann auch sagen: nach Liebe in dem doppelten Sinne: zu lieben und geliebt zu werden.
Solche Sehnsucht kann mißleitet sein, ja, sie mißversteht in der Regel sich selbst. Sie kann verkleidet sein im Verlangen nach Lebensgenuß, nach Macht, nach Besitz. Sie kann aber ihre Gestalt auch finden im Verlangen, der Welt zu entfliehen, in religiösen Strebungen."

(Aus: R. Bultmann, Erziehung und christlicher Glaube, in: Glauben und Verstehen IV, Tübingen 1965, 54)

Bedürfnis nach sozialer Anerkennung

„ ‚... *In Syracuse stand ich in dem Ruf, ein zäher, hart schießender, fanatischer Fußballspieler zu sein. Aber meine Balgerei, die harte Ballbehandlung und die Bereitschaft, auch nach einer Verletzung weiter zu spielen, geschah nur aus Angst vor Versagen und aus dem zwanghaften Bedürfnis heraus, Anerkennung bei den Trainern zu finden.'* Diese Aussage des Berufsfußballspielers im Ruhestand, Dave

Meggyesy (San Francisco Chronicle, Juli 24, 1970) *macht deutlich, wie beherrschend soziale Motive bei der Kontrolle des individuellen Verhaltens sein können. Das fundamentalste dieser Motive ist vielleicht das Bedürfnis nach sozialer Anerkennung. Es gibt anscheinend keine Grenze in bezug auf das Ausmaß, bis zu dem Menschen gehen, um Anerkennung durch andere zu gewinnen, selbst wenn sie jemanden töten, Erniedrigung erfahren, oder sogar den Tod auf sich nehmen müssen.*
Bereits in einem frühen Alter lernen Kinder eine Reihe positiver Konsequenzen kennen, wenn sie sich entsprechend den elterlichen (oder gesellschaftlichen) Definitionen darüber, was richtig und angemessen ist, verhalten. Wenn diese Konsequenzen von anderen Menschen gesetzt werden, bewirken sie weit mehr als lediglich eine höhere Wahrscheinlichkeit, daß die Reaktion wiederholt und gelernt wird. Viele der von uns hochgeschätzten Handlungen werden nicht um ihrer selbst willen getan, sondern sollen bezwecken, daß andere Menschen uns um so mehr schätzen, anerkennen, helfen, lieben und verehren.
Die soziale Anerkennung unserer Handlungen besitzt mindestens fünf verwandte, aber unterscheidbare Konsequenzen:
a) Die Anerkennung Ihrer Verhaltensweise ist ein Zeichen für die Beachtung Ihrer Person und bedeutet Hervorhebung *und* Identität;
b) Anerkennung legitimiert Ihre Existenz *und erhöht Ihren Status als Person, die Beachtung verdient;*
c) Anerkennung impliziert die Akzeptierung dessen, was Sie anbieten können und damit die Sicherheit, *nicht wegen Inadäquatheit von Fähigkeiten, Meinungen oder Gefühlen abgelehnt zu werden;*
d) Anerkennung schafft eine Verbindung zwischen dem Anerkennenden und dem Anerkannten und bewirkt so eine freundliche Einstellung *für den Anerkennenden und dessen Reaktion der Erwiderung;*
e) Anerkennung liefert ein Kriterium Ihrer Kontrolle *oder* Macht *über die Umwelt, indem sie spezifiziert, wie das Verhalten einer Person erwünschte Konsequenzen schaffen kann."*

(Aus: F.L. Ruch / P.G. Zimbardo, Lehrbuch der Psychologie, Berlin/Heidelberg/New York 1974, 313)

Auch die folgende kurze Bildgeschichte auf der gegenüberliegenden Seite hat etwas zu Bichsels Geschichte zu sagen. Welche Parallelen bestehen zwischen beiden?

(Axel-Enno Schmidt, Fliegende Blätter 79)

R.P.

Heinrich Böll, Der Lacher

INHALT
Ein Mann, der aus seiner besonderen Fähigkeit, auf die verschiedensten Arten lachen zu können, einen Beruf gemacht hat, spricht von seiner anstrengenden Tätigkeit. Tiefer Ernst ist für ihn die beste Entspannung. So hat er im Privatleben das Lachen verlernt, ja, er ist sich nicht einmal sicher, ob er je wirklich gelacht hat.
LESEDAUER: 7 Minuten
THEMATIK: *Selbstfindung,* Humor

Lächeln, Lachen ist dem Menschen angeboren wie das Weinen. Er braucht es nicht erst zu lernen. Auch taub-blind geborene Kinder können es. Aber man kann es verlernen. Da spielen dann äußere Gründe eine Rolle wie Erziehung, Umwelteinflüsse, Erfahrungen. Lachen stellt soziale Bezüge her. Es verbindet, entwaffnet, befreit. Es drückt Fröhlichkeit, Gelöstheit, Zufriedenheit und Harmonie aus — sofern es ein natürliches, von Herzen kommendes Lachen ist.
In der Geschichte geht es auch um Lachen, aber sie ist nicht lustig, sondern pessimistisch: das Lachen hat keinen Grund. Es wird künstlich gemacht, es wird zur Pflichtübung und damit zur Anstrengung. Aber es wird gebraucht, weil man merkt, daß eigentlich keiner wirklich lachen kann. Man weiß, Lachen steckt an, deshalb ist der Lacher so begehrt. Dabei kennt auch er nicht das echte Lachen. Er beherrscht nur die Technik.

Fragen, die die Geschichte an mich stellt:
— Es gibt verschiedene Arten zu lachen. Wann habe ich zum letzten Mal herzhaft gelacht? Was war der Grund?
— Wir lachen manchmal nicht, obwohl uns danach zumute wäre..., wir fühlen uns manchmal verpflichtet zu lachen, obwohl uns gar nicht danach zumute ist... Wodurch wird Lachen ausgelöst? Welche Reaktionen kann Lachen bei andern auslösen? Wirkt es immer ansteckend?
— Es heißt, es gäbe heute weniger zu lachen als früher. Stimmt das?
  Wenn ja, warum?
— Wodurch kann man das Lachen verlernen?
— Lachen hat auch mit Witz und Humor zu tun. Die beiden „ungleichen Brüder" werden oft verwechselt.
  Lache ich gern auf Kosten anderer? Freue ich mich, wenn ich „die Lacher auf meiner Seite habe"?
— Wie leicht oder schwer fällt es mir, über mich selber zu lachen?
— Welche Erfahrungen stehen dahinter?
— Es heißt, daß der Deutsche wenig Humor habe. Wenn Humor die Kunst ist, über sich selber lachen zu können, ist Humor dann erlernbar?

Ergänzende Literatur:
I. Eibl-Eibesfeldt, Liebe und Haß, München 1976.

Ergänzende Zitate als Denkanstoß:
„Wo der Spaß aufhört, beginnt der Humor" (Werner Finck).

„Ich entdecke die deutsche Humorlosigkeit in fast allem, was bei uns öffentlich passiert — manchmal sogar bei mir selbst" (Heinrich Böll).

Zum Autor: Heinrich Böll, geb. 1917, lebt in Köln. Romane, Erzählungen, Kurzgeschichten. Böll hat die Fähigkeit, menschliche und gesellschaftliche Schwächen bloßzulegen.

L.G.

Ernst Lange, Sprung von der Mauer

INHALT
Zwei Jungen haben sich auf einer verfallenen Stadtmauer verstiegen und rufen voller Angst nach Hilfe. Ein Mann kommt herbeigelaufen, stellt sich an den Fuß der Mauer und ruft: „Springt, ich fange euch auf!" Aber nur einer wagt vertrauensvoll den Sprung, denn der Mann da unten ist sein Vater. Der andere wartet auf die Feuerwehr.
LESEDAUER: 4 Minuten
THEMATIK: *Vertrauen*, Wagnis und Kleinmut, Glaube

Ernst Lange verwendet diese Episode in seinem Buch „Chancen des Alltags" als Modell, um daran drei Aspekte des „Absprungs nach vorn" zu verdeutlichen:
— Hier wird veranschaulicht, was die Entwicklungspsychologie als Grundvertrauen bezeichnet (vgl. dazu das Lehrerhandbuch zu „Geschichten zum Nachdenken", 11). Die Geborgenheit, die ein Kind von früh auf bei seinen Eltern erfährt, ihre Verläßlichkeit in der Zuwendung, im Ermutigen und Setzen von Maßstäben, all das erweist sich als Lebensqualität, die dem heranwachsenden und erwachsenen Menschen zu Selbstvertrauen, Zutrauen bei der Begegnung mit anderen und Mut zum Handeln verhilft. Wieder auf die Geschichte bezogen: weil hier ein „Sog des Vertrauens" wirksam ist, sind beide, Vater und Sohn, im entscheidenden Moment zum „Größeren" fähig, das alles alltägliche Verhalten übersteigt.
— Dieses „Größere" zeigt sich andererseits als Erfahrung des Glaubens in der

biblischen Geschichte, wie die Jünger vom Schiff aus ihren Herrn übers Meer wandeln sehen und Petrus sich entschließt, ihm entgegenzugehen (Matth. 14, 22—33). „Zwischen Jesus und Petrus wirkt der Sog des Vertrauens, wie in dem psychologischen Rätsel zwischen Vater und Kind. Solange der Glaubende sich diesem Sog anvertraut, gelingt ihm das augenscheinlich Unmögliche, der Abgrund trägt. Sowie er aber den Abgrund als solchen ins Auge faßt, wird er versinken" (aaO. 269).

— Der dritte Aspekt besteht darin, wie sich von da her der Mensch den Herausforderungen der Gegenwart und Zukunft zu stellen vermag. Das kann sich auf Entscheidungsmomente im Alltag beziehen, aber auch auf Haltung und Verhalten in größeren Verantwortungsbereichen, in kirchlichen oder politischen Fragen. „Wird er bei seiner Angst gerufen, bei seinem Sicherheitsverlangen, bei seinen Enttäuschungen und schlechten Erfahrungen, bei dem, was er an Gutem und Bösem schon immer aus sich gemacht hat, dann ist es Angst, Sicherheitsverlangen, Mißtrauen, Selbstwiederholung, was er hervorbringt. Wird er aber, vollmächtig, bei seiner Liebe gerufen, bei seiner Sachlichkeit, bei seiner Phantasie, bei seinem Mut, bei seiner Offenheit, bei seiner Freiheit, bei seinen größeren Namen, dann kann er sich anders, größer, reicher zur Antwort geben" (aaO. 270f).

„Ich glaube, daß Gott uns in jedem Augenblick soviel Widerstandskraft geben wird, wie wir brauchen; aber er gibt sie uns nicht zum voraus, damit wir uns nicht auf uns selbst, sondern allein auf ihn verlassen; in solchem Vertrauen müßte alle Angst vor der Zukunft überwunden sein."

(D. Bonhoeffer, Widerstand und Ergebung, Neuausgabe, München 1970, 20f)

Literatur:
H. Gollwitzer, Vortrupp des Lebens, München 1975.
M. James / L.M. Savary, Befreites Leben. Transaktionsanalyse und religiöse Erfahrung, München 1977.
W. Dirks, Das Vertraute und das Vertrauen, München 1979.

U.K.

Uwe Johnson, Jonas zum Beispiel

INHALT
Die Jona-Legende aus dem Alten Testament wird nacherzählt. Der Prophet Jona flieht vor dem Auftrag Gottes, der sündigen Stadt Ninive den Untergang anzukündigen. Aber Gott bringt ihn im Bauch des Walfischs zu der Stadt. Als ihre Bewohner sich dann ändern und deshalb von Gott verschont werden, ist Jona enttäuscht. Johnson erweitert den offenen Schluß um drei Möglichkeiten, wie Jona sich nun wieder verhalten könnte.
LESEDAUER: 7 Minuten
THEMATIK: *Barmherzigkeit,* Gottesbild, Solidarität

Die alttestamentliche Legende vom Propheten Jona, die der Autor hier paraphrasiert, stammt wahrscheinlich aus der altjüdischen Weisheitsliteratur. Es geht darin um den frommen Menschen, der erfahren hat — und nicht versteht —, daß Gottes Gerechtigkeit anders aussieht, als er selbst es für richtig hält. Er will nicht, daß auch die Gottlosen, die Außenstehenden, die sich um Gottes Gebote nicht kümmern, in seine Liebe und Güte mit einbezogen werden. Deshalb ärgert er sich und will fliehen. Er ahnt ja bereits, wie es enden wird. Jona geht es um die Konsequenz Gottes, und es geht ihm um sein eigenes Rechtbehalten. Gott soll zu seinem Wort stehen, damit sein Prophet nicht blamiert dasteht. Für ihn ist Gerechtigkeit unerbittliche Strafe als Folge von Vergehen. Er begreift nicht, daß bei Gott Richten nicht zerstören bedeutet, sondern ausrichten, recht machen.
Anzumerken ist, daß der Autor bei der Wiedergabe des Inhalts der Legende auf zweifache Weise irrt. Er nimmt Ninive als israelitische Stadt an, über „deren menschliche Kräfte" der „Vertrag" Gottes gegangen sei. Zum einen war der Bund Gottes mit seinem Volk eindeutig pro-menschlich. Unmenschliches brachten erst immer die Menschen hinein. Zum andern waren die Einwohner Ninives keine Juden. Sie fühlten sich an den israelitischen Gott Jahwe und seinen „Vertrag" nicht gebunden. Sie waren für Jona eben die Außenstehenden, die Nichtfrommen, die keinen Anspruch auf Gottes Barmherzigkeit hatten.
Auch das Bild des Propheten als solchen sieht Johnson auf seine Weise. Ein Blick in das biblische Original der Legende ist angebracht. Der Schluß dort bleibt offen. Deshalb wird das dreifache Angebot von Möglichkeiten des weiteren Verhaltens Jonas interessant:
1. Er bleibt unversöhnlich und wartet, daß Gott doch noch zuschlägt; vielleicht dann, wenn die Stadt wieder rückfällig wird?

2. Er stirbt lieber durch eigene Hand, als daß er sich mit diesem Gott einverstanden erklärt.
3. Er gesellt sich zu den Einwohnern Ninives, weil er erkennt, daß sie vor Gott zusammengehören.

Diese Überlegungen stellen zugleich Fragen an uns selbst:
— Wie würde ich Gerechtigkeit definieren?
— Würde ich diese Definition auch für die Gerechtigkeit Gottes als gültig annehmen?
— Wie erginge es mir an der Stelle Jonas? Ich versuche, seinen Auftrag in eine heutige Situation zu übertragen...
— Kenne ich jemanden, dessen Lebenswandel ich mißbillige? Gönne ich ihm eine „gerechte Strafe"? Würde eine solche Strafe oder eine Änderung mir mehr Genugtuung verschaffen?
— Wie steht es mit meinem Glauben an die Gerechtigkeit, wenn weder Änderung noch Strafe eintritt? Hoffe ich dann auf einen „gerechten Ausgleich" in einem jenseitigen Leben?
— Kenne ich Menschen, denen ich die Barmherzigkeit Gottes nicht in dem Maße gönne, wie ich sie für mich wünsche und erhoffe? Warum?
— Kann mir diese „ungerechte" Welt die Lebensfreude verderben?
— Könnte ich mich für den dritten Vorschlag des Autors erwärmen oder habe ich noch ein „ja, aber..." im Hintergrund? Woran liegt das?

Zum Autor: Uwe Johnson, 1934 in Cammin (Pommern) geboren, wurde durch seinen ersten Roman „Mutmaßungen über Jakob" (1959) bekannt. Er lebt in Westberlin (Romane und Erzählungen).

Ergänzender Text als Denkanstoß:
(Aus: J. Moltmann, Die drei Sünden der Kirche, in: Deutsche Zeitung/Christ und Welt vom 19.10.73)
„Wir sagen den Frieden Gottes zu denen, die ‚guten Willens' sind, aber nicht denen, die etwas anderes wollen als wir... Haben wir das Gesetz vor Augen, dann beurteilen wir die Menschen immer nur nach ihren Taten. Haben wir Jesus vor Augen, dann beurteilen wir Menschen nach ihren Leiden. Dann sind die Sünder und Zöllner nicht Verbrecher, sondern, wie das russische Volk über die Sträflinge sagte, die ‚Unglücklichen'.
Das Evangelium ist wundervoll. Es spricht über uns und die andern so, wie wir wirklich sind. Es richtet nicht die Schuld, sondern sieht im Sünder den unglücklichen, leidenden Menschen. Darum unterdrückt uns das Gesetz. Das Evangelium

aber befreit uns. Das unglückliche Volk versteht Jesus, und wenn es die Kirche nicht versteht, dann liegt es wohl an der Kirche, der Jesus fremd geworden ist. Eine Kirche, die von der Gnade Jesu lebt, bricht mit der Moral und den Gesetzen der etablierten Gesellschaft und begibt sich mit Jesus ‚in schlechte Gesellschaft' (Adolf Holl). Sie wird lieber den Vorwurf ertragen, selbst ‚unmoralisch' zu sein, als die ‚Unglücklichen' zu verdammen und auszuschließen."

Vgl. auch den ergänzenden Text bei ,,Glück" von M. Frisch.

Ergänzende Literatur:
A. Holl, Jesus in schlechter Gesellschaft, Stuttgart 1971.
Th. u. G. Sartory, In der Hölle brennt kein Feuer, München 1968.
H. Gollwitzer, Ich frage nach dem Sinn des Lebens, München 1974.

Bibelstellen:
Luk. 18,9—14; 19,1—10; Matth. 7,1.

L.G.

Rainer Maria Rilke, Die Turnstunde

INHALT
Im leidenschaftslosen, sachlichen Berichtsstil verbirgt sich eine zeitkritische Anklage gegen die herkömmlichen Erziehungsmethoden in einer Militärschule vor 1914. Während der Turnstunde klettert einer der Knaben, zu den schlechtesten Turnern zählend, panisch getrieben die Stange hoch und bricht danach zusammen. Beklommenheit breitet sich in der Turnhalle aus, während der Militärarzt im Nebenraum um den Kadetten bemüht ist, bis alle erfahren: er ist an Herzversagen gestorben.
LESEDAUER: 16 Minuten
THEMATIK: *Erziehung,* Menschenbild, Angst, Herrschaft

Diese Erzählung, 1899 aufgrund eigener Erlebnisse in den Militärschulen von St. Pölten und Mährisch-Weißkirchen geschrieben, ist fürs erste als historischer Text bemerkenswert. Abgesehen davon, daß sie manchen Leser mit seinen bisherigen

Eindrücken von Rilke („ausgesetzt auf den Bergen des Herzens") durch ihre harte Realistik verblüffen mag: sie dokumentiert das damals erwachende Interesse an der Situation des jungen Menschen in der Erziehungswelt um 1900. Die beste Deutung hat Robert Minder in seinem Essay „Kadettenhaus, Gruppendynamik und Stilwandel" gegeben, indem er diese Geschichte in einen größeren Zusammenhang stellt:

„*Indem junge Dichter um die Jahrhundertwende aus dem vertrauten Bild der Wirklichkeit einen befremdlichen Teilaspekt herauslösten, sich in ein paar ungewohnte Gefühle verkrallten, zu ein paar überraschenden Bildern, zu schockierenden Formulierungen vorstießen, haben sie die Stil- und Denkebene mitgeschaffen, von der aus wir zum guten Teil heute noch die Welt betrachten und beurteilen... Abgesondert von den andern lebten sie dahin ... und doch wußten sie mehr vom Leben als die massiv und normal Drinstehenden. Sie hatten Normen der Zukunft erschaut. Mit der Präzision, die die Physiker für ihre Ferngeschosse zu errechnen imstande sind, haben sie haarscharf die Stelle getroffen, wo der Wurm im Apfel saß, wo ein furchtbarer Krebs sich zu bilden im Begriff war. Die scheinbar Wehleidigen sind die unbestechlichsten Zeugen der noch verborgenen Wahrheit gewesen. Das Erschütternde ist, daß diese Gestalten der Phantasie, geheimnisvoll weiterwuchernd, 1933 zu Schlüsselfiguren werden, die Kultur von ganz Europa in die Knie zwingen, Millionen in den Tod treiben konnten und nun, längst wieder zivil geworden und verspießert, auch das Grauen der Vergangenheit verharmlost, ausgeflickt und ausgelöscht haben*" (aaO. 94f).

Damit ist schon eine zweite Blickrichtung eröffnet, die nach den Folgen fragt, mit denen wir noch nicht fertig sind. Aber damit noch nicht genug: zu fragen ist schließlich auch, ob das Grundbild des Drills, der auf den einzelnen Menschen keine Rücksicht nimmt, wirklich der Vergangenheit angehört, oder ob es nicht in moderner Einkleidung weiter wirksam ist, wo junge Menschen den Zwängen des Leistungsdrucks und neuer Normierungen unterliegen.

Im Unterricht ab 8. Klasse liegt es nahe, nach der Lektüre zu hören, wieweit sich die Schüler hier identifizieren können, dann zu fragen, welches Bild vom Menschen und der Gesellschaft hinter solchem Erziehungssystem zu erkennen ist, nach den Folgen zu fragen und schließlich zu erkunden, in welcher Gestalt die Schüler heutige Zwänge und Normierungen wahrnehmen.

Literatur:
R. Minder, Kadettenhaus, Gruppendynamik und Stilwandel von Wildenbruch bis Rilke und Musil, in: Kultur und Literatur in Deutschland und Frankreich, Suhrkamp-TB 397, Frankfurt/M. 1977, 76—95.

U.K.

Josef Reding, Mister Cagneys Komplex

INHALT

Ein erfolgreicher Geschäftsmann sitzt beim Psychiater und klagt darüber, daß er zu keinem ungetrübten Genuß mehr komme. Er könne seine hohe Stellung, seine Privilegien, seine Macht nicht mehr genießen. Der Psychiater kann ihm nicht helfen. Der Vater des Patienten war Hafenarbeiter. Die Erinnerungen hätten sich im Patienten zu gut erhalten, meint der Psychiater, und zudecken könne er die nicht. Er rät ihm nur dazu, seinem Sohn nichts von seinen Skrupeln zu erzählen.
LESEDAUER: 6 Minuten
THEMATIK: *Identität,* soziale Gegensätze

Reding hat eine forsche Satire auf den Geschäftsmann geschrieben, der nur noch in geschäftlichen Kategorien denkt. Der Verfasser ist vielleicht auch einmal ungläubig staunend oder fassungslos erschüttert vor dem kalten Zynismus eines skrupel- und gedankenlosen Geschäftsmannes gestanden und hat sich nach der Vorgeschichte eines solchen Mannes gefragt. Natürlich gibt die Satire keine Antwort. Sie fragt nur. Sind Leute, die um ihrer Geschäfte oder ihrer Einbildung willen über Leichen schreiten können, einfach vergeßlich? Sind sie so, weil sie ein solches Verhalten bereits mit der Muttermilch eingesogen haben?
Und die viel wichtigere Frage: Solche kalten Geschäftstypen sind doch auch Menschen. Sie müssen gewiß auch menschliche Regungen haben. Wie hoch muß die Reizschwelle sein, damit ihr Gewissen zu schlagen beginnt?
Und: Welches ist der Lebensinhalt solcher Menschen? Der ungetrübte Genuß? Der Erfolg?
Mr. Cagney leidet am Fehlen des ungetrübten Genusses, aber welchen Genusses? Es sind nicht vitale Bedürfnisse, deren Genuß er vermißt, diese kennt er schon gar nicht mehr; Zuneigung, Zärtlichkeit, Hingebung, Ruhe.
Nein, er kann seinen Einfluß, seine Macht, seinen Reichtum nicht mehr genießen. Es sind alles Dinge, die er selber auf die Flagge seines Lebens gesetzt hat. Damit ist nach dem wirklichen Wert solcher Lebensziele gefragt.
Obwohl in der Geschichte von einem Psychologen die Rede ist, hüte man sich, sie psychologisierend zu verstehen. Ich lese sie lieber mit einem schwarzen Lächeln: Wie habe ich's mit den ,,Kleinen" in meiner Umgebung? Woran habe ich meinen Genuß?
Diese Frage stellt sich angesichts einer Realität der harten Geschäftswelt. Mr. Cag-

ney ist zutiefst beunruhigt über seine plötzlich auftretenden Gefühle. Diese kann er sich nicht leisten. Es stört seine Ausgeglichenheit, und das wiederum hemmt seine Arbeitskraft. Ein Manager hat hart zu sein, er muß etwas wagen. Kleinmut ist da nicht gefragt. Aber ob das ein lebensförderndes Wagnis ist?

D. Buzzati, Wenn es dunkelt, siehe S. 16.
J. Hen, Der Tod des Millionärs, in: Geschichten zum Nachdenken, 20, und die dazugehörenden Ausführungen im Lehrerhandbuch.
Matth. 6,19–24; Matth. 18,10; Luk. 10,29–37 (Der barmherzige Samariter).

M.L.

M. Stähelin, Das Freuspiel

INHALT
Eine alte rührende Geschichte: Pollyanna, die Tochter eines bettelarmen Predigers in Amerika, hatte sehnlich darauf gehofft, daß ihr die nächste Spendenkiste vom Frauenverein eine Puppe beschert, aber es kommt nur ein Paar Krücken zum Vorschein. Da bringt der Vater der enttäuschten Tochter das Freuspiel bei: daß sie probiert, wie mühsam man sich an Krücken fortbewegt, um hinterher um so bewußter ihre gesunden Glieder zu bewegen. So wollten sie es künftig halten, daß sie sich bei allem, was sie bekümmern mag, fragen, über was man sich dabei freuen kann.
LESEDAUER: 9 Minuten
THEMATIK: *Leiden*, Lebenseinstellung, Mitmenschlichkeit

Wie schon angedeutet, kann die Geschichte zwiespältige Reaktionen hervorrufen. Einwände drängen sich auf: es geht doch nicht immer so einfach, alle Dinge zum Besten zu kehren; es gibt Enttäuschungen, die sich kaum ohne weiteres verwinden lassen. Die moderne Psychologie spricht von „Trauerarbeit", die auf einen Verlust hin zu leisten ist, und sieht im Ausweichen vor seiner „Verarbeitung" eine weiterhin belastende Verdrängung. Andererseits: gibt es nicht auch Enttäuschungen, die keines-

falls so einfach zu „schlucken" sind, wie es Pollyanna und ihr Vater bei der miserablen Abspeisung taten, die durchaus auch ein Anlaß zum Protest sein könnten?
Wenn wir diesen Einwänden Raum geben, ist damit aber keineswegs die Möglichkeit des „Freuspiels" in seinem Kern bestritten. Um nun diese Möglichkeit näher in Betracht zu ziehen, sind wohl folgende Feststellungen nötig:
— Wie verschieden reagieren wir auf eine bestimmte Enttäuschung? Der eine stellt vielleicht deprimiert fest, daß aus allem, was er anfaßt, nichts wird, während ein anderer bereits zusieht, wie er aus der gegebenen Situation das Beste macht.
— Was muß ich aber in Gang setzen, um aus der gegebenen Situation das Beste zu machen? Brauche ich dafür ein sonniges Gemüt („mach es wie die Sonnenuhr, zähl die heitren Stunden nur")? Oder setze ich meinen Verstand ein, um sie zu verbessern?
— Es gibt das Bibelwort „Denen, die Gott lieben, müssen alle Dinge zum Besten dienen". Wenn ich das glauben kann, werde ich mich nicht im Verlustbereich aufhalten, sondern Ausschau halten, wo das Beste ist.

Zur Behandlung dieser Geschichte bietet sich das Schema der sog. Transaktionsanalyse an, die hierbei verschiedene Ich-Zustände am Werke sieht, das Kinder-Ich (Pollyanna mit ihren Wünschen und ihrer Enttäuschung) und das Erwachsenen-Ich (der Vater mit seinem Lösungsvorschlag). Näheres dazu bei M. James / D. Jongeward, Spontan leben, Reinbek 1974.
Vgl. auch das Lied von Matthias Claudius „Ich danke Gott und freue mich...".

U.K.

Shirley Jackson, Die Lotterie

INHALT
Jedes Jahr am Morgen des 27. Juni trifft sich die Dorfgemeinschaft, um ein altes Ritual zu begehen. Durch das Los wird irgendein Dorfbewohner ermittelt, den die andern dann zu Tode steinigen. Der Sinn dieses Brauchs ist zwar vergessen, aber „sie erinnern sich genau an die Steine..."
LESEDAUER: 32 Minuten
THEMATIK: *Sündenbock*, Tradition, Schuld

Sündenbockrituale ziehen sich durch die ganze Menschheitsgeschichte. Auch unsere moderne Gesellschaft ist nicht frei davon. Sie dringen nur — wie in der Geschichte auch — nicht als solche ins Bewußtsein. So kann diese Erzählung als Parabel angesehen werden für sozio-psychologische Mechanismen in der menschlichen Natur. Auffallend ist dabei die heitere, freundliche Atmosphäre, in der sich das Schreckliche abspielt. Aber auch hier spiegelt sich die Realität wider.
Zwei Begleiterscheinungen des Sündenbockrituals werden deutlich:
1. Die Entlastungsfunktion einer Gemeinschaft.
   Was sie als rechtens erklärt, kann das Individuum von Schuldgefühlen entbinden. Selbst freundschaftliche, ja familiäre Bindungen können dabei wie selbstverständlich aufgehoben werden. (Die freundliche Nachbarin nimmt als erste den größten Stein; auch der kleine Sohn des Opfers bekommt Steine in die Hand gedrückt, um sie auf die Mutter zu werfen.)
   Überlegenswert wäre in diesem Zusammenhang vielleicht auch die ursprüngliche Funktion des Karnevals, dem einzelnen zu Zeiten strenger sexueller Tabus sonst Verbotenes zuzugestehen. Das Individuum wurde entlastet.
2. Das Gewicht von Traditionen.
   Eine Tradition, deren Sinn keiner mehr kennt (hier wahrscheinlich ein alter Fruchtbarkeitsritus) soll erhalten werden, weil „es schon immer so war" und weil „schlimme Zeiten" kommen, wenn der Brauch abgeschafft wird. Dabei wird auch in Kauf genommen, daß er sich gegen menschliches Leben richtet. Die Berufung auf die Überlieferung läßt die Gemeinschaft irrational handeln und befähigt sie so zur größten Grausamkeit.
   Wir denken hier unwillkürlich an die Verfolgung und Tötung von Menschen im Namen von Weltanschauungen und Religionen.

Fragen, die sich mir im Anschluß an die Geschichte stellen:
— Welche Gefühle erweckt in mir der Schluß der Erzählung?
— Was geht in den einzelnen Dorfbewohnern vor? (Ich stelle mir vor, ich wäre einer von ihnen...)
— Ein Dorfbewohner hält vor Beginn des Rituals eine Rede gegen den alten Brauch. Was könnte alles passieren?
— Wie stehe ich selbst zu alten Traditionen?
  (Wann wirken sie lebensbereichernd, wann Leben einschränkend?)
— Warum ist das Bedürfnis des Menschen, Sündenböcke zu schaffen, nicht auszurotten?
— Welche Funktion übernimmt der Sündenbock in der Gesellschaft?
— Wenn ich die Geschichte als Parabel betrachte, kann ich mich selbst darin entdecken?

— Ich wäre natürlich dagegen, daß jemand um einer von mir als richtig akzeptierten Sache willen geschädigt würde oder gar zu Tode käme. Gibt es Umstände, die diese Meinung relativieren könnten?
— Kenne ich Vorgänge aus meinem eigenen Leben oder aus meiner Umgebung, in denen das Gewissen zum Schweigen kam (kommt), weil die Verantwortung für das Unrecht von einer Gemeinschaft irgendwelcher Art übernommen wurde (wird)?
— Wie steht es mit meiner Bereitschaft, dabei mit dem Finger nicht nur auf andere zu weisen?

Shirley Jackson, 1919 in Kalifornien geboren. Novellen, Essays, Kurzgeschichten.

Ergänzende Literatur:
Evangelischer Erwachsenenkatechismus, Gütersloh 1976³.
P. Tournier, Echtes und falsches Schuldgefühl, Herder-TB 299.

L.G.

Ernst Eggimann, Radstand

INHALT
Ein Vertreter fährt einen auf der linken Seite entgegenkommenden jugendlichen Motorradfahrer zu Tode. Die Eltern des Verunglückten lassen dem Vertreter keine Ruhe; dieser pocht auf seine Unschuld. Später lädt der Vertreter ein Autostopper-Paar auf. Der Verfasser bietet verschiedene mögliche Auflösungen.
LESEDAUER: 23 Minuten
THEMATIK: *Schuld*, Schicksal, Gottesfrage

In der Geschichte stecken verschiedene Probleme, die es vor Gebrauch in der Gruppe auseinanderzuhalten gilt:
1. Der Unfall überfällt alle Beteiligten völlig unvorbereitet. Mit dem Fall eines sol-

chen Unfalles haben weder der Vertreter noch die Eltern des verunglückten Jungen gerechnet.

Die *Warum-Frage* steht deshalb zu Recht im Mittelpunkt der ganzen Geschichte. Warum mußte das passieren? Warum gibt es diese Sekunde? Hätte der Junge nicht diese Sekunde später von zu Hause wegfahren können? Ist ein solcher Unfall eine Laune des blinden Schicksals, ist er Fügung?

Die Warum-Frage spitzt sich im bohrenden Fragen der Eltern zu zur Frage nach *Gottes Gerechtigkeit.* Es ist dies die uralte Frage des Hiob, mit der sich Menschen immer wieder befassen werden, weil es da keine allgemeingültige Antwort gibt.

2. Eng mit der Warum-Frage verbunden ist die *Frage nach der Schuld.* Eine naheliegende Frage, leider oft die naheliegendste, gilt der Schuld. Die polizeiliche Untersuchung und die gerichtliche Verfolgung *will* einen Schuldigen, ebenso das „gesunde Volksempfinden". Am wenigsten verzichten wir auf die Schuldfrage, wenn wir, wie in dieser Geschichte der Vertreter, selber am Fall beteiligt sind. Wir meinen, mit der Schuldfrage gleich auch die Verantwortungs-Frage gelöst zu haben.

Die Geschichte zeigt, daß die einfache Beantwortung der Frage, hier soviel Prozent schuldig, dort soviel Prozent, gerichtlich untermauert, menschlich nicht befriedigt. Den Eltern genügt eine solche Feststellung nicht, um mit dem Verlust des Sohnes fertig zu werden. Auch dem Vertreter genügt die gerichtlich festgestellte Unschuld nicht zur Bewältigung.

3. Damit sind wir beim Problem der *Bewältigung* solcher schrecklichen Vorfälle angelangt.

Die Geschichte zeigt nur verschiedene Möglichkeiten der Verdrängung auf, aber keine echte Bewältigungen. Vielleicht ist die Zeitspanne, die die Geschichte umfaßt, zu kurz, um eine echte Bewältigung zu schildern. Es entspricht eher der Realität, daß am Anfang verdrängt wird. Die Verdrängungsmechanismen bei den Eltern sind offensichtlich: statt Trauer zu erleben, agieren sie massiv gegen den Vertreter. „Sich mit etwas beschäftigen" in einer solch intensiven Art ist wohl eine der häufigsten Verdrängungsmechanismen bei übermäßiger Trauer.

Der Vertreter verdrängt auf seine Weise: Er betont seine juristische Unschuld. Er redet sich ein, daß der Getötete auch einer dieser langhaarigen, faulen und frechen Jungen ist, um den es folglich nicht schade ist.

Seine Verdrängung wird schließlich offensichtlich, wenn es heißt: „..., aber diese Hundertstelsekunde streiche er jetzt aus seinem Leben..."

Deutlich ist zu sehen, wie solche Verdrängungen nirgends hinführen. Das Leben der Beteiligten kreist so nur noch um den Unfall, andere Inhalte kommen nicht mehr in den Blick. Es ist, als ob der Getötete seine ganze Umgebung mit in den Tod gerissen hätte.

4. Das Generationenproblem. Die Figur der Großmutter mit ihren Fragen und Einwänden steht für die ältere Generation, die die Jungen anprangert. Aber auch der

Vertreter verfällt in der Verdrängung seines Unfalles einer naheliegenden Möglichkeit: Er verurteilt die jugendliche Generation, aus der sein „Opfer" stammt. Der Verfasser zeigt das an der Szene mit dem Jungen aus der obern Etage links. Als ich die Geschichte mit Jugendlichen besprach, haben diese Abschnitte provozierend gewirkt. Die Folge war die Parteinahme gegen den Vertreter. Deshalb würde ich bei jugendlichen Lesern diese Abschnitte weglassen, wenn es mir um eine offene Diskussion von Problem 1 geht.

Erwachsenen hingegen kann gerade daran gezeigt werden, wie durch Verallgemeinerungen (schlechte) Verdrängungs- und Entlastungsarbeit für das eigene Gewissen geleistet wird.

Zeitschrift für Religionsunterricht und Lebenskunde 7, Nr. 2, 1ff: „Unser Kind Gott zurückgegeben". Gespräch mit dem Vater eines tödlich verunfallten Kindes. (Sehr lesenswert!)
Arbeitsblatt in der gleichen Nummer der Zeitschrift für Religionsunterricht und Lebenskunde. Das Blatt bringt eine Zusammenfassung von Hiobs Auseinandersetzung mit dem Leiden.
„Hiob — die Frage nach Gott und nach seiner Gerechtigkeit", Tonbild von Paul Kohler, ref. Pfarramt, CH-4302 Augst. Linolschnitte von Fritz Kull, Musik von Arthur Honegger.
A. Camus, Die Pest, rororo-TB 15. Dieser Roman stellt die Frage nach dem Warum des Leidens.
St. Zweig, G.F. Händels Auferstehung, in: Sternstunden der Menschheit, Frankfurt 1959, 75–100. Diese Geschichte als Beispiel echter, weiterführender Bewältigung von Leiden im Gegensatz zur Haltung der Eltern in unserer Geschichte.

Von guten Mächten wunderbar geborgen,
erwarten wir getrost, was kommen mag.
Gott ist mit uns am Abend und am Morgen
und ganz gewiß an jedem neuen Tag.
(Dietrich Bonhoeffer)

Röm. 4, Gerechtigkeit nicht durch das Gesetz, sondern durch Glauben. Röm. 2,1–2.

Die verschiedenen Auflösungen der Geschichte, die der Autor am Schluß bringt, sollten nicht vor einem Gespräch gelesen werden.
Eine Aufgabe könnte es sein, gruppenweise oder einzeln einen Schluß schreiben zu lassen.

Ernst Eggimann, geb. 1936, ist Sekundarlehrer im Emmenthal. Er hat verschiedene Bücher herausgegeben, u.a. „Psalmen" und „Jesus-Texte".

M.L.

Anton Tschechow, Ein Fall aus der Praxis

INHALT
Rußland vor den sozialen Umwälzungen dieses Jahrhunderts. Ein junger Moskauer Arzt fährt aufs Land und gelangt in ein düsteres Fabrikgelände. Man hat ihn dringend zum Krankenbesuch bei der Tochter der Besitzerin bestellt. Bald hat er ihr eigentliches Leiden erfaßt: Es sind die Ängste vor der Übernahme eines solchen Erbes, das einzig auf Ausbeutung der Arbeiter gegründet ist. Und er gelangt zu einer Diagnose der Zeit: „Ihre Schlaflosigkeit ist ehrenhaft, sie ist ein gutes Zeichen... Unseren Eltern wäre ein solches Gespräch, wie wir es jetzt führen, unsinnig vorgekommen; sie haben nachts nicht diskutiert, sondern fest geschlafen, wir aber, unsere Generation, wir schlafen schlecht, wir leiden seelisch..." Für ihre Kinder und Enkel wird das alles, so meint er, einmal überwunden sein. „Schön wird das Leben in fünfzig Jahren sein, nur schade, daß wir es nicht mehr erleben."
LESEDAUER: 41 Minuten
THEMATIK: *Krankheit* und Gesellschaft

„Ein Fall aus der Praxis" zeigt die Meisterschaft des russischen Schriftstellers Tschechow (1860–1904), wie Satz für Satz vorder- und hintergründige Wirklichkeit dargestellt wird. So geschieht es in der Schilderung des Fabrikgeländes und der Fabrikantenwohnung, aber wesentlicher noch in der Vertiefung des ärztlichen Befundes, der – bereits Jahrzehnte vor Sigmund Freud – körperliches Leiden mit dem seelischen Befinden des Patienten, ja mehr noch: mit der bedrückenden sozialen Spannung in Verbindung bringt.
Man kann den Text als *historisches Dokument* behandeln, als Zeugnis einer Generation im Übergang, die eine besondere Sensibilität für die gesellschaftlichen Zustände entwickelt hat, ohne auch schon ihre Veränderung zu betreiben. Was ist zu Tschechows optimistischer Zukunftsvision zu sagen?
Man kann den Text aber auch als Anstoß nehmen, um von historischen auf *heutige Verhältnisse* überzuleiten. Was wissen wir von sogenannten psychosomatischen Beschwerden, wo also seelische Belastung zu körperlichem Leiden führt? Wo machen uns „die Verhältnisse krank"? Gibt es Zusammenhänge zwischen Krankheit und Gesellschaft? Hilft schon das Bewußtwerden der Ursachen zur Minderung des Leidens? Oder müssen zur Besserung die Verhältnisse geändert werden?

Zur Konfrontation mit dieser Geschichte eignen sich die vier Erkenntnisschritte, die Erich Fromm in seinem Buch „Haben oder Sein" (Stuttgart 1976, 165) formuliert hat:
— Wir leiden und sind uns dessen bewußt.
— Wir haben die Ursache unseres Unbehagens erkannt.
— Wir sehen eine Möglichkeit, unser Unbehagen zu überwinden.
— Wir sehen ein, daß wir uns bestimmte Verhaltensnormen zu eigen machen und unsere gegenwärtige Lebenspraxis ändern müssen, um unser Unbehagen zu überwinden.

Er zeigt in diesem Zusammenhang, wie diese vier Schritte als Grundstrukturen des Vorgehens zu gesellschaftlicher Veränderung und psychischer Heilung bei Karl Marx und Sigmund Freud zutage treten, um entsprechende Perspektiven für die Gegenwart zu entwickeln.

U.K.

Alfred Andersch, Grausiges Erlebnis eines venezianischen Ofensetzers

INHALT
Der Ofensetzer Rossi ist vom Prior des Salesianerklosters gerufen worden, um den offenbar schadhaft gewordenen Kamin im Refektorium wieder in Ordnung zu bringen. Wie er an die Arbeit geht, ärgert ihn ein häßlicher Kater, der sich ungewöhnlich erregt an den Kamin drängt. Bald kommt der Schaden zum Vorschein: ein Rattennest, das den Abzug verstopft hatte. Eine Riesenratte fährt heraus, verbeißt sich in den Kater, der sie angesprungen hat. Die grausige Erinnerung an den Kampf der beiden Tiere wird beim Ofensetzer übertroffen von der Bewunderung, die er dem Prior entgegenbringt: dessen Besonnenheit und Tatkraft, mit der er — „ein Mann wie der liebe Gott" — die Tiere eigenhändig hinausbefördert hat und den Raum instandbringen ließ.
LESEDAUER: 24 Minuten
THEMATIK: *Schöpfung,* das Häßliche in der Welt, Glaube und Wissenschaft

Was von der Geschichte gewiß haften bleibt, ist das „grausige Erlebnis" vom Kampf des Katers mit der Ratte und das Auftreten des Priors, der am Ende an Gottes wohlgelungener Schöpfung zu zweifeln wagt.
Der Anblick der Tiere, die einander zerfleischen, wirkt abstoßend und wiederum so fesselnd, daß sich der Blick davon nicht zu lösen vermag. Hier zeigt sich unverhüllt eine Lebenswirklichkeit, die in unzähligen Spielarten und Größenordnungen — von der mikroskopischen Zelle bis zur Weltpolitik — als „Kampf ums Dasein" an der Tagesordnung ist.
Zu denken gibt auch der Raum. Immer wieder hat sich der Mensch Plätze geschaffen, die von solcher Bedrohung abgegrenzt sind, wo Friede statt dem Kampf herrscht, wo das Leben gedeihen kann und auch Tiere Schutz finden. Freilich, der „umfriedete" Raum kann auch dazu verführen, daß man darin die Existenz anderer, unschöner Wirklichkeiten verdrängt, so wie wir beispielsweise beim Verzehren eines Bratenstücks den vorangegangenen Tötungsakt vergessen. Hier handelt es sich ausgerechnet um einen klösterlichen Raum, also um einen Bezirk, der in besonderem Maße von der argen Welt abgesondert erscheint.
Indessen wirkt der Prior keineswegs lebensfremd, sondern im Gegenteil der Situation gewachsen. Und durch ihn erhält der Vorfall am Ende die enorme Perspektive einer Schöpfung, die noch nicht fertig ist.

Röm. 8,18—25; Jes. 11,6—9.

Aller Augen harren auf Dich, Herr,
jedem gibst Du seine Nahrung zu seiner Zeit.
Du öffnest Deine Hände und schüttest Deinen Segen über alle Tiere aus...
Die Sperlinge haben weder Kornkammern noch Traktoren,
Du aber gibst ihnen Körner, die auf die Straße fallen,
wenn die Lastwagen zu den Silos fahren.
Dem Kolibri gibst Du den Nektar der Blumen,
weichen Reis dem Reisvogel
und Fische dem Eisvogel und seiner Gefährtin.
Die Möven finden jeden Tag ihre Fische
und die Eulen jede Nacht ihre Frösche und Mäuse.
Du bereitest dem Kuckuck sein Mahl
aus Raupen und haarigen Würmern,
Du gibst dem Raben Grillen
und der Grille, die in ihrer Höhle singt, Insekten...
(E. Cardenal, Zerschneide den Stachendraht, Wuppertal 1973[3])

Die Raubwespe springt zwischen die aus der Erde ragenden furchtbaren Kieferzangen der in ihrem Loche steckenden Raublarve, lähmt die Beute durch einen Stich in den Hals, ohne sie zu töten, und legt in der lebendigen Bruthöhle ihre Eier ab. Die Larven der Wespe nähren sich nur von frischem Fleisch (G. v. Natzmer). Das ist die epigrammatische Schrift unter dem Bilde ‚Natur', des Lebens selbst. (Könnten wir den Kampf der Bakterien in unserem Körper beobachten, ohne welchen Kampf wir nicht leben können: er böte dasselbe Bild.) Die Bewunderung der Zweckmäßigkeit, mit der ein Tier zur Vernichtung des anderen ausgestattet ist ... grenzt an Verzweiflung.

(R. Schneider, Winter in Wien, Freiburg i.B. 1963, 161f)

Wesen, die dem Kampf ums Dasein entstammen, sind zum Tod und, wenn sie subjektive Empfindung der uns bekannten Art haben, zum Leiden verurteilt... Erst wenn dies erfahren ist, kann man zu begreifen beginnen, wovon die großen Religionen sprechen. Nicht naiver Harmonieglaube, sondern die äußerste Erfahrung von Leiden, Schuld, Sinnlosigkeit ist ihr Ausgangspunkt.

(C.F. von Weizsäcker, Der Garten des Menschlichen, München 1977, 580)

Literatur:
H. Frör, Ich will von Gott erzählen wie von einem Menschen, den ich liebe, München 1977, 13ff.
O. Jensen, Unter dem Zwang des Wachstums. Ökologie und Religion, München 1977, 27f u.ö.
J.Chr. Hampe, Türen ins Freie, München 1976, 9–20.

Alfred Andersch, 1914 in München geboren, lebt als freier Schriftsteller in Berzona (Tessin). Romane, Erzählungen, Hörspiele, Lyrik.

U.K.

Agathe Keller, Frische Blutwürste

INHALT
Ein Kind erlebt zum ersten Mal, wie ein Schwein geschlachtet wird. Es ist für alle ein Fest, nur das Kind sieht die Brutalität im ganzen Geschehen.
LESEDAUER: 7 Minuten
THEMATIK: *Töten von Tieren,* Tierschutz, Vegetarisch leben

Wenn wir ein Entrecôte verzehren — schön präpariert und präsentiert —, so denken wir nicht an das Rind mit seinen samtenen Augen, das sein Leben lassen mußte. Kaum einer von uns muß ja das Tier selber umbringen, dessen Fleisch er essen will. Wahrscheinlich wäre der Fleischkonsum sonst wesentlich geringer.
Wenn ich einem Bekannten erzähle, daß ich selber Hühner schlachte und sie dann sogar noch esse, ist die Reaktion fast immer ein ungläubiges Kopfschütteln mit einem vorwurfsvollen Unterton: „Wie können Sie so etwas tun?" Ich meine aber, daß wir bereit sein müßten, das Tier selber zu töten, wenn wir sein Fleisch verantwortlich essen wollen. Ich sage ausdrücklich: wir müßten. Natürlich weiß ich, daß wir durch unsere arbeitsteilige Gesellschaft schon zu weit vom Ursprung unserer Fleischnahrung entfernt sind, als daß wir vom Fleisch auf dem Teller direkt auf das Tier schließen. Aber liegt nicht hier der Anfang einer Entwicklung, die am Ende zur industriellen Tierfabrikation mit der ganzen erschreckenden Beziehungslosigkeit zum Tier geführt hat?
Beim Gebrauch der Geschichte hat sich der Titel „Frische Blutwürste" als Reizwort erwiesen. Aufgrund des Titels hat sich jedesmal, bevor ich die Geschichte vorlesen konnte, ohne weitere Frage ein spontanes, tiefgehendes Gespräch entwickelt. Dabei wurde jedesmal deutlich, wie das Essen von Fleisch auch beim aufgeklärten Europäer immer noch psychisch stark besetzt ist. Das Aussehen, die Zubereitungsform ist oft wichtiger als der Geschmack des Fleisches. So vorbereitet, kann die Geschichte fruchtbar eingesetzt werden. Das Entsetzen des Kindes wird verständlich und als notwendig verstanden. Es ist das Entsetzen, das uns eigentlich bei jedem Genießen von Fleisch ankommen müßte. Natürlich haben wir dagegen Barrieren aufgebaut, wobei ich die oben erwähnte Verleugnung und Verdeckung der Herkunft des Fleisches als eine schlechte, für die Beziehung zur Kreatur verderbliche Abwehr betrachte.
Wieviel mehr Beziehung steckt doch in der Abwehr dieser Bauern, wenn sie aus dem Entsetzlichen ein Schlachtfest machen und dabei dem ganzen Geschehen und dem Tier auch im Tod die Würde belassen. Sie wissen noch, daß ein Tier sein Leben lassen muß, damit die Menschen leben können. Das Fest wird deshalb beinahe zum Ritual.
Ich habe bei meinen eigenen Kindern denselben Vorgang beobachtet. Als ihnen zum ersten Mal bewußt wurde, daß das Fleisch im Teller von unsern Kaninchen stammte, die sie gefüttert und gestreichelt hatten, wurden sie auch von einem Grausen befallen. Nachher bauten sie aber allmählich eine viel tiefere, eine Beziehung der Dankbarkeit zu unsern Tieren auf. Natürlich ging die Beziehung zum Tier bei „primitiven" Völkern noch viel weiter. Mit Opfern und verschiedenen rituellen Handlungen mußte nach dem Töten eines Tieres sein „Geist" jeweils wieder gnädig gestimmt werden. Diese Einstellung verhinderte auch, daß mehr Tiere als nötig getötet wurden.

Heilige Kühe in Indien.
Es gibt Vegetarier. Aus welchen Gründen?
Mit dem Getreide, das für die Produktion von Fleisch verwendet wird, könnte eine viel größere Menge Menschen ernährt werden als mit Fleisch.
Fragen:
Welche Tiere essen wir nicht? Weshalb nicht?
In welcher Form mag ich das Fleisch nicht? (Blutwurst)
1. Mose 1,26—31.
C. Castaneda, Reise nach Ixtlan, Fischer-TB 1809, 63—70.
A. Sommerauer, Die toten Fische, siehe S. 163.
Zum Fleischopfer siehe M. Eliade, Geschichte der religiösen Ideen, Freiburg i.Br. 1978, Band 1, 16f.
Die Söhne der Erde. Film nach einer Rede des Indianerhäuptlings Seattle. Verleih in der Schweiz: Zoom, Dübendorf.

M.L.

Heinrich Böll, Steh auf, steh doch auf

INHALT
Ein Mann steht verzweifelt am Grab seiner Geliebten. Immer wieder sagt er: Steh auf, steh doch auf. Unversehens sieht er einen Schatten sich erheben, flieht vor dem Ungeheuerlichen und bricht nach langer Anstrengung zusammen. Da sieht er vor sich eine helle Ebene. Darauf steht die Geliebte und sagt lächelnd: „Steh auf, steh doch auf!"
LESEDAUER: 8 Minuten
THEMATIK: *Tod*, Verzweiflung, Trauer, Hoffnung

Das ist eine der Erzählungen, über die sich schlecht diskutieren läßt. Ich könnte mir denken, daß das eine oder andere Gruppenmitglied im Anschluß an die Geschichte malen will oder Parallelbilder in Sprache umsetzt. Die Erzählung ist so

stark, daß sie Erinnerungen im Leser weckt und Gefühle aufbricht. Der Gruppenleiter sollte nonverbale Techniken anwenden, damit diese Gefühle nicht allzu schnell durch Rationalisierungen und theoretische Abhandlungen abgeblockt werden.
Bevor Sie jetzt weiterlesen, empfehle ich Ihnen, eine Pause einzulegen, um gut zu hören, was die Geschichte in Ihnen anrührt.
Die Erzählung ist eine dichterische Darstellung dessen, was man in der Fachsprache Trauerarbeit nennt. Sie zeigt die Phasen von der Verzweiflung über die Angst bis zur Integration des geliebten Menschen als Toter ins weitere Leben, und das heißt gleichzeitig bis zur Akzeptierung seines und auch meines Todes.
Eine theoretische Erörterung dieses Trauerprozesses sollte aber, wie im ersten Abschnitt schon deutlich gemacht, nicht in direktem Zusammenhang mit der Geschichte stehen. Allenfalls kann auf die Geschichte als Beispiel zurückverwiesen werden, wenn sie am Anfang einer Diskussionsreihe zum Thema Tod gestanden ist.
Deutlich wird die Ambivalenz der Gefühle des Trauernden. Einerseits wünscht er sich sehnlichst die Geliebte ins Leben zurück. Als aber das „Ungeheuerliche" passiert, wird er von Angst und Entsetzen gepackt.
In einer meiner Gruppen wurde im Zusammenhang mit dieser Erzählung auch schon die Frage der Auferstehung aufgeworfen. Die Geschichte macht meines Erachtens deutlich, daß die Auferstehung eine Sache der Erfahrung werden kann und muß, wenn ich mich der Trauer, dieser Last der Welt, diesen Seilen, nicht entziehe. Sie bekommt dann auch ein ganz anderes Gewicht, es entsteht eine viel realere Hoffnung, als wenn ich bloß aufgrund eines vorgegebenen Glaubensbekenntnisses daran glaube.

Die Erzählung ist so angefüllt mit Bildern, daß sich eine malerische Verarbeitung besonders nahe legt. Welche Bedeutung hat die Nacht, die der Trauernde hinter sich her schleift („Last der Welt")? Als Gegensatz steht am Schluß die helle Ebene. Weitere Bilder: Umgestürzter Tramwagen, Ruinen, schwarze Äcker, angespanntes Maultier.

Luk. 24,13–35.
Y. Spiegel, Der Prozeß des Trauerns, München 1973.
E. Kübler-Ross, Reif werden zum Tode, Stuttgart 1976.

M.L.

Günter Spang, Seine große Chance

INHALT
Die Musikalienhändlerin erzählt dem Komponisten Wiese, der Pianist Sakowski habe sich seiner Schulden wegen das Leben genommen. Auf diese Nachricht hin sei auch seine ehemalige Freundin in den Tod gegangen. Wiese bekommt Schuldgefühle. Er hatte erst vor drei Tagen Sakowski 50 Mark ausgeschlagen, die angeblich dazu dienen sollten, die letzte Chance, ein Konzert zu geben, wahrzunehmen. Bald stellen sich jedoch Zweifel an der Richtigkeit dieser Nachricht ein. War man auf einen Reklametrick hereingefallen? Die Meldung vom Tod des Mädchens war nicht falsch. Wiese geht zur Beerdigung und drückt dem trauernden Vater 50 Mark in die Hand, ebensoviel, wie er Sakowski verweigert hatte. Als er sich zum Gehen wendet, erblickt er einen schwarz gekleideten Herrn. Es ist Sakowski. Sie gehen wortlos aneinander vorbei.
LESEDAUER: 15 Minuten
THEMATIK: *Selbstmord,* Schuld, Außenseiter

Es fällt auf, daß keine Person dieser Geschichte agiert, sondern daß alle nur *reagieren.* Sakowski versäumt immer wieder Schritte zu unternehmen, die ihn einer Lösung seiner Probleme näherbringen könnten, aber er reagiert darauf, daß er von den anderen weder Geld noch Anerkennung bekommt. Das Mädchen tut nichts Konkretes für ihn, solange sie ihn am Leben wähnt, aber auf seinen vermeintlichen Tod reagiert sie, indem sie sich selbst zum Opfer bringt. Wiese setzt sich nicht für Sakowski ein, aber er reagiert auf die Todesnachricht so, daß er sein Versäumnis zum falschen Zeitpunkt und am falschen Menschen wiedergutzumachen sucht.
Die Menschen, denen man in dieser Geschichte begegnet, handeln nur *zwiespältig.* Wiese haßt Sakowski, trennt sich aber nicht von ihm. Er fühlt sich ihm überlegen, sieht in ihm aber gleichzeitig das Schattenbild seiner selbst. Einerseits sagt er, Sakowski sei an sich selber gestorben, andererseits fühlt er sich an seinem Tod schuldig. Er gibt ihm kein Geld, aber dem Vater des Mädchens. Nun will er damit etwas wiedergutmachen, denkt aber in dem Augenblick nicht mehr daran, als Sakowski leibhaftig vor ihm steht. Dieser wiederum leidet unter chronischem Geldmangel, schlägt es aber aus, als man ihm Geld anbietet. Er spielt mit dem Tod, um zu leben. Das Mädchen hat ihn verlassen, ist ihm aber noch so verbunden, daß es ihm in den Tod folgen will. So gehen alle letztlich hilflos und einsam aneinander vorüber, wie es am Ende der Geschichte bildhaft ausgedrückt wird.

Wie sind solche oder ähnliche Situationen, wenn überhaupt, zu lösen, damit ein tragisches Ende vermieden wird? Ist es möglich, auf sie nicht nur hilflos zu reagieren, sondern aktiv an Alternativen zu arbeiten? Wiese hätte dem Geschehen eine andere Wendung geben können. Aber hätte es genügt, Sakowski erneut mit 50 Mark auszuhelfen? Hätte er es nicht ganz anders anpacken müssen? Jedoch gesetzt den Fall, bei ihm wäre der Wille dazu da gewesen, wäre er sich nicht vielleicht selbst im Wege gestanden? Im folgenden Teil versuchen wir hierzu einige Thesen zu formulieren.

Thesen zur Geschichte „Seine große Chance"

1. *„Wenn man an ein Problem ... herangeht, so ergibt sich dabei fast zwanglos eine Vierteilung des Vorgehens, und zwar:*
    1. *eine klare und konkrete Definition des Problems;*
    2. *eine Untersuchung der bisher versuchten Lösungen;*
    3. *eine klare Definition des Behandlungsziels (der Lösung);*
    4. *die Festlegung und die Durchführung eines Plans zur Herbeiführung dieser Lösung."*

    (Aus: P. Watzlawick / J.H. Weakland / R. Fisch, Lösungen, Bern 1974)

2. Das eigentliche Problem ist das Selbstbild Sakowskis, das nicht mit dem, das die Umwelt von ihm hat, übereinstimmt. Sakowski schafft es nicht, seine Ansprüche an sich selbst zu reduzieren. Deshalb spielt er sich und seiner Umwelt etwas vor, wenn er sagt, das Problem sei mit 50 Mark zu beheben. Und dies immer wieder.
3. Wiese kann ihm nicht helfen, weil auch er mit seinem Selbstbild Schwierigkeiten hat und seine eigenen Schwächen am anderen wiederfindet. Deshalb bekämpfte er an Sakowski immer eigene Fehler, ob er ihm nun 50 Mark gab oder nicht.
4. Daraus ergibt sich: Weder Sakowski noch Wiese konnten ihr Problem durch die 50 Mark lösen. Sie hielten es so nur am Leben.
5. Die Tragödie hätte vermieden werden können, wenn echte Kommunikation möglich, d.h. jeder ehrlich zu sich und den anderen gewesen wäre.
6. Selbst wenn die Beteiligten sich dazu außerstande gesehen hätten, hätten sie an die Möglichkeit denken können, einen dritten, Unbeteiligten hinzuzuziehen. Auch dann wäre es wahrscheinlich nicht zur Katastrophe gekommen.
7. Ehrlichkeit, die verletzt, ist besser als Unehrlichkeit, die nicht verletzt.
8. In Problemsituationen ist es besser, falsch zu handeln als gar nichts zu tun.

R.P.

Alan Sillitoe, Samstagnachmittag

INHALT
Ein Zehnjähriger aus dem englischen Arbeitermilieu wird Zeuge des Selbstmordversuchs eines fremden Erwachsenen. Er findet den Vorgang äußerst interessant und ist enttäuscht, als der Versuch zunächst mißlingt. Für sich selbst kommt er aber zur Einsicht, daß er sich trotz eines freudlosen Lebens nie umbringen werde.
LESEDAUER: 28 Minuten
THEMATIK: *Selbstmord,* Einsamkeit, Arbeitswelt, Entfremdung

Sillitoe kennt das Leben in den Slums und die Fabrikarbeit aus eigener Erfahrung. Hier beschreibt er am Beispiel von zwei Arbeitern zwei Möglichkeiten, auf die Inhumanität der Arbeitswelt zu reagieren. Der eine, der Vater des Jungen, wendet seine dadurch verursachten Aggressionen gegen die nächste Umwelt (sei es eine Mücke, sei es die Familie) und schafft sich so eine Entlastung. Der andere, der Fremde kann dies nicht. Er richtet sie gegen sich selbst, er will sich selbst zerstören. Trotzdem hofft auch er noch auf einen andern Ausweg, auf Hilfe: er spricht von seinem beabsichtigten Selbstmord, er trägt offen den Strick über die Straße, sein erster Versuch ist so angelegt, daß er mißlingen muß. Doch nun zeigt sich die Inhumanität der Gesellschaft: das Leben muß von Staats wegen geschützt werden („es ist nicht Ihr Leben"), doch in diesem Leben bleibt er allein mit seinen Sorgen und Problemen. Als er dies endgültig erkennt, macht er wirklich Schluß.
Auch der erzählende Junge ist das Produkt dieser unmenschlichen Umwelt. Er hat sich selbst bereits mit dem Gedanken an Selbstmord befaßt, um diesem miesen Leben zu entfliehen. Der Versuch des Fremden scheint für ihn eine Art Stellvertretung zu bedeuten. Der Grund für seine schließliche Sinneswandlung ist ihm selbst nicht ganz klar. Aber er weiß, daß er leben will. Trotzdem handelt es sich bei dem Schluß der Geschichte keineswegs um ein happy end.

Fragen, die sich mir im Anschluß an die Geschichte stellen:
— Was macht mich am meisten betroffen?
— Warum reagieren die in der Geschichte vorkommenden Personen auf ihre unerfreuliche Umwelt unterschiedlich?
— Ich stelle mir vor, im selben Milieu zu leben. Wie würde ich ganz persönlich darauf reagieren?
— Ich versuche, mich in die Lage des Jungen zu versetzen

a) als Kind in dieser Familie
b) als Zeuge eines Selbstmordversuchs.
— Ich versuche, mich in die Lage des Selbstmörders zu versetzen, nachdem er mit dem Polizisten gesprochen hat...
— Was hat den Jungen zu dem Entschluß gebracht, das Leben durchzustehen, komme was da wolle?
— Warum erweckt bei mir dieser Entschluß kein eindeutig befreiendes Gefühl?
— Wie wird die Zukunft des Jungen aussehen?

Ergänzende Literatur:
E. Ringel, Selbstmord — Appell an die anderen, München 1976².
E.H. Erikson, Kindheit und Gesellschaft, Stuttgart 1974⁵.
Vgl. auch in ,,Geschichten zum Nachdenken": ,,Am Fließband", ,,Blauschicht", ,,Holz für morgen".

Zum Autor: Alan Sillitoe, geb. 1928 in Nottingham/England. Zunächst Fabrikarbeiter, dann Schriftsteller. Themen seiner Arbeiten sind die Einsamkeit, die Unterdrückung des Individuums durch die entmenschlichte Arbeitswelt. Seine Charaktere schwanken zwischen Träumen voll Hoffnung und Alpträumen voll äußerster Verzweiflung.

L.G.

Lukas Hartmann, Katzentrost

INHALT
Wälchli's Frau ist gestorben. Die Haßgefühle, die der Mann zeitlebens seiner Frau nicht sagen konnte, brechen nun auf. Die Katze wird zum Ersatzobjekt, die bis zum Tode den Haß Wälchli's ertragen muß. Mit dem Tod der Katze wird Wälchli zum Weinen befreit.
LESEDAUER: 9 Minuten
THEMATIK: *Tod,* Trauer, Verzweiflung, Haß

Wälchli hat zeitlebens seinen Haß gegen die Frau verschluckt. Viele Kleinigkeiten an ihr haben ihn aufgeregt. Aber er war zu schwach, um diesen Haß vor sich und seiner Frau zuzugeben. Wälchli war es nicht gewohnt, Gefühle auszudrücken. Seine Frau hätte das auch nicht zugelassen. Sie trat als bemutternde, umsorgende Frau auf, die damit aber auch beherrschen konnte. Wälchli hatte zum Beispiel ihr zuliebe das Rauchen aufgegeben.
Fast ungehemmt brechen nach dem Tod der Frau bei Wälchli die Haßgefühle hervor. Als Ersatzobjekt für die verstorbene Frau bietet sich ihre Katze an, der all ihre Zuneigung zugeflossen war. Wenn Wälchli die Katze trifft, trifft er damit die Frau. Natürlich ist dieser Zusammenhang für ihn nicht durchsichtig, sonst wäre er kaum imstande, die Katze so zu quälen.
Erst mit dem Tod der Katze ahnt Wälchli offenbar, daß er da seine Frau erwürgt hat. Indem er nun diese negativen Gefühle gegenüber der Frau zulassen muß, wird er zum Weinen befähigt.
Die Geschichte finde ich gut angewendet in Gruppen von Geschiedenen, da diese meistens eine ähnliche Problematik aufzuarbeiten haben. Bei diesen ist die Aufarbeitung ihrer früheren Beziehung sehr wichtig, damit sie diese nicht wiederholen. Dazu kann diese Geschichte eingesetzt werden.
Ebensogut läßt sich aber die Geschichte in beliebigen Gruppen verwenden, deren Teilnehmer an ihren Beziehungen arbeiten wollen.
Zurückhaltend oder gar nicht würde ich die Geschichte in Witwen- oder Witwerkreisen brauchen.

Fragen:
Wie sind die Haßausbrüche Wälchli's gegenüber der Katze zu erklären?
Wer ist schuld daran, daß die Eheleute Wälchli nicht mehr miteinander sprechen konnten? Hier soll gezeigt werden, daß keiner als der Schuldige bezeichnet werden kann. Vielmehr sollten die Strukturen einer solchen Beziehung aufgezeigt werden.
War Wälchli's Leben sinnlos?
Hätten sich die Wälchli's nicht besser schon viel früher scheiden lassen? War es besser, das Martyrium einer solchen Ehe auszuhalten?

Vgl. die Geschichte „Die Schrift an der Wand", S. 93.

Familiendrama: Mit Stuhlbein die Gattin erschlagen

Basel. BaZ. *Im Verlauf des gestrigen Tages schlug ein 66jähriger Mann in seinem Heim im Neubadquartier seine um vier Jahre ältere Ehefrau wahrscheinlich mit einem Stuhl oder Stuhlbein zu Tode. Die genaue Todesursache wird noch abgeklärt.*
Der Täter versuchte sich darauf selbst zu richten, indem er sich Messerschnitte an den Armen beibrachte und sich ins Bett legte. Er befindet sich zurzeit in der Notfallstation, ist aber wahrscheinlich außer Lebensgefahr. Eine erste Einvernahme konnte bereits durchgeführt werden. Das Motiv der blutigen Tat scheinen familieninterne Probleme gewesen zu sein.

M.L.

Caroline Muhr, Der blaue Fritz

INHALT
Ein älteres Ehepaar hat seinen kranken Wellensittich einschläfern lassen, um ihm Leiden zu ersparen. Der Mann beneidet das Tier um seinen sanften Tod. Die Frau sagt: Wir sind Menschen und man kann uns nicht einfach einschläfern. Der Mann meint voll Bitterkeit: Nein, das kann man nicht, weil wir vorher geläutert werden müssen.
LESEDAUER: 9 Minuten
THEMATIK: *Sterbehilfe,* Tod, Tier und Mensch

Sterben und Sterbehilfe sind viel diskutierte Themen unserer Zeit. In der Geschichte wird die Überlegung reduziert auf die Frage: Warum darf man ein Tier einschläfern, nicht aber einen Menschen? Ein Dialog darüber findet nicht statt, er ist nur im Ansatz vorhanden, wie es wohl auch in der Wirklichkeit häufig ist. Bei vielen Menschen geht das Nachdenken über diese Probleme nicht viel tiefer. Oder die Scheu, darüber zu sprechen, ist zu stark.
Interessant ist die Inkonsequenz im Denken sowohl des Mannes wie der Frau: Der Mann unterscheidet im Leben und im Tod zwischen Mensch und Tier, möchte aber wie das Tier sterben dürfen — die Frau vermenschlicht das Tier im Leben und im Tod, im Sterben aber zieht sie den Trennungsstrich.

Das Thema Sterbehilfe ist komplex und längst nicht ausdiskutiert. Fragen, die mich in diesem Zusammenhang bewegen:
- Wie stelle ich mir einen sanften Tod vor?
- Warum werden bei uns Sterbende nach Möglichkeit in die Klinik gebracht?
- Wo möchte ich am liebsten sterben?
- Ich möchte keine Lebensverlängerung, die Leidensverlängerung bedeutet. Wem würde ich die Entscheidung über mein Leben oder Sterben vertrauensvoll überlassen?
- Passive Sterbehilfe wird heute vielfach befürwortet. Wären Situationen denkbar, die auch aktive Sterbehilfe als einen Dienst der Nächstenliebe rechtfertigen würden?
- Wo sähe ich dann die Grenzen?
- Warum handeln wir beim Tier selbstverständlich anders als beim Menschen?

Die Geschichte ist besonders geeignet für einfachere Gruppen, die wenig Übung oder auch Geduld mit anspruchsvollerer Literatur haben.

Ergänzende Literatur:
H. Wattenhofer, Die „Ausscheidung", in: Geschichten zum Nachdenken

Ergänzendes Material:
Verfügung über menschenwürdiges Sterben

Für den Fall, daß ich
(Name)

durch Krankheit, Unfall oder andere Umstände zur Äußerung einer eindeutigen Willenserklärung nicht mehr in der Lage bin, erkläre ich hiermit folgendes: Solange die Aussicht besteht, daß eine Wiederherstellung meiner Gesundheit oder eines erträglichen menschenwürdigen Lebens möglich ist, erwarte ich ärztlichen Beistand unter Ausschöpfung aller Möglichkeiten. Als Christ bin ich aber gegen eine Lebensverlängerung um jeden Preis. Wenn daher eine sorgfältige ärztliche Diagnose zu dem Ergebnis kommt, daß für mich eine Rückführung in ein menschenwürdiges Leben nach menschlichem Ermessen ausgeschlossen ist, so bitte ich darum, daß medizinische Maßnahmen, durch die nur oder hauptsächlich der Todeszeitpunkt hinausgeschoben werden soll, abgebrochen werden. Dies gilt insbesondere, wenn meine Lebensfunktionen nur noch künstlich-mechanisch aufrechterhalten werden können.
(Ort, Datum)   (Unterschrift)

L.G.

Elisabeth Gürt, Eine Tasche voll Einsamkeit

INHALT
Jeden Tag um die gleiche Zeit geht ein alter Mann geschäftig mit einer prall gefüllten Aktentasche durch den Park. Jedermann glaubt, daß er Wichtiges zu erledigen habe. Auf Kontakte läßt er sich nicht ein. Eines Tages findet man ihn tot auf einer Bank. Die Tasche enthält nichts anderes als zerknülltes Papier.
LESEDAUER: 8 Minuten
THEMATIK: *Alter,* Einsamkeit, Stolz, Leistung, Selbstsein

Das Thema Alter ist sehr vielschichtig und wird heute zu Recht von allen Seiten her angegangen. In der vorliegenden Geschichte geht es vorrangig um die subjektive Einstellung des alten Menschen zu seinem Altsein. Sie erweckt zwiespältige Gefühle. Mitleid paart sich mit einem gewissen Unbehagen, das seinen Grund in der Person des Mannes selbst hat.
Nicht jeder alte Mensch reagiert gleich auf das lebens- und altersfeindliche Klima unserer Leistungsgesellschaft. Mir fallen zwei alte Damen ein, die in einem Altenheim leben. Die eine kontaktfreudig, aktiv, hilfsbereit; die andere — bei etwa gleicher körperlicher Verfassung — ichbezogen, mißtrauisch, unzufrieden. Ich kenne auch einen alten Herrn. Er lebt bei seiner Tochter und findet seine Aufgabe darin, andern alten Menschen seine Kenntnisse im Umgang mit Steuern und Behörden zur Verfügung zu stellen. Ich weiß von einem anderen alten Witwer. Er lebt im Haus seiner Schwiegertochter und ist vorwiegend damit beschäftigt, nachzuprüfen, ob sie in seiner Wohnung genauso gründlich sauber macht wie in ihrer eigenen.
Das Problem des Alters ist also zum großen Teil auch ein Problem der verschiedenen Persönlichkeitsstrukturen, nicht anders als bei Menschen aller Altersstufen.

Die Geschichte zeichnet das Bild eines bindungsarmen Menschen, der seine Kontaktarmut durch Geschäftigkeit zu überspielen versucht. Es ist schlecht denkbar, daß er erst im Alter dazu geworden ist, auch wenn sich dann manche Eigenschaft verhärtet. Er flieht in die Einsamkeit und rechtfertigt dies vor sich selbst durch seinen Stolz. Im Grund hat er Angst vor Enttäuschungen. „Sein Gesicht wahren" ist die Geisteshaltung ganzer Generationen; nicht die Maske fallen lassen, keine Schwäche zeigen, die Devise der Leistungsgesellschaft.
Die vorwiegend negativen Aussagen über das Alter — die sehr selten aber von alten Menschen selbst stammen — resultieren aus diesem Leistungsdenken, während das

Bild, das sie von sich selbst haben, durchaus mit dem anderer Altersstufen vergleichbar ist und vor allem von der Persönlichkeit und ihren Lebensumständen abhängt.

Das Thema Alter ist somit zugleich oder zuerst das Thema „der Mensch und seine Umwelt". Zu fragen wäre zunächst immer: Wie ist er zu dem Menschen geworden, der er ist? Die Einübung ins Alter müßte demnach bereits in jungen Jahren beginnen. Jeder Übergang von einer Lebensstufe in die andere bringt ihre Konflikte und Krisen mit sich. Sie zu bewältigen ist ein lebenslanger Prozeß — für den einzelnen wie für die Gesellschaft, die selbstverständlich aus ihrer Verantwortung für die Schwachen, zu denen ja auch die alten Menschen zählen, deshalb nicht entlassen ist.

Fragen, die sich im Anschluß an die Geschichte stellen:
— Was fällt mir zum Begriff „alter Mensch" ein?
— Von welchem Personenkreis kommen vorwiegend negative Aussagen über das Alter? Von welchem auch positive? Wovon sind sie abhängig?
— Wie reagiere ich gefühlsmäßig auf den beschriebenen alten Mann?
— Welche Eigenschaften rechne ich ihm zu?
— Halte ich ihn für repräsentativ für alte Menschen?
— Alte Menschen sind in ihrer Einstellung zum Leben und zur Umwelt unterschiedlich. Gibt es über Gesundheit und finanzielle Lage hinaus noch andere Kriterien dafür?
— Wie wird das frühere Leben dieses Mannes wohl ausgesehen haben?
— Welche altersbedingten Einbrüche muß jeder Mensch früher oder später verarbeiten?
— Was kann er selber dazu tun?
— Welche Hilfe müßte von außen kommen?
— Wie sieht es heute damit aus?

Die Literatur über Altersprobleme ist zahlreich. Hinzuweisen wäre hier besonders auf die Reihe — „Bewußt älter werden", Bd. 1 und 2, Nürnberg 1975 (z.B. aus Bd. 2 der Beitrag „Das Selbstbild alter Menschen" von Christa Theißen). Weiterhin: E. Fromm, Haben oder Sein, Stuttgart 1976/77.

Anregung: Für ein Gruppengespräch zu diesem Thema wäre eine altersmäßig gemischte Gruppe vorteilhaft, da sich dann Jüngere und Ältere in ihrer Einstellung zum Alter selbst vertreten könnten.

L.G.

Josef Reding, Reste einer gestrigen Mitteilung

INHALT
Ein Vater lädt im Beisein seines kleinen Sohnes in der Gärtnerei Torf für den Garten auf seinen Landrover. Auf der Heimfahrt durch den Wald öffnet das Kind, das hinten auf den Torfkästen sitzt, einen davon und markiert den Weg mit der teuren Ware. Denn es fühlt sich in die Situation von „Hänsel und Gretel" versetzt.
LESEDAUER: 21 Minuten
THEMATIK: *Mißtrauen*, Kindsein, Märchen

Ein Märchen ist „nach dem modernen Sprachgebrauch eine kurze, nicht von den Bedingungen der Wirklichkeit abhängige, phantastische Erzählung. Unterhaltende Erzählung für Kinder ist das Märchen jedoch erst in unserer dem Märchen geistig fernen Kultur; ursprünglich ist es geglaubte Erwachsenenerzählung" (Religion in Geschichte und Gegenwart IV, Tübingen 1960, Sp. 581). Auch für das Kind in der Geschichte von Reding war das Märchen von Hänsel und Gretel keine unterhaltende Erzählung. Es hat in den Eltern, die ihre Kinder ausgesetzt und sich selbst überlassen haben, den eigenen Vater und die eigene Mutter wiedererkannt.
Welche Schlüsse werden die Eltern des Jungen aus diesem Vorfall ziehen? Wenn sie sich mit anderen darüber besprechen, hören sie vielleicht unter anderem die folgenden Meinungen:
— Dem Kind ist die Phantasie durchgegangen. Kinder stellen oft Zusammenhänge her, die nicht der Wirklichkeit entsprechen.
— Das Kind hat noch keinen rechten Sinn für die Realität, das sieht man schon daran, wie es mit dem teueren Torf umging.
— Der Vater hätte besser auf sein Kind aufpassen sollen. Man weiß nie, was Kindern plötzlich einfällt.
— Man hätte dem Jungen das Märchen nicht erzählen sollen. Jetzt glaubt er, alle Eltern, auch die eigenen, seien schlecht.
— Es ist kein Zufall und kein Einzelfall, daß sich das Kind so einsam und vernachlässigt fühlt. Der englische Rasen vor der Tür erhält oft mehr Zuwendung und Pflege als ein Kind.
— Der Vater erkundigt sich genau, was sein Rasen braucht und was er gerade noch verträgt. Offensichtlich weiß er das von seinem Kind nicht.
— Der Vater bemüht sich offensichtlich zu wenig, zu erfahren, was in seinem Sohn vorgeht. Deshalb weiß er wie viele Eltern und Lehrer nicht, daß Kinder mehr

Angst vor äußerem Zwang und innerer Vereinsamung haben, als man ihnen äußerlich ansieht.
— Das Verhalten des Kindes ist ein Hilfeschrei. Es fühlt sich verlassen. Nur deshalb erkennt es sich in Hänsel wieder. Das Märchen hätte keinen solchen Eindruck auf den Jungen gemacht, wenn er sich glücklich gefühlt hätte.
Welche dieser Meinungen würde wohl die Mehrheit der Eltern vertreten, welche der Leser selbst?

Es ist sinnvoll und sei sehr empfohlen, sich im Anschluß an die Geschichte von Reding allein oder mit anderen zusammen die Frage vorzulegen: „Was können wir konkret und mit Aussicht auf Erfolg zur Verbesserung der Lage unserer Kinder tun?" Daß solche Fragen gestellt werden, ist auch der Sinn des „Jahres des Kindes" 1979, mit dem sich der folgende Kommentar befaßt. Er gibt zu denken.

„Das Jahr des Kindes, erfunden, um auf das Kinderelend in der sogenannten Dritten Welt aufmerksam zu machen, prallt ja schon an der gewöhnlich ego-gehärteten Hypochondrie der Mitteleuropäer ab. Welches Gefühl bei aller geheuchelten Sentimentalität aus Anlaß der Betrachtung niedlicher Kinderbilder — welches Gefühl von Solidarität mit leidenden Kindern in der Ferne *kann sich in uns entwickeln, wenn wir schon die Kinder in unserer Mitte eigentlich nicht ausstehen können — oder nur in kleiner Zahl, möglichst stumm, nicht fordernd, gemessen schreitend?
Der Mißbrauch von Kindern als ‚kleine Erwachsene' ist eine alte Schuld unserer Zivilisation. An ihrem Weg die Verkrüppelungsinstitutionen, Kadettenanstalt und frühkapitalistische Fabrik. Neu ist, wie man Kinder von oben herab als lästig ansieht, als störend empfindet, darin bestärkt durch eine Wohnarchitektur, die schon den Großen Lust und Luft nimmt. Auch der Psychoterror der Spielzeugindustrie verrät, wie wir das Kind einschätzen — gering und zynisch. Wir haben keine Zeit für uns und deshalb keinen Sinn für Kinder. Hanna sei Dank mit Ausnahmen. Am Ende dieses Jahres wenigstens nicht mehr körperliche Mißhandlungen von Kindern in der Bundesrepublik! Das ist mein Kind und damit kann ich machen, was ich will! — Das Jahr des Kindes ist das Jahr der Erwachsenen."*
(Aus: Das Streiflicht, Süddeutsche Zeitung, 4. Januar 1979, 1)

R.P.

Werner Bergengruen, Der Arzt vom Weißenhasel

INHALT
Einem todkranken Edelmann träumte es, seine Erlösung sei nahe. War damit der Tod oder die Genesung gemeint? Schließlich handelte er. Er machte sich auf die Reise zu einem berühmten Marburger Arzt. Durch weitere Träume und eine Wahrsagerin wurde er aber vernunftwidrig einen andern Weg geführt, der ihn schließlich durch den Messerstich eines Räubers in sein Geschwür genesen ließ.
LESEDAUER: 30 Minuten
THEMATIK: *Glaube,* Vernunft und Gefühl, Verantwortung, Schicksal

Der Edelmann schwankt auf seinem Weg zur Heilung lange, welches Ziel er wählen sollte: das vergleichsweise sichere, das vernünftige, die medizinische Fakultät in Marburg, oder das unsichere, durch Träume gewiesene Weißenhasel, ein kleiner, ihm unbekannter Ort.
Er hatte schon die Abzweigung nach Marburg gewählt, als ihm eine Zigeunerin begegnet. Sie weissagt ihm, daß er in Weißenhasel seinen Arzt finden werde und bestätigt ihm damit seinen Traum. Er verzichtet auf Vernunft und Medizin und begibt sich nach Weißenhasel.
Damit ist die zentrale Frage dieser Geschichte gestellt: Wovon lasse ich mich in meinen Entscheidungen leiten? Kann ich mich auf die Vernunft verlassen? Oder auf Gefühle? Oder auf „Zeichen", wie Träume, Wahrsagerei oder andere parapsychologische Phänomene?
Heute ist eine starke Zunahme des Interesses an parapsychologischen und religiösen Erscheinungen festzustellen. Wahrsager und mediale Lebensberater nehmen den Ratsuchenden die Entscheidung ab. Das Pendel wird befragt über Berufswahl, über die richtige Nahrung und Medizin, über den Gesundheitszustand, über das richtige Verhalten. Sektenführer nehmen Orientierungslosen die Verantwortung für ihr Leben ab. Okkulte Techniken sollen Sicherheit in der Lebensführung vermitteln.
Dies alles ist stark im Zunehmen begriffen in einer Zeit, da der Psychologe, der Pädagoge und der Seelsorger immer stärker betonen, daß es für solche Entscheidungen keine Patentlösung gibt, daß sich jeder seine Lösung selber erarbeiten muß. Ist der Mensch damit überfordert? Er ist überfordert, wenn er für das Erarbeiten eigener Lösungen keine Hilfen bekommt und im Glauben gelassen wird, daß der Intellekt dafür allein zuständig ist. Lange Zeit wurde doch tatsächlich das intellektuelle Abwägen von Argumenten als der einzige Weg betrachtet, zu richtigen Entscheidungen

zu kommen. Immer wieder wird so getan, als ob dabei keine unbewußten und ungewußten Kräfte wirken würden.
Immer wieder erlebte ich beim Gebrauch dieser Geschichte, daß die Mehrzahl der Teilnehmer einem dieser Extreme anhangen: Ältere Leute lassen eher für sich entscheiden, von Menschen, vom Pendel, von Träumen; jüngere Menschen vermeinen eher, wichtige Entscheidungen intellektuell lösen zu können.
Bergengruen zeigt eine Haltung dazwischen und, wie mir scheint, eine menschenwürdige. Er verneint nicht in intellektueller Verkürzung geheime Kräfte, die uns Signale geben können durch Träume, Gebärden, somatische Phänomene. Ob diese Kräfte als Manifestation eines höheren Wesens (Gott) oder als sechster Sinn des Menschen zu deuten sind, darüber spekuliert er nicht. Wichtig ist für ihn, daß sie außerhalb der intellektuellen Möglichkeiten — manchmal sogar quer zu ihnen — stehen. Mit dieser Feststellung will aber Bergengruen das Denken und die selbstverantwortete Entscheidung nicht aus der Welt schaffen. Der Edelmann bleibt allen Zeichen gegenüber kritisch. Er behält die Vieldeutigkeit solcher Phänomene im Auge. Man beachte, wie er die Wahrsage-Kunst der Zigeunerin zu erklären sucht. Die Entscheidung bleibt bei ihm. Erst im Nachhinein wird offenbar, ob er die richtige Entscheidung getroffen hat, ob er damit das Signal auch richtig interpretiert hat.
Es ist erfahrungsgemäß schwer, zwischen den beiden genannten Extremen in einer Gruppe zu vermitteln. Letztlich handelt es sich bei diesen Überzeugungen um Dogmen. Aber die Geschichte eignet sich ausgezeichnet, solche aufzulösen.

1. Zu den Träumen: 1. Mose 40,41; Dan. 7 und 8; Träume sind Schäume.

2. Führung oder Zufall?: E. Eggimann, Radstand, siehe S. 35. Matth. 6,26; Matth. 10,29—31.

3. Geheime Kräfte: C. Castaneda, Reise nach Ixtlan, Fischer-TB 680. H. Schumacher, Es lag auf der Hand, in: Geschichten zum Nachdenken, 104. H. Bender, Unser sechster Sinn, Hellsehen, Telepathie, Spuk, rororo-TB 6796.

4. Fragen:
Welches werden Ihrer Meinung nach entscheidende Wendepunkte in Ihrem Leben sein? Resp.: Welches waren entscheidende Wendepunkte in Ihrem Leben? Sie haben bei jedem Wendepunkt verschiedene Möglichkeiten der Entscheidung. Wovon lassen Sie sich leiten?

Gott	Nach Lust
Eltern	Lehrer und Pfarrer
Horoskope	Gewissen
Träume	Vernunft
Freunde	Andere:

Wie verhalten Sie sich, wenn eine wichtige Entscheidung bevorsteht?
Abwartend / Aktiv zupackend / Angestrengt überlegend?
Was hätten Sie anstelle des Landgrafen auf der Reise nach Marburg nach dem 2. Traum getan?
Was hätten Sie nach der Begegnung mit der Zigeunerin getan?
Was sagen Sie zum Sprichwort: Der Mensch denkt — Gott lenkt?

M.L.

Dino Buzzati, Die Herausforderung des Zauberkünstlers

INHALT
In großer Verlegenheit nimmt ein Varietébesitzer den unscheinbaren Zauberer Sepulcrus in Dienst. Bald erzählt man sich, dieser zaubere ohne Tricks, seine Zauberei sei echt.
Da taucht der berühmte Zauberer Graf Dela Monaco auf und will Sepulcrus lächerlich machen. Er verlangt von diesem einen Beweis seiner magischen Kräfte. Widerwillig geht Sepulcrus darauf ein, als der Graf von ihm verlangt, er solle alle Motoren auf der Welt anhalten. Alle erwarten, daß Sepulcrus jetzt entlarvt werde. Aber plötzlich stehen alle Motoren still. Blaß murmelt der Graf: „Meine Frau im Flugzeug."
LESEDAUER: 15 Minuten
THEMATIK: *Glaube*, Wirklichkeit, Jesus

Unser Verständnis der Wirklichkeit kommt weitgehend ohne die Vorstellung des Geheimnisses aus. Wir sind so sehr vom naturwissenschaftlichen Denken geprägt, daß wir alles erklärt haben wollen. Falls wir einmal etwas nicht durchschauen, so denken wir, daß wir die Erklärung dafür schon finden würden, wenn wir nur genügend Zeit und die richtigen Überlegungen dazu hätten. Langsam gewinnt aber die Einsicht an Boden, daß das eine stark eingeschränkte Sicht der Welt ist. Naturgesetze sind nicht die Wirklichkeit selbst, haben wir heute gelernt, sondern eine Orientierungshilfe für den Menschen.
Diese Erkenntnis ist aber in weiten Kreisen noch Theorie geblieben. Man richtet

sich immer noch weitgehend nach dem Satz: Was nicht sein kann, ist nicht. Was sein kann, bestimmt das naturwissenschaftliche Weltbild.
Wir sehen bei Kindern im Märchenalter, aber auch in Weltbildern naiver Volksgläubigkeit oder „primitiver" Religionen, daß das Geheimnisvolle von der vordergründigen Wirklichkeit durchaus nicht so scharf zu trennen ist. Ein sechsjähriges Kind bestaunt einen Zauberkünstler fraglos als Mann mit übernatürlichen Kräften, wir Erwachsene fragen nach den Tricks.
Reizvoll an dieser Geschichte ist es, wie gerade die Gilde der Zauberer als „Superrealisten" dargestellt wird, die davon lebt, daß die Welt in den Naturgesetzlichkeiten aufgeht.
Darüber hinaus eignet sich die Figur von Sepulcrus vorzüglich als Bild für Jesus. Es ist sehr interessant, im Gespräch Parallelen zwischen beiden Figuren herauszuarbeiten.
Beide, Sepulcrus wie Jesus, sind unscheinbar, von ihrer Gilde verachtet, verlacht. Beide strahlen aber auf das Publikum eine gewisse Autorität aus. „Das Publikum hing, statt gleichgültig zuzuschauen, geradezu begierig an den Lippen Sepulcrus!", heißt es in der Geschichte. Von Jesus heißt es: „Und sie erstaunten über seine Lehre; denn er lehrte sie wie einer, der Gewalt hat, und nicht wie die Schriftgelehrten" (Mark. 1,22). Beide besitzen Kräfte, die über das normal Menschliche hinausgehen. Die Berufskollegen verlangen von Sepulcrus ebenso Wunder wie die Pharisäer von Jesus (Mark. 8,11—13).
Hier aber hört der Vergleich auf. Im entscheidenden Punkt lassen sich die beiden nicht mehr vergleichen: Sepulcrus geht — gequält zwar — auf den Wunsch nach Wunder ein — und behält den Triumph. Gleichzeitig stürzt er so seine Mitmenschen ins Unglück. Jesus verweigert das Wunder. Er braucht seine Größe nicht zu zeigen. Damit setzt er sich dem Leiden aus und rettet die andern.

Die Geschichte kann sehr gut mit einem Zaubertrick eingeführt werden. Es spielt keine Rolle, ob der Leiter oder ein Teilnehmer die Zauberei vorführt. Sofort entsteht in der Gruppe eine „Detektiv-Haltung", die dem Trick auf die Spur kommen will. Hier knüpft das Gespräch über die Bedeutung der Wirklichkeit und über unsere Haltung, alles wissen zu wollen, an.

Vgl. Jesus mit Sepulcrus. Mark. 1,22; Mark. 8,11—13.
Vergleiche Leute, die Autorität erzwingen und Gehorsam verlangen (Sektenführer, Politiker) mit Sepulcrus.
P. Gallico, Ein Märchen von der Einfalt des Herzens, in: Adam der Zauberer, rororo-TB 1643. Ein amüsantes, spannendes und tiefgreifendes Büchlein über die gleiche Thematik.

M.L.

Ernst Schnydrig, Der geduldige Hiob und seine zwei Ferkel

INHALT
In knappen Zügen entsteht — aus der Sicht eines seiner Kinder — das Lebensbild eines Bergbauern, der sich genötigt sieht, mit seiner Familie ins Tal zu ziehen und Fabrikarbeiter zu werden. Mit dem Wechsel der Lebensverhältnisse vollziehen sich tiefergehende Veränderungen, auch in religiöser Hinsicht. Dabei reagiert noch der einstige Bauer in ihm, als zwei sorgsam gehütete Ferkel dahinsterben und er daraufhin seiner Frau zuruft, nun brauche sie nicht mehr in die Messe zu gehen.
LESEDAUER: 12 Minuten
THEMATIK: *Glaube*, Gottesbild, Schicksal, Verlust

Die Geschichte ist so einfach erzählt und umfaßt doch einen vielschichtigen Zusammenhang. Der Weg des Bergbauern ins Tal und in die Fabrik ist bezeichnend für die gesellschaftlichen Veränderungen seit der Jahrhundertwende; gleich ihm sind zahllose Dörfler zu Städtern geworden. Darin vollzog sich aber mehr als nur ein Orts- und Berufswechsel. Sie wurden aus einer Lebensordnung entwurzelt, in der Arbeit und Brauchtum, Welt- und Gotteserfahrung verflochten waren. Und so kam es, wie auch diese Geschichte deutlich macht, zum Absterben mancher frommen Sitte. In kirchlichen Kreisen registrierte man dies als „Verweltlichung".
Aber es zeigen sich in der Geschichte noch Reservate früherer Verhaltensweisen, die der Daseinsbehauptung tiefer verhaftet erscheinen: der Ferkelstall und der Gang zur Messe. Beide Dinge haben miteinander zu tun. Da eine neue Lebensordnung noch nicht gefunden ist, wird wenigstens im privaten Bereich die alte fortgesetzt — bis zur Krise, in der auch hier die Entfremdung offenbar wird.
Zum Ende hin zeichnet sich allerdings noch eine andere Spur ab. Sie verläuft unauffällig. Dem Augenschein nach hat sich der Vater in die breite Anonymität der Kirchenfernen eingereiht. Es ist denkbar, daß man ihn in der „Kerngemeinde" längst abgeschrieben hat. Aber der Sterbenskranke durchbricht die Sperre seiner stummen Frömmigkeit und läßt ahnen, daß er im Lauf der Zeit Gott noch anders erfahren hat: als einen Gott, der in die Fremde mitgeht.

In Schulklassen wird sich die Geschichte am ehesten mit der Frage des Gottesbildes (etwa anhand des Buches Hiob) oder bei der Behandlung der neueren Kirchengeschichte einsetzen lassen. In Erwachsenengruppen könnte sich ein Gespräch entwickeln, bei dem die Teilnehmer versuchen, sich die Vielschichtigkeit ihrer eigenen Frömmigkeitsgeschichte bewußt zu machen, um von da aus Einsichten zu „Frömmigkeit heute" zusammenzutragen.

„Der stürmische Fortschritt der modernen Welt und die Krisen, die damit zusammenhängen, haben zu einem neuen Weltverhältnis der Kirche und der Christen geführt. Wir sind daran, die relative, aber reale Eigenwertigkeit der irdischen Wirklichkeiten zu entdecken und immer mehr anzuerkennen. Diese Erfahrung ist zumindest der Intensität nach neu...
Dazu kommt eine zweite Erfahrung. Die Christenheit beginnt einzusehen, daß die Weltlosigkeit und teilweise Weltunfähigkeit ihrer Frömmigkeit mitschuldig ist an der Gottlosigkeit der modernen Welt. ... Die Weltlosigkeit der Christen hat die Weltmenschen immer tiefer in die Gottlosigkeit hineingetrieben. Dadurch wurde Gottes Wille zur Kommunikation mit der Welt behindert. Welt und Kirche verarmten in gleicher Weise. Gottes eine Welt war gespalten: hier, völlig verweltlicht, Technik, Kunst, Wissenschaft, Kultur und Lebensstil – dort, völlig davon abgedichtet, die Welt der Liturgie, der Theologie, der kirchlichen Institutionen, der Frömmigkeit. Die Welt hat ihren Grund und ihre Mitte verloren, die Kirche und die Christenheit aber den Stoff, an dem sie die Nachfolge Christi zu verwirklichen haben."
(A. Auer, Wandlungen der Frömmigkeit, in: H.J. Schultz, Frömmigkeit in einer weltlichen Welt, Stuttgart 1959, 20f)

Literatur:
W. Dirks, Das Vertraute und das Vertrauen, München 1979.
D. Bonhoeffer, Brief vom 30.4.1944 zur Frage, was Kirche, Gemeinde, Predigt, Liturgie und christliches Leben in einer religionslosen Welt bedeuten, in: Widerstand und Ergebung, Neuausgabe, München 1970, 305–308.

U.K.

Max Frisch, Glück

INHALT
Während einer Bahnfahrt durch die Schweiz erzählt ein Reisender einem imaginären russischen Reisegefährten ein Erlebnis, das er offenbar loswerden möchte: Er hat seine Familie verlassen, um mit seiner Geliebten zusammenzuleben. Auf einer Skihütte beschäftigt sich Natascha mehr mit ihren Brüdern als mit ihm. Er fühlt sich gedemütigt und lächerlich. Um seinen Zorn abzureagieren, fängt er am frühen Morgen an Holz zu hacken. Natascha kommt dazu und setzt sich auf den Hackstock. Das erhobene Beil saust nieder. Aber Natascha ist gerade in diesem Moment aufgestanden. Fast wäre er zum Mörder geworden. War es Fügung oder bloß Glück? Als Mörder hätte er vielleicht gelernt, an die Gnade zu glauben, meint er. Jetzt, da nichts passiert ist, glaubt er nur an Glück...
LESEDAUER: 21 Minuten
THEMATIK: *Schicksal*, Schuld, Glaube, Beichte

Frisch benützt für seine Geschichte eine Erzählform, wie wir sie besonders aus der russischen Literatur des 19. Jhdts. kennen. Dort begegnet uns des öfteren als Rahmenhandlung für eine Lebensbeichte oder ein Bekenntnis die Beschreibung einer langen Eisenbahnfahrt, bei der die Mitreisenden als Zuhörer und Gesprächspartner fungieren. Solche Reisen über lange einsame Strecken mit Aufenthalten und Teetrinken bieten die Möglichkeit, sich näherzukommen, Persönliches zu erzählen mit der Aussicht, daß der zum Mitwisser Gewordene bald wieder aus dem eigenen Lebenskreis verschwindet.
Indem Frisch diese besondere russische Form der Erzählung in die heutige westliche Welt mit ihren modernen schnellen Verkehrsmitteln verlegt, macht er die Entfremdung des Menschen durch den technischen Fortschritt deutlich: Wir gewinnen Zeit und verlieren die mitmenschliche Kommunikation.
Auffallend ist die enge Anlehnung der Geschichte an die „Kreutzersonate" von Tolstoj. Der imaginäre Zuhörer bei Frisch nimmt schließlich die Gestalt des Erzählers Podsnyschew aus der Kreutzersonate an. Name und auch Personenbeschreibung stimmen überein. Die Zuspitzung der Problematik Ehe, Liebe, Eifersucht endet bei Frisch offensichtlich als der verständnisvolle Zuhörer, der selbst durch alle Höllen gegangen ist. Aber Frisch beschließt seine Geschichte nicht mit dem erhobenen moralischen Zeigefinger Tolstojs: „man soll...", sondern mit dem Hinweis – und der kommt gerade von Podsnyschew –, daß eine Geschichte immer eine

Vorgeschichte hat, daß eine Tat immer im Zusammenhang mit der ganzen Person und ihrem Gewordensein steht.
Die eigentliche Kerngeschichte dreht sich um die Frage nach Schicksal und Schuld.
Der Erzähler hat die Schuld verdrängt, es ist ja nichts passiert, er hat „Glück" gehabt. Und in unserer üblichen Beurteilung macht nur die ausgeführte Tat schuldig. Diese zu verarbeiten, fällt dem Menschen leichter. Sie kann gesühnt oder vergeben werden. Deshalb ist er in dieser Situation eher bereit, mit Gott zu rechnen, auf seine Gnade zu hoffen. Gott wird zum Retter, wenn der Mensch am Ende ist. Doch wenn alles nochmal gut gegangen ist, wird die Schuld verneint. Aber auch verdeckte, unbewußte Schuld will ans Licht, sie will ausgesprochen werden. Von einer Sache nicht loszukommen, heißt, sie nicht bewältigt zu haben. Das Aussprechen (oder die Beichte) ist der Anfang dazu.

Fragen, die sich mir im Anschluß an die Geschichte stellen:
— Die Geschichte schneidet mehrere Probleme an. Welches sehe ich zuerst? Warum? Wo kann ich mich mit dem Erzähler identifizieren?
— Warum muß er einen Zuhörer erfinden? Weshalb erinnert er sich so intensiv an die Figur des Mörders aus der Kreutzersonate?
— Habe ich je das Bedürfnis gehabt, einem fremden Menschen persönliche Dinge von mir zu erzählen?
— Was würde ich denken, wenn mir in der Straßenbahn ein mir Unbekannter sein Herz ausschüttete? Habe ich so etwas schon erlebt?
— Leide ich manchmal unter der Tatsache, daß wir kaum Zeit und Gelegenheit, vielleicht auch nicht den Mut zu persönlichen Gesprächen finden?
— Unter welchen Voraussetzungen würde ich alle Barrieren überwinden?
— Habe ich mir schon einmal überlegt, wie leicht auch ich zum Mörder werden könnte? Habe ich eine einschlägige Erfahrung schon gemacht? Oder weise ich den Gedanken weit von mir?
— Was sagt Jesus zum fünften Gebot in der Bergpredigt?
— Weshalb meint der Erzähler, als tatsächlicher Mörder leichter an Gott glauben zu können?
— Könnte das intensive Erlebnis einer Bewahrung nicht auch geeignet sein, zu Gott zu finden?
— Manches in der Geschichte deutet darauf hin, daß er im Grund Strafe herausfordert. Wünscht er sich Sühne? Wofür, wenn er sich doch nicht schuldig fühlt?
— Welche Erfahrungen könnte er aus der Kindheit mitbringen? Wie würde seine „ganze Geschichte" lauten?
— Wie kommt es, daß ein geringfügiger Anlaß den tödlichen Haß aufkommen läßt?
— Wie fühlt sich ein Mensch nach vollzogener Strafe? Wie, wenn erwartete Strafe ausbleibt?

— Wie leicht fällt es mir, an bedingungslose Gnade zu glauben?
Welche Rolle spielen dabei meine Erziehung, meine Erfahrungen mit der Umwelt?

Ergänzende Literatur:
P. Tournier, Echtes und falsches Schuldgefühl, Herder-TB 299.
Evangelischer Erwachsenenkatechismus, Gütersloh 1976³.

Ergänzender Text als Denkanstoß:
Aus einem Leserbrief an „Die Zeit", der Bezug auf einen Artikel über Strafrechtsreform nimmt:
„Dem Artikel fehlt aber auch jedes Wort, das zum Ausdruck bringt, daß das verletzte Recht Genugtuung braucht. Ganz im Gegenteil. Der Verfasser schreibt: ‚Kein Mensch vertritt heute noch eine stumpfe Vergeltungsstrafe.' Meines Erachtens schockt eine solche Haltung ein gesundes Rechtsgefühl und demontiert das Fundament der staatlichen Rechtspflege... ‚Sühne im modernen Verständnis hat etwas mit Wiederaussöhnung des Täters mit der Gesellschaft zu tun' — eine groteske Vorstellung! Als ob die Gesellschaft, nicht aber der Mörder schuldig geworden wäre..."

Vgl. ergänzenden Text bei Johnson: „Jonas zum Beispiel".

Bibelstellen:
Röm. 3,24; Matth. 5,21ff; Luk. 19,1—10.

Zum Autor: Max Frisch, geb. 1911, Romane, Erzählungen Tagebücher.
Das gesamte Werk Frischs ist bestimmt vom Identitätsproblem, von der Sehnsucht nach einem erfüllteren Leben, von dem Streben, sich selbst mit seiner Unzulänglichkeit anzunehmen.

L.G.

Werner Bergengruen, Die Märchenkutsche

INHALT
Bergengruen erzählt von einer Kindheitserinnerung. Eines Winterabends sieht er eine von goldgehörnten Ziegenböcken gezogene Märchenkutsche an sich vorüberfahren. Die Prinzessin, die im Wagen sitzt, wirft ihm eine Kußhand zu. Er ist glücklich. Zu Hause erzählt er davon jedoch nichts. Er will sich dieses Erlebnis nicht nehmen lassen von Eltern, die es sicher bezweifeln werden. Nach Jahrzehnten erst erfährt der erwachsene Bergengruen den wirklichen Sachverhalt, und er bekennt, diese Auflösung sei ihm nicht sehr willkommen gewesen.
LESEDAUER: 10 Minuten
THEMATIK: *Märchen* und Wirklichkeit

Es ist auf den ersten Blick erstaunlich, wie die „Entmythologisierung" eines ebenso phantastischen wie tief empfundenen Kindheitserlebnisses nur ein „törichtes kleines Unvergnügen" bereitete, wie Bergengruen von sich sagt. Es tut oft mehr weh, wenn etwas, das einem ans Herz gewachsen ist, ausgerissen und an einen anderen Ort verpflanzt wird. Zu vermuten ist deshalb, daß die Wurzeln der Erfahrung, von der berichtet wird, durch die natürliche Erklärung gar nicht entscheidend verletzt wurden. Offensichtlich war hier nicht das objektive Geschehen das Entscheidende, sondern die Vorgänge, die sich im Bewußtsein des Kindes abspielten und für die die Märchenkutsche nur das auslösende Moment war. Das Kind hatte ein Erlebnis, das es heraushob aus der Menge der anderen. Es wurde ihm bewußt, daß es mit niemandem vergleichbar ist, daß es beachtet und in einem bisher nicht gekannten Maße geliebt wird. Es geht um die Erfahrung des Ich, das sich selbst findet, indem es das Du entdeckt.
Erfahrungen solcher Art nehmen bei Kindern – und nicht nur bei ihnen – wie von selbst märchenhafte Züge an. Ihr zauberhafter Kern wird nicht zerstört, sondern sichtbar, wenn die phantastische Fassade fällt. Das ist bei manchen Kindheitserinnerungen genauso wie bei Mythen und Märchen. Deshalb lügen Kinder genauso wenig wie Märchen, wenn sie in einer Weise reden, die nicht in die Wirklichkeit des Alltags zu passen scheint. Leider vergessen das manche „aufgeklärte" Eltern. Der kleine Bergengruen wußte schon, warum er den Mund hielt. Kinder kennen ihre Eltern oft besser als diese ihre Kinder.
Es ist sicher kein Zufall, daß auch in ganz anderen Bereichen, in denen es um Tiefen des Selbst und des Seins geht, eine ganz ähnliche Sprache anzutreffen ist wie

im Märchen. Träume und Meditationen bringen ebenso phantastische Bilder hervor, wie sie in den Überlieferungen der alten Religionen enthalten sind. Es gibt Dinge, die sich in der Sprache des täglichen Lebens oder der Wissenschaft nur unzureichend ausdrücken lassen. Davon wissen in Sonderheit die Dichter und auch viele Philosophen. Es verwundert darum nicht, daß auch sie zu Gleichnissen und Bildern greifen, die denen von Märchen, Kindern, Träumen, Meditationen und religiösen Überlieferungen gleichen.

Lassen Sie die folgenden fünf Texte, die wie Bergengruens „Märchenkutsche" in Form bzw. Inhalt an Märchen erinnern, auf sich wirken. Versuchen Sie, anschließend die Worte „Sehnsucht", „Liebe", „Vertrauen", „Selbstfindung", „Vollkommenheit" je einem der Texte zuzuordnen. Zu bedenken wäre dabei, daß dieses Vorgehen bereits eine bestimmte Interpretation der Texte vornimmt.

Der TRAUM eines 18-jährigen:

„Ich ging an das Ufer eines großen Sees. Die Sonne schien warm, deshalb schritt ich ohne Zögern und ohne die Kleider abzulegen in das Wasser hinein. Ich ging immer weiter und blieb auch nicht stehen, als die Wellen schon über meinem Kopf zusammenschlugen. Ich wunderte mich sehr, denn ich konnte mich ohne Schwierigkeit unter Wasser bewegen und hatte keine Angst zu ertrinken. Im Gegenteil, ich empfand es sehr angenehm und war tief beglückt, als mir bunte Gestalten begegneten, die einmal eher wie Blumen, ein andermal mehr wie Tiere aussahen. Nach einiger Zeit tauchte ich wieder auf. Es war mühelos. Ich schwebte empor. Da merkte ich, daß ich zaubern konnte..."

Anmerkung: C.G. Jung behauptet, das Meer oder der See sei „in unseren Träumen ein beliebtes Symbol des Unbewußten". (C.G. Jung, Bewußtes und Unbewußtes, Fischer-TB 175, Frankfurt 1959, 158)

Eine MEDITATION, Chinesisch-buddhistisch, aus dem Jahre 424 n. Chr.:

Meditation über das Wasser

„Dieses Wasser findet sich in acht Seen. Das Wasser in jedem See besteht aus sieben Juwelen, welche weich und nachgiebig sind. Die Quelle kommt vom König der Juwelen (Cintâmani, ‚Wunsch-Perle')... In der Mitte jedes Sees sind 60 Millionen Lotusblüten, jede aus sieben Juwelen bestehend. Alle Blüten sind vollkommen rund und genau gleich groß. Das zwischen den Blüten fließende Wasser erzeugt melodische und angenehme Töne, welche alle vollkommenen Tugenden ausdrücken, wie Leiden, Nichtexistenz, Vergänglichkeit und Nichtselbst. Sie drücken auch das Lob der Zeichen der Vollkommenheit aus und der minderen Zeichen von Ausge-

zeichnetheit aller Buddhas. Dem König der Juwelen (Cintâmani) entfließen die goldfarbenen Strahlen von äußerster Schönheit. Ihr Leuchten verwandelt sich in Vögel, welche die Farben von 100 Juwelen haben. Sie singen harmonische Töne, süß und entzückend, die Erinnerung an Buddha lobend, ebenso die Erinnerung an das Gesetz und die Erinnerung der Kirche. Das ist die Wahrnehmung des Wassers der acht guten Eigenschaften und das ist die fünfte Meditation."

(Zit. nach: C.G. Jung, aaO. 149)

Eine Überlieferung aus der BIBEL: Johannes 6,17−21:

Am Abend aber gingen die Jünger hinab an das Meer und traten in ein Schiff und kamen über das Meer nach Kapernaum. Und es war schon finster geworden, und Jesus war nicht zu ihnen gekommen. Und das Meer erhob sich von einem großen Winde. Da sie nun gerudert hatten bei einer Stunde, sahen sie Jesus auf dem Meere dahergehen und nahe zum Schiff kommen; und sie fürchteten sich. Er aber sprach zu ihnen: Ich bin's; fürchtet euch nicht! Da wollten sie ihn in das Schiff nehmen; und alsbald war das Schiff am Lande, wohin sie fuhren.

Ein GEDICHT von Heinrich Heine (1797−1856):

Aus den Himmelsaugen droben
Fallen zitternd goldne Funken
Durch die Nacht, und meine Seele
Dehnt sich liebeweit und weiter.

O, ihr Himmelsaugen droben!
Weint euch aus in meine Seele,
Daß von lichten Sternentränen
Überfließet meine Seele.

(Zit. nach: Lyrische Signaturen, Bamberg, o.Jahr, 221)

PHILOSOPHISCHE GEDANKEN von Ernst Bloch:

Seine Gedanken knüpft Bloch u.a. an ein Märchen aus 1001 Nacht folgenden Inhalts:
Eine Prinzessin pflanzt in ihrem Garten Blumen. Da tritt eine fromme alte Frau zu ihr und sagt: Zur Vollkommenheit fehlen dir drei Dinge: Das goldene Wasser, der sprechende Vogel und der singende Baum. Als der Prinz von der Jagd heimkehrt und die Prinzessin ihr Erlebnis ihm erzählt hatte, bricht er sofort auf, um für seine Liebe die drei Wunderdinge zu suchen. Das Ziel schon vor Augen, wird er aber bei einem magischen Berg in einen schwarzen Stein verwandelt. Nun bricht die Prinzessin, die davon Kunde erhält, auf, um ihrerseits den geliebten Prinzen zu suchen. Sie findet erst den sprechenden Vogel, dann das goldene Wasser und den singenden Baum und schließlich auch ihren Gemahl wieder. Sie entzaubert ihn mit Hilfe des goldenen Wassers. So nehmen sie die drei Wunder mit

sich nach Hause und hören noch lange auf deren Stimme, bis sie in die Fülle des Paradieses eingehen.

Bloch hierzu: „*Der heutige massive Unglaube ans Unsichtbare, vielmehr noch Unsichtbare ist zwar ebenso irr wie der massive Glaube an himmlisches Fleisch und Bein; aber es ist in ihm doch auch ein Ungenügen an diesem räumlichen Dingsein noch einmal, ja eine Ahnung, daß die Bilder des letzten Erwachens, kurz des wirkenden Lebenswassers nicht Danaidensieb oder Olymp oder Krone sein könnten, wenn es wirklich dieses Erwachen gibt und wenn es das letzte wäre. Schlichtes Staunen über Unscheinbares zeigt uns heute tiefer an, was metaphysisch umginge, wenn das ‚lebende und tote Gefild' erweckt wäre; diese Lichter sind freilich immer augenblicklich oder beiläufig, zeigen das unverdinglichte, ungebannte, letzte Heimweh in allem an und haben keinen großen Ort. Der bloße Prinz Bahman, wenn auch als Königssohn, ist nicht darin, ebensowenig der Palast, in den die Geliebten mit halbem Lebenswasser und äußeren Gartenwundern zurückreisen, eben doch nur zurück reisen. Der Blick auf solche Dinge, wenn auch Götter-Dinge, geht das letzte im Menschen noch gar nichts oder nichts mehr an. Jedoch — ein Garten aus dem, was die Menschen zuweilen staunen, ja erschauern läßt und was die Prinzessin selber hatte, als es so unruhig und streng aus den Worten der alten Frau klang: von diesem könnten eben Ungläubige des überlieferten ‚Endes' glauben, er wäre in Menschen und Steinen noch darin, alles fragend, lösend und ungefunden.*"

(Aus: E. Bloch, Spuren, Frankfurt 1959, 282f)

R.P.

Werner Reiser, Vom Engel, der am Weihnachtsabend weinte

INHALT

Ein einsamer Engel gelangt am Weihnachtsabend in den „Palast der tiefsten Geheimnisse". Er sieht die Urbilder allen Seins und Lebens, aber auch des Nicht-Seins und Sterbens. Er sieht das Bild der Liebe und das Zerrbild der Liebe. Da eilt er zu den anderen Engeln, die um die Krippe von Bethlehem versammelt sind, um ihnen und dem Kind seine ihn belastende Erfahrung mitzuteilen. Das gelingt ihm jedoch nicht. Die anderen Engel wollen sich in ihrem Jubel nicht stören lassen. Nur einer nimmt sich seiner an und gibt ihm den Auftrag, in dieser Nacht zu denen zu gehen, die auf Erden leiden. Der einsame Engel übernimmt diese kaum zu bewältigende Aufgabe und verliert über ihr seinen Glanz. Erst als alle anderen schlafen, kehrt der nun dunkle Engel nach Bethlehem zurück und erzählt dem Kind, was er an diesem Abend alles hat verarbeiten müssen. Und das Kind hört zu.

LESEDAUER: 14 Minuten
THEMATIK: *Weihnachten,* Grunderfahrungen, Leid

Der Engel, der am Weihnachtsabend weinte, kommt zu Menschen, die ebenfalls weinen. Er tröstet sie nicht nur und heilt sie, sondern macht sie auch füreinander aktiv. Den anderen, den Satten, Sanften, Friedlichen und den Gleichgültigen zeigt er, was sie in dieser Nacht übersehen: den Hunger, den Streit, das Unrecht, die Not. So will auch die Geschichte die Leidenden trösten und den Zufriedenen zu denken geben.

Vielleicht ist es Absicht, daß das Gemälde, das die Geschichte entwirft, ganz ähnliche Züge trägt, wie wir sie von indischen Mandalas (s. nächste Seite) her kennen. Hier wie dort sind kreisförmige Strukturen wahrzunehmen, die auf ein Zentrum zustreben. Von diesem Zentrum her wird der Weltenlauf in Gang gehalten. Unterschiedlich sind die Symbole, die diese Mitte ausfüllen. Häufig handelt es sich um Yin und Yang, die hellen weiblichen und die dunklen männlichen Grundkräfte des Kosmos, die sich in einen Kreis fügen. Viele tibetanische Mandalas zeigen an Stelle dessen auch drei in sich verschlungene Tiere: die Schlange als Sinnbild der Blindheit, den Hahn als Symbol des Hasses und den Wildeber als Inbegriff der Gier, also drei dunkle Mächte, die den Lauf des Weltrades in Gang halten.

Ein strukturell ähnliches, aber inhaltlich verschiedenes Bild zeichnet *Reiser* in seiner Geschichte. Sie hat als alles bestimmende Mitte das Bild (und das Negativbild) von der Geburt des Kindes und vom Tod des Mannes und von der Liebe, die beides mit ausgebreiteten Armen verbindet. Keine dunklen Kräfte also, sondern lichte, die aber ihre Schatten bei sich haben. Denn wo die Liebe erschienen ist, wird auch ihr Zerrbild sichtbar; wenn man sich über das Kind in der Krippe freut, muß man über die Kinder in den Särgen trauern.

Neben diesen Anklängen an östliches Denken und tiefenpsychologische Sichtweisen hält die Geschichte eine Fülle anderer Gedanken bereit, die die verschiedensten Assoziationen wecken. Da erscheinen die Engel im schönsten goldrauschenden Gewande der Volksfrömmigkeit. Sie wollen sich in ihrem Jubel nicht stören lassen, wie wir in unserem Weihnachtsgefühl, und überlassen die Not der Welt einem Idealisten, der im wahrsten Sinne darüber schwarz wird. Der Hohe Engel redet nicht nur im Sinne von 1. Mose 3, der Sündenfallgeschichte, sondern auch wie Dostojewskij's Großinquisitor. Die Urbilder der Schöpfung, die im Palast der tiefsten Geheimnisse aufbewahrt sind, lassen an Platons Reich der Ideen denken, zu denen nur der Philosoph Zutritt hat, und an die sog. „Archetypen" C.G. Jungs, die die Grunderfahrungen der Menschheit repräsentieren. Die Geschichte des Engels von Geburt und Tod des Kindes erinnert an die Sprache von prophetischen und apokalyptischen Texten wie Jes. 9,1—6; Jes. 11,1—9; Offb. 12 usw. Die Aufzählung sei hier abgebrochen. Der Leser wird selbst empfinden, wieviel in dieser Geschichte Platz hat, und seine eigenen Entdeckungen machen.

Die Geschichte ist so bildhaft, daß sie sich wohl am besten erschließt, wenn man frei assoziiert, also nach der Lektüre über seine spontanen Einfälle nachdenkt oder mit anderen darüber spricht. Wer keinen Gesprächspartner hat, kann als Meditationsübung ein Mandala zu zeichnen versuchen, in dem einige Inhalt der Geschichte wiederkehren. Es bedarf dazu keiner besonderen Fähigkeiten, denn es kommt ja nicht auf die äußere Schönheit, sondern auf den Inhalt an. Der Psychologe C.G. Jung berichtet, daß während der Behandlung selbst sehr ungeschickte Patienten Mandalas zu zeichnen verstünden. Warum sollte dies nicht auch außerhalb möglich sein?

Zwei Beispiele für indische und tibetanische Mandalas:

Mandala [altind. ‚Kreis'] *das,* ein mystisches Diagramm in Form eines Kreises oder Vielecks, das den Anhängern ind. Religionen als Meditations-Hilfsmittel dient. Derartige Schaubilder stellen symbolhaft eine religiöse Erfahrung dar; sie sollen bestimmte geistige Zusammenhänge versinnbildlichen und in ihrer Meditation zur Einheit mit dem Göttlichen führen. M.s werden heute vornehmlich in Japan und Tibet von den Buddhisten verwendet. Das M. entspricht dem hinduist. ‚Yantra'. — C.G. Jung hat in einem 1929 mit R. Wilhelm herausgegebenen chines. Text (‚Das Geheimnis der goldenen Blüte', mit europ. Kommentar) gezeigt, wie dem M. ähnliche Zeichnungen auch von modernen Menschen unbewußt im Traum und ohne Kenntnis jener asiat. M.s spontan als Ausdruck bestimmter innerer Erfahrung produziert werden können; er interpretierte diese Phänomene als Symbol der Selbstfindung...

(Aus: Brockhaus Enzyklopädie, Bd. 12, Wiesbaden 1971, 72f)

R.P.

Maxim Gorki, Es war am Heiligen Abend

INHALT
Zwei arme Kinder im vorrevolutionären Rußland erbetteln am Weihnachtsabend auf der Straße Geld, von dem sie sich dann eine ausgiebige Mahlzeit leisten.
LESEDAUER: 8 Minuten
THEMATIK: *Weihnachten,* Armut

Die Geschichte wendet sich gegen eine ganze Kategorie von überkommenen Weihnachtserzählungen, die in rührseliger Weise auf Mitleid mit den Armen zielen, wobei das Gefälle arm—reich aber nicht angetastet wird. Bei Gorki gibt es weder Stimmung noch Moralismus, sondern einfach nüchterne Realität: Die Kinder, erfahrene Bettler, nützen den Feiertag als Mittel, um einmal etwas mehr Geld zu bekommen; der Spender gibt nicht deshalb, weil er von dem „Fest der Liebe" dazu angeregt würde, sondern weil er der Belästigung überdrüssig ist; die Hast auf den weihnachtlichen Straßen hat höchst banale Gründe; die Atmosphäre in der billigen Schenke ist trist und gewöhnlich wie jeden Tag.

Der Autor räumt hier mit einer ganzen Reihe von beliebten Weihnachtsklischees auf. Der Heilige Abend, ein Tag wie jeder andere, die Menschen nicht besser als sonst. Die Armen können nicht auf echte Hilfe durch die Reichen rechnen. Weihnachten also ein Ereignis, das im Grund nichts verändert hat. Gorki hat selbst entsprechende Erfahrungen. Er mußte frühzeitig in der eigenen Familie erkennen, daß hinter frommen Worten Leere, Falschheit, ja Grausamkeit zum Vorschein kommen können.

Fragen, die die Geschichte an mich stellt:
— Welchen Eindruck hinterläßt die Geschichte bei mir?
— Wenn nicht von Weihnachten die Rede wäre, würde ich sie dann dem christlichen Fest zuordnen? Vermisse ich etwas in ihr? Was? Warum?
— Wie verhalten sich die vorkommenden Personen in bezug auf Weihnachten?
— Wenn ich an das weihnachtliche Schenken denke, geht es mir dann nicht manchmal ähnlich wie dem Geldgeber in der Geschichte?
— Verändert das Fest der Liebe etwas in uns? Hat sich in den 2000 Jahren seit Christi Geburt im Verhalten der Menschen zueinander etwas verändert?
— Wir werden nicht nur einmal im Jahr — aber besonders doch an Weihnachten — an die Armut in der Welt erinnert. Könnte ich mir vorstellen, daß dies einmal nicht mehr nötig wäre? Welche Hindernisse dafür fallen mir ein?
— Sollten wir im Bewußtsein der mangelnden Wirkung des Festes auf unser Verhalten besser alle Weihnachtsbräuche als unredliche fromme Selbsttäuschung abschaffen?
Gründe dafür? Gründe dagegen?

Bibelstellen:
Luk. 16,19ff; 18,18ff.

Zum Autor: Maxim Gorki (1868—1936) mußte als Frühwaise bereits mit acht Jahren arbeiten. Er versuchte später, den Marxismus mit dem Christentum zu verbinden. Im Mittelpunkt seiner Werke steht vor allem das russische Kleinbürgertum.

Ergänzender Text:

Nummer 16 — der Großvater

Diese Geschichte kann in jeder spanischen Stadt an der Küste spielen. Tatsächlich zugetragen hat sie sich in Valencia.

Achtundfünfzig alte Männer und alte Frauen stehen im Saal herum. Auf ihrer Brust baumelt ein Täfelchen mit einer Nummer.
An der Wand steht der Großvater. Er drückt seinen Hut gegen die Brust. Ein Herr

kommt vorbei. Er sagt: ,,Nehmen Sie den Hut weg. Man kann Ihre Nummer sonst nicht lesen." Der Großvater läßt den Hut sinken. Er lächelt müde. Auf seiner Brust baumelt ein Täfelchen: Nummer 16 steht darauf.
Schwer stützt sich der Großvater auf Manuel. Das kann er ruhig tun. Manuel ist schon neun Jahre alt.
Jetzt öffnen sich die beiden Flügeltüren. Die Herrschaften treten ein. Die Damen tragen Täfelchen in der Hand. Darauf stehen Nummern. Sie haben diese Täfelchen ausgelost, mit Geld bezahlt. Jetzt suchen sie den Armen mit der gleichen Nummer. Er wird ihr Weihnachtsgast sein. Eine alte Dame tritt vor den Großvater hin. Sie sagt: ,,Nummer 16. Es ist ein alter Mann. Hoffentlich ist er sauber."
,,Mein Großvater ist immer sauber", sagt Manuel. Aber die Dame beachtet ihn nicht. Sie sagt: ,,Kommen Sie schon."
Sie geht die Treppe hinunter. Der Großvater setzt den Hut auf und geht. Manuel stemmt die Schulter gegen die schwere Hand des Großvaters. Vor dem Haustor stehen zwei Autos. Die Schofföre halten die Türen offen. Die Dame steigt in das erste Auto. Der Großvater darf in das zweite einsteigen. Flink klettert Manuel ihm nach.
Sie fahren in ein vornehmes Stadtviertel. Vor einem großen weißen Haus halten die Wagen. Ein Diener öffnet das Gittertor. Die Autos fahren in den Vorhof. Manuel springt aus dem Auto und hilft dem Großvater aussteigen. Er führt ihn bis zur Haustür. ,,Der Junge muß dableiben", ruft die alte Dame.
Der Diener hilft dem Großvater die Treppe hinauf. Das sieht Manuel. Dann ist er allein. Er beschließt zu warten. Es ist zu weit bis nach Hause. Er schlendert auf die Hauptstraße. Hier fahren Autobusse, Lastwagen und Privatautos. Dazwischen trippeln Esel mit Lasten. So ist das eben in einer spanischen Stadt. Manuel kennt das. Ihm gefallen die Autos und die Esel.
Der Wind weht kalt. Manuel zieht die Jacke zu und stellt sich in ein Haustor. Von hier aus kann er alles sehen.
Auf einmal erschrickt er. Der Großvater! Vielleicht muß er schon heimgehen? Manuel läuft in die kleine Gasse. Vor dem Haus steht ein Auto. Zwei Diener führen den Großvater heraus. Der Großvater kann sich kaum auf den Beinen halten. ,,Großvater", schreit Manuel und rennt zu ihm. ,,Dein Großvater verträgt nicht mehr das gute Essen. Er ist krank. Und einen kranken Weihnachtsgast kann die Dame nicht brauchen", sagt ein Diener. Blaß lehnt der Großvater im Wagen. Zu Hause muß er sich hinlegen. Viele Tage lang ist er krank. Endlich kann Manuel mit ihm wieder spazierengehen. Sie gehen zum Hafen. Dort ist gute Luft. Sie treten an die Kaimauer. Manuel wirft etwas ins Meer. Es ist das Täfelchen mit der Nummer 16.

(Aus: E. Becker / A. Fuchsberger, Adventskalender: Kinder sehen dich an — Weihnachtsbesuch in 24 Ländern, Ernst Kaufmann Verlag, Lahr)

L.G.

Kurt Marti, Ja

INHALT
Kurt Marti berichtet von einem Mann, der wegen einer Lähmung nur noch in verschiedenen Nuancen ja sagen kann. Er denkt darüber nach, was der Mann in seiner Sprachlosigkeit empfinden muß, und reflektiert über die Gefühle des Besuchers.
LESEDAUER: 17 Minuten
THEMATIK: *Behinderung,* Sprache

Die Geschichte zeichnet die Hilflosigkeit, mit der wir normalerweise einem Behinderten begegnen. Diese Hilflosigkeit wird natürlich noch viel größer, wenn die Behinderung in einer Sprachlosigkeit besteht.
Der vorliegende Bericht von Kurt Marti beschönigt nichts. Es gibt kein happy end, keinen Helfer mit übermenschlichen Fähigkeiten, der die Last der Behinderung vergessen macht.
Kurt Marti weicht der Härte eines solchen Lebens nicht aus. Im Gegenteil, messerscharf stellt er die Probleme dar, Probleme, für die es im speziellen Fall wegen der Sprachlosigkeit keine Lösung gibt. Sie ist eine fast unüberwindbare Barriere zum Behinderten. Dauernd muß ich, der Besucher, reden. Wovon soll ich sprechen? Was interessiert einen Mann, der dazu verurteilt ist, nur noch ja sagen zu können? Die Problematik weitet sich aus bis zur philosophischen Fragestellung: Was ist Sprache eigentlich? Was ist der Mensch ohne Sprache?
Nur am Rande kommt die Überlegung herein, ob wir nicht allzu sehr von der Sprache abhängig sind und andere Kommunikationsmöglichkeiten verlernt haben. Es gibt ja die Sprachlosigkeit nicht nur aus einer körperlichen Behinderung heraus, es gibt sie auch in gestrandeten Beziehungen von Menschen, die zwar noch Worte bilden können.
Ein weiteres Problem bildet auch die Begegnung mit der Frau des Behinderten. Was hilft ihr? Wie hält sie diese jahrelange Belastung aus? Außerdem stellt sich die Frage nach dem Sinn eines solchen Lebens. Worin besteht noch der Wert eines solchen Lebens ohne Sprache (ohne Kommunikation)?
Der Verfasser bemüht sich um eine Antwort, indem er sich mit dem Behinderten zu identifizieren sucht. Aber ständig merkt er, daß das nicht gelingt. Schlüsse, die er aus der Identifikation zieht, etwa: Ich würde an seiner Stelle Selbstmord begehen, entpuppen sich als seine eigenen Gedankengänge. Was der Behinderte wirklich denkt und fühlt, wird der Besucher nie wissen können.

Aber auch an dieses Nicht-Wissen gewöhnt man sich, sagt Kurt Marti am Schluß. Obwohl das resigniert klingt, finde ich diese Feststellung wichtig. Wir müssen uns klar sein, daß eine Behinderung in diesem Ausmaß eine Persönlichkeitsveränderung hervorruft, die auch durch Identifikation nicht erfaßt werden kann. Das kann uns vor die Frage stellen, ob wir überhaupt jemals einen andern Menschen, auch einen gesunden, ganz erfassen können. Wir machen immer wieder die Erfahrung, daß hinter jedem Menschen ein Stück Geheimnis, ein Stück Sprachlosigkeit bleibt. Diese Erfahrung ist oft schmerzvoll, sie kann aber auch befreiend sein. Speziell im Umgang mit Behinderten haben wir diese Befreiung nötig. Befreiung vom Mitleid, das dem Andern von vorneherein Unzufriedenheit unterstellt.

Joh. 1. Am Anfang war das Wort.
Macht die Sprache den Menschen aus?
Schlagzeile in einer Zeitung: „Lise-Marie Morerod ist Fr. 40.000.— wert." Lise-Marie Morerod war eine Skirennläuferin. Wieviel wert ist der behinderte Mann? Kurze Zeit nach obiger Schlagzeile verunglückte L.-M. Morerod mit dem Auto so schwer, daß sie nie mehr wird skilaufen können.
G. Kreisler, Vierzig Schilling, Chanson auf einer Platte aus dem Jahre 1968, Preiser Records SPR 3178. Georg Kreisler errechnet den chemischen Wert eines Menschen und stellt Fragen nach dem wirklichen Wert des Menschen.
Gibt es Leben, das nicht mehr lebenswert ist?

In den obigen Überlegungen sind viele Fragen enthalten, die sich für den Gebrauch in Gruppen eignen. Siehe auch die Ausarbeitungen im Lehrerhandbuch „Geschichten zum Nachdenken", 96—100.

Zum Autor: Kurt Marti, 1921 in Bern geboren, lebt als Gemeindepfarrer und Schriftsteller in seiner Heimatstadt. Romane, Erzählungen, Lyrik und Essays.

M.L.

Christa Reinig, Skorpion

INHALT
Der Skorpion ist ein Wesen mit allen nur denkbaren negativen Merkmalen. Er hat eng beieinanderliegende Augen, von denen man sagt, sie bedeuteten Hinterlist. Er hat angewachsene Ohrläppchen, die als Anzeichen für einen Hang zum Verbrechertum gelten. Weil er weiß, wie seine Umwelt ihn sieht, ist der Skorpion auf steter Flucht vor ihr. Auf einmal passiert es: er verabreicht einem wohlmeinenden Buchhändler den tödlichen Stich.
LESEDAUER: 4 Minuten
THEMATIK: *Vorurteile*, soziale Wahrnehmung, sozialer Einfluß

Jeder von uns bildet sich seine Meinung über Mitmenschen, mit denen er zusammenkommt, sei es bewußt oder nicht bewußt. Denn seit Kindheitstagen sammeln wir unsere Erfahrungen mit ihnen, und diese Erfahrungen bestimmen unser Verhalten in der Gegenwart. Hätten wir sie nicht, würden wir uns fühlen wie ein Marsmensch, der sich plötzlich unter die Erdenbewohner versetzt sieht, und er würde sich bestimmt sehr sonderbar benehmen. So natürlich und notwendig es ist, daß wir uns Bilder vom Mitmenschen machen, so fraglich ist es aber im Einzelfall, ob die Schlüsse, die wir aus unseren Beobachtungen ziehen, auch legitim sind. Denn wie oft kommen wir zu unseren Meinungen nicht nur ungewöhnlich schnell, sondern auch mit einer sehr einfachen Methode. Am häufigsten wohl in der Weise, daß wir von wahrgenommenen Persönlichkeitsmerkmalen auf andere, nicht unmittelbar sichtbaren Eigenschaften der betreffenden Person schließen. Es ist nicht immer Spaß, wenn wir sagen: Wer Schotte ist, ist auch geizig; wer im Sternbild Widder geboren ist, ist auch störrisch; Frauen, die dunkle Augen haben, sind auch feurig; Menschen, die dick sind, sind auch gemütlich; wer einmal gelogen hat, wird wieder lügen; wer ein schlechtes Zeugnis bekommen hat, der ist auch dumm.
Auch der Skorpion in der Geschichte von Christa Reinig wird in der beschriebenen Art eingeschätzt. Und nun kann man bei ihm beobachten, was jeder von uns auch schon erlebt hat. Die Urteile anderer Menschen, gleich wie sie zustandegekommen sein mögen, zeigen Wirkung bei dem Beurteilten. Man kann sich ihnen nicht entziehen. Man nimmt sie sich zu Herzen. Der Skorpion tut das in der Weise, daß er den Kontakt zur Umwelt fast ganz abbricht. Traut er sich tatsächlich einmal unter Menschen, unternimmt er alles, um das Urteil über ihn vergessen zu machen. Als ob er aus einer Straf- oder Heilanstalt käme. So prägt die Meinung der anderen

sein gesamtes aktuelles Verhalten. Am Ende war er dann tatsächlich so, wie alle ihn sahen. Er stach leider nur den Falschen.
Was am nächsten Tag in den Boulevardblättern gestanden haben wird, kann man sich unschwer ausmalen.

Ein sehr einfacher, aber aufschlußreicher Test dafür, ob und inwieweit die Bilder, die wir voneinander und von uns selbst haben, übereinstimmen, ist der folgende:

Man stellt sich die betreffende Person (oder sich selbst) vor und setzt dieser Vorstellung entsprechend im unten abgedruckten sog. „Polaritätenprofil" zwischen jedes Gegensatzpaar („Polarität") ein Kreuzchen. Kreuzchen in der Mitte der Skala bedeuten „weder noch"; je weiter die Kreuzchen von der Mitte entfernt liegen, desto extremer ist das Urteil.

Zur Untersuchung der gegenseitigen Wahrnehmung in Zweierbeziehungen (Dyaden) muß das Polaritätsprofil von beiden Partnern unabhängig nach den folgenden drei Anweisungen ausgefüllt werden (je Partner also drei Profile):

1 „Beurteile dich selbst auf der Liste, indem du bei jedem Gegensatzpaar ankreuzt, welches Adjektiv mehr auf dich zutrifft."
2 „Beurteile ebenso deinen Partner."
3 „Versuche ebenso zu beurteilen, wie dein Partner dich sieht..."

lustig	4	3	2	1	1	2	3	4	ernst
langsam	4	3	2	1	1	2	3	4	schnell
intelligent	4	3	2	1	1	2	3	4	unintelligent
verschlossen	4	3	2	1	1	2	3	4	offen
kooperativ	4	3	2	1	1	2	3	4	egoistisch
unsympathisch	4	3	2	1	1	2	3	4	sympathisch
sachlich	4	3	2	1	1	2	3	4	verspielt
unordentlich	4	3	2	1	1	2	3	4	ordentlich
zögernd	4	3	2	1	1	2	3	4	entschlußfreudig
redselig	4	3	2	1	1	2	3	4	verschwiegen
kontaktfreudig	4	3	2	1	1	2	3	4	abwartend
passiv	4	3	2	1	1	2	3	4	aktiv
beweglich	4	3	2	1	1	2	3	4	starr
schüchtern	4	3	2	1	1	2	3	4	forsch
freundlich	4	3	2	1	1	2	3	4	unfreundlich
impulsiv	4	3	2	1	1	2	3	4	gehemmt

(Aus: H. Legewie / W. Ehlers, Knaurs moderne Psychologie, (c) Droemersche Verlagsanstalt, München 1972, auch als Knaur-TB 3506, DM 12.80, 103)

Wie sehr die Meinungen oder Erwartungen, die wir voneinander haben, uns beeinflussen können, davon sprechen die folgenden beiden Texte. Der eine stammt aus der Pädagogischen Psychologie, der andere aus der Literatur. Was beide mit Christa Reinigs „Skorpion" verbindet, ist unschwer zu erkennen.

Die Wirkung von Erwartungen

„Menschen bilden übereinander Erwartungen, wie sie sich verhalten, welche Fähigkeiten sie entwickeln und wie sie in bestimmten Situationen handeln werden. Auch Erzieher und Heranwachsende haben solche Erwartungen. Sie gehen miteinander ihren Erwartungen gemäß um. Die Erwartungen des Erziehers und sein daraus folgendes Verhalten bewirken, daß das Kind sein Verhalten an diese Erwartungen anpaßt. So wird der junge Mensch zu dem, was seine Erzieher von ihm halten. Man bezeichnet diese Erscheinung als Pygmalion-Effekt (Pygmalion hat nach der griechischen Sage ein weibliches Standbild geschaffen, das durch Götterhilfe lebendig wurde). Die Methoden, mit denen man den Pygmalion-Effekt untersucht hat, sind stark kritisiert worden. Als erwiesen gilt aber das allgemeine Ergebnis, daß Erzieher ihren Erwartungen entsprechend unterschiedlich handeln. Wo ihre Erwartungen gering sind, verlangen sie mehr und anerkennen weniger und sind schneller bereit zu loben. Diese unterschiedliche Behandlung bringt die zu Erziehenden dazu, sich so zu verhalten, wie es ihre Erzieher von ihnen erwarten. Man spricht deshalb auch von ‚sich selbst erfüllenden Prophezeiungen'. Damit ist folgendes gemeint: die Erwartung ist eine Art von Vorhersage. Der Erzieher handelt pädagogisch so, daß seine Vorhersage auch eintrifft. Er tut dies, weil er seine Erwartung für richtig hält."
(Aus: Pädagogik II, Telekolleg für Erzieher, Lektion 18, Prof. Dr.H. Schiefele, Soziale Wahrnehmung, Erwartungshaltung und erzieherischer Einfluß, München 1973, 53f)

Der andorranische Jude

„In Andorra lebte ein junger Mann, den man für einen Juden hielt. Zu erzählen wäre die vermeintliche Geschichte seiner Herkunft, sein täglicher Umgang mit den Andorranern, die in ihm den Juden sehen: das fertige Bildnis, das ihn überall erwartet. Beispielsweise ihr Mißtrauen gegenüber seinem Gemüt, das ein Jude, wie auch die Andorraner wissen, nicht haben kann. Er wird auf die Schärfe seines Intellektes verwiesen, der sich eben dadurch schärft, notgedrungen. Oder sein Verhältnis zum Geld, das in Andorra auch eine große Rolle spielt: er wußte, er spürte, was alle wortlos dachten; er prüfte sich, ob es wirklich so war, daß er stets an das Geld denke, er prüfte sich, bis er entdeckte, daß es stimmt... Es gelang ihm nicht, zu sein wie alle andern, und nachdem er es umsonst versucht hatte, nicht aufzufallen, trug er sein Anderssein sogar mit einer Art von Trotz, von Stolz und

lauernder Feindschaft dahinter, die er, da sie ihm selber nicht gemütlich war, hinwiederum mit einer geschäftigten Höflichkeit überzuckerte; noch wenn er sich verbeugte, war es eine Art von Vorwurf, als wäre die Umwelt daran schuld, daß er ein Jude ist. — Die meisten Andorraner taten ihm nichts. Also auch nichts Gutes. Auf der andern Seite gab es auch Andorraner eines freieren und fortschrittlichen Geistes, wie sie es nannten, eines Geistes, der sich der Menschlichkeit verpflichtet fühlte: sie achteten den Juden, wie sie betonten, gerade um seiner jüdischen Eigenschaften willen, Schärfe des Verstandes und so weiter. Sie standen zu ihm bis zu seinem Tode, der grausam gewesen ist, so grausam und ekelhaft, daß sich auch jene Andorraner entsetzten, die es nicht berührt hatte, daß schon das ganze Leben grausam war. Das heißt, sie beklagten ihn eigentlich nicht, oder ganz offen gesprochen: sie vermißten ihn nicht — sie empörten sich nur über jene, die ihn getötet hatten, und über die Art, wie das geschehen war, vor allem die Art. Man redete lange davon. Bis sich eines Tages zeigte, was er selber nicht hat wissen können, der Verstorbene: daß er ein Findelkind gewesen, dessen Eltern man später entdeckt hat, ein Andorraner wie unsereiner. — Man redete nicht mehr davon. Die Andorraner aber, sooft sie in den Spiegel blickten, sahen mit Entsetzen, daß sie selber die Züge des Judas tragen, jeder von ihnen."
(Aus: M. Frisch, Tagebuch, zit. nach Knaur TB 100, München 1965, 29f)

R.P.

Theodor Weißenborn, Die Welt im Haigerloh

INHALT
Die Geschichte erzählt von einem Außenseiter, dem Stottrerjosef, der weit draußen in der Heide als Einsiedler haust. Sie geht seiner Kindheit nach und zeigt seine Liebe zur Kreatur, die ihn zum Totschläger an einem Menschen werden läßt.
LESEDAUER: 20 Minuten
THEMATIK: *Außenseiter*, Leiden, Schöpfung

Bei dieser Geschichte handelt es sich um ein Klagelied. Inhalt ist das Seufzen der Kreatur. Vom kleinsten Lebewesen bis zum Menschen ist alles in einen Leidens-

kreis eingespannt, in einen Kreis ohne Anfang und Ende. Die heile Welt im Haigerloh hat keine Existenzmöglichkeit, es ist ein Stück Paradies, das nur Sehnsucht, aber keine Realität ist. Das Lied ist trostlos, nirgends Raum für einen Strahl der Hoffnung. Die Erlösung, die Josef zustande bringt, ist beschränkt, da sie mehr auf Resignation als auf Hoffnung beruht. Seinem Wirken, so gering es ist, haftet deshalb etwas Heroisches an. Es muß folgerichtig wie in einer griechischen Tragödie zum Totschlag kommen, zur Gewalttat dessen, der die Welt heilt, der ein Ort für Leben schafft. Deutlicher kann die Aporie des menschlichen Lebens überhaupt kaum dargestellt werden, des Lebens, das immer schon den Keim des Todes und der Vernichtung in sich trägt, das ohne Tod gar nicht Leben sein kann. Weißenborn versteht es allerdings, sich noch zu steigern. Illusionslos, fast makaber, stellt er im Schlußabschnitt fest, daß der Mensch ein Schlächter ist: Ruhig hat Stottrerjosef zugesehen, wie Clausewitz, der General, auf einen Maulwurf trat. „Nun ist er bald geheilt." Bei uns werden auch Dienstverweigerer psychiatrisch begutachtet.
Die Welt im Haigerloh ist nicht Realität. Stottrerjosef ist ein Narr, den niemand ernst nimmt. Das Klagelied verfolgt eine so feststellende, fast fatalistische Tendenz, daß die Frage nach der Schuld hinter all dem Leiden kaum in den Blick kommt. Die Brutalität des Vaters soll wohl nicht einer psychologischen Erklärung dieses Stottrerjosefs dienen. Ich empfinde es vielmehr als Feststellung: Auch im Haigerloh geht es nicht ohne Gewalt.
Sogar die psychiatrische Betreuung, die doch eigentlich Leben fördern sollte, dient letztlich der Vernichtung: Stottrerjosef kann nach der „Heilung" nicht mehr leben, bloß noch überleben. Er ist angepaßt.
Alle Tendenzen zur Heilung, zur Förderung von Leben sind so Steigbügel des Todes.
Mit dieser Erkenntnis kann aber kein Mensch leben. Damit ist eine der Grundvoraussetzungen des christlichen Glaubens festgehalten. Kein Mensch kann von sich aus leben und sich den Sinn seines Lebens selber geben. Er ist nie sicher, ob das, was er im besten Wissen und mit bestem Gewissen an Gutem tut, sich ins Gegenteil verkehrt.
Die letztgültige Heilung des Daseins kommt nicht vom Menschen, sondern von Gott, behauptet der christliche Glaube. Wo Heilung geschieht gegen alle Realität des Leidens, da ist immer Gott am Werk.
Das Klagelied hinterläßt nach dem Vorlesen einen beklemmenden Eindruck. Ich habe es schon erlebt, daß Zuhörer förmlich nach Befreiung aus dieser Beklemmung, nach Erlösung riefen. Das gibt eine ausgezeichnete Ausgangsbasis zur Diskussion über den Grund unserer Existenz und die Werte unseres Lebens.

Es ist reizvoll, dieses Klagelied der Schöpfungsgeschichte 1. Mose 2,4b—24 gegenüberzustellen. Der Garten Eden und die Welt im Haigerloh tragen gemeinsame Züge der menschlichen Sehnsucht nach einer heilen Welt.
Die Geschichte kann außer zu dem in den Überlegungen besprochenen Hauptthema zu folgenden Themen eingesetzt werden:
— Außenseiter.
— Wer ist normal?
— Vaterbeziehung und ihre Folgen.

Der Mensch als Herrscher über die Kreatur: 1. Mose 1,28; 1. Mose 2,19—20; Ps 8, 7—8; Ps. 104,10—24.

Das Leiden der Kreatur: Hi. 39,1—30; Jes. 11,6—9.

„Jesus zog aus der Stadt und ging über das Gebirge mit seinen Jüngern. Auf dem steilen Weg war ein Lasttier gestürzt, denn sein Herr hatte es überladen. Jesus trat zu ihm und sprach: ‚Mensch, was schlägst du dein Tier? Siehst du nicht, wie es blutet und wie seine Last zu groß ist?' Der Mann aber antwortete: ‚Was geht dich das an; es ist mein Eigentum! Frag nur die, die bei dir sind.' Und etliche der Jünger bestätigten: ‚Ja, wir haben gesehen, wie er es gekauft hat.' Jesus aber sprach weiter: ‚Sehet denn nicht auch ihr, wie es blutet, und höret denn nicht auch ihr, wie es jammert und schreit?' Sie antworteten: ‚Nein, daß es jammert und schreit, hören wir nicht.' Der Herr aber wurde traurig und rief: ‚Wehe euch, daß ihr nicht hört, wie es schreit und klagt zum himmlischen Schöpfer um Erbarmen. Dreimal wehe über denen, über welchen es schreit in seinem Schmerz!' Und er trat hinzu und rührte es an. Und das Tier stand auf, und seine Wunden waren heil. Zum Manne aber sprach er: ‚Nun treibe weiter und schlage es hinfort nicht mehr, auf daß auch du Erbarmen findest.'"

(Aus den Apokryphen)

Sinnlosigkeit menschlichen Strebens: Pred. 2,1—12; Kurzfilm „Auch ein Sisyphos", Schweiz: Verleih Zoom, Dübendorf.

Zeitungsmeldungen über Umweltschäden durch Ölunfälle usw.

M.L.

Josef Reding, Neben dem blauen Seepferdchen

INHALT
In der Badeanstalt hat sich der 15jährige Schüler in das Mädchen mit der Sonnenbrille verguckt, das am Ende des Bassins sitzt und an einem Pullover strickt. Fortwährend möchte er sie auf sich aufmerksam machen und ihr mit seinen Taucherkünsten imponieren, ist jedoch irritiert, da sie offenbar nicht besonders auf ihn achtgibt. Er will aber auf keinen Fall locker lassen und wartet am Ausgang auf sie. Da sieht er sie wieder, von ihrer Freundin geleitet und mit einem weißen Stock in der Hand — eine Blinde. Wie vor den Kopf geschlagen steht er da.
LESEDAUER: 20 Minuten
THEMATIK: *Behinderte,* Geltung, Abwehrmechanismen

Musikalisch würde man es als Scherzo bezeichnen, wie der Erzähler die Konfrontation des nicht behinderten mit dem behinderten Menschen vorbereitet. Um so bestürzender ist dann die Konfrontation selbst am Schluß. Alle sich überschlagende Aktivität des Schülers ist mit einem Mal erstarrt.
Josef Reding hat mit gutem Griff für den Gang der Handlung ein Erkennungsmotiv gewählt, das allen jungen Leuten vertraut ist: wieder einmal „zieht einer eine Schau ab", um einem Mädchen zu imponieren und sie für sich zu gewinnen. Der ausschlaggebende Moment der Gegenwirkung besteht darin, daß das attraktive Mädchen unversehens mit einem Makel behaftet erscheint, wobei der weiße Stock Signalwirkung besitzt. Schlagartig ist beim Schüler das Feuer der Begeisterung erloschen; ernüchtert läßt er die beiden Mädchen davongehen.
Dieser entscheidende Moment ist vom Verfasser allerdings nur in seinem Bewegungsablauf in knapper Form wiedergegeben. Was alles in dem Schüler vor sich geht, bleibt unausgesprochen; ja, der offene Schluß könnte sogar Überlegungen Raum geben, den Faden ein bißchen weiterzuspinnen. Ist der Fall für den Schüler damit erledigt?
Andererseits ist die Frage zu stellen: Was sagt mir diese Geschichte? Ihr Schwerpunkt trifft unsere eigenen Erfahrungen, eine eigene Erinnerung an solche Signalwirkung, wie sie hier von dem weißen Stock ausgeht: daß beim Gewahrwerden einer solchen Behinderung ein Abwehrmechanismus ausgelöst wird; Hilflosigkeit, Berührungsangst, Schuldgefühle dafür, daß wir uns der Belastung durch den behinderten Menschen nicht aussetzen mögen, wirken ineinander. Neue Erfahrungen sind nötig, daß wir Behinderungen in uns selbst wahrnehmen und einander Partner werden können.

Ab 5. bzw. 6. Klasse lassen sich die Eindrücke von dieser Geschichte etwa folgendermaßen auswerten:

Lernziel: Im Umgang mit Behinderten kommt es nicht auf Äußerlichkeiten an.
— Eigene Erfahrungen mit blinden bzw. behinderten Menschen zu Wort kommen lassen.
— Überlege, wie du selbst schon einmal jemandem imponieren wolltest und wie du das angestellt hast.
— Beschreibe die Gefühle, die den Schüler beim Anblick des weißen Stocks bewegt haben mögen.
— Die Geschichte hat einen offenen Schluß. Wie könnte sie weitergehen? Rollenspiel: Was könnte sich am Ausgang weiter zugetragen haben?
— Welches Verhalten ist im Umgang mit einem Blinden angebracht bzw. überflüssig?
— Ein Blinder hat in unserer Gesellschaft fast nur Nachteile. Vielleicht ist er uns aber in manchen Situationen überlegen. In welchen wohl?
— Überlege dir, was du für den Umgang mit anderen Menschen von einem Blinden lernen kannst (z.B. den anderen nicht nur wegen seines Äußeren toll finden).

Literatur:
E. Klee, Behinderten-Report, Fischer-TB 1418, Frankfurt/M 1974.
E. Goffman, Stigma. Über Techniken der Bewältigung beschädigter Identität, Suhrkamp-TB Wissenschaft 140, Frankfurt/M. 1975.
A. Hämer, Rehabilitation von unten, München 1978.

Vgl. in diesem Band die vorangegangenen Geschichten und in ,,Geschichten zum Nachdenken" H. v. Kuenheim, Das Leben des Christoph B., und R. Sprung, Die gestohlene Chance.

U.K.

Am seidenen Faden

INHALT
Ein hoher Beamter, beim König in Ungnade gefallen und auf einem hohen Turm gefangengehalten, wird von seiner Frau auf seltsame Weise befreit: durch einen Käfer, den sie mit einem Seidenfaden behaftet hinaufklettern läßt. Wie der Gefangene ihn in die Hand bekommt, merkt er, daß darauf ein Garnfaden folgt, dann ein Bindfaden, dann ein Seil und schließlich ein Tau, an dem er sich herablassen kann, um mit seiner Frau dem Land des ungerechten Königs den Rücken kehren zu können.
LESEDAUER: 3 Minuten
THEMATIK: *Geduld,* Treue, Meditation

Das alte indische Märchen läßt sich ohne weiteres als ein Beispiel für liebende Treue verstehen oder für den Unterschied zwischen männlicher und weiblicher Aktivität, da die eine mit ihrer Geschäftigkeit an ihre Grenze geraten und auf die andere, soviel bedachtsamere Aktivität angewiesen ist.
Aber der indische Yogi hält eine noch tiefere Deutung für diese Geschichte bereit. Für ihn ist sie ein Meditationsgleichnis. Hier seine Erklärung:
Der *Mann,* der in der Turmkammer eingeschlossen lebt, ist der Mensch, der zu meditieren beginnt.
Der *Turm* ist die Welt des Menschen, das Gefängnis, das er sich selbst gebaut hat: die Welt der Gewalt und des Zwanges.
Die *Frau* ist ebenfalls dieser Mensch, der aber nun aus sich herausgegangen ist, der seinen Trott, seine Geschäftigkeit, seinen Egoismus hinter sich gelassen hat, weil in ihm ein Verlangen da ist nach Güte, Liebe, Wahrheit, Friede. Dieser Mensch kommt dazu, etwas zu tun, das von außen betrachtet als sehr geringfügig erscheint, in dem aber die Hoffnung auf Befreiung verborgen liegt. Der Mensch ist aber noch nicht zur Einheit mit sich selbst gekommen.
Die *Nacht* ist die Stille und Abwesenheit aller selbstsüchtigen Begierden und allen Lärms. Sie ist das Bild und zugleich der Schutz der Sammlung. Was hier zustande kommt, hat Stille nötig.
Den *Käfer,* der die Mauer hochklettert, kann der Mensch nicht machen; er muß ihn suchen. Er ist ganz in der Nähe, man übersieht ihn aber leicht. Der Mensch, der meditieren will, findet ganz in seiner Nähe, was er nötig hat. Und nun beginnt der lange, bescheidene, geduldige Weg. Was in der Kette der Meditation geschieht, ist am Anfang sehr wenig, wird aber im Fortschreiten schließlich ein starkes Tau,

so daß der Mensch von seiner Kraft getragen wird. So kommt es zur Einheit und Vereinigung. Diese Einheit schafft Freiheit. Der Mensch ist nun erlöst von seinem hohen vereinsamenden Turm, das trennende Mauerwerk besteht nicht mehr für diejenigen, die in das Land der Freiheit eingingen.
Man könnte am Schluß fragen, ob Meditation hier als eine Art von Selbsterlösung gesehen wird und wo Gott hier seinen Platz hat. Etwa im Erwachen des Wunsches beim Menschen, der sich nach Freiheit, Tiefe, Einheit sehnt; oder beim Finden des Käfers, den man ja normalerweise einfach übersieht; oder als bewegende Kraft, die lange Mühe durchzuhalten (nach: Leiterbrief 182/4, Mai 1974, Zürich).

Die Geschichte läßt sich mit der Abzielung als Meditationsgleichnis sicher erst in Klassen der Oberstufe und in Erwachsenengruppen verwenden.
Andererseits lohnt es sich, die Geschichte zunächst ohne Deutung zu lesen oder vorzulesen mit dem anschließenden Vorschlag, daß jedermann aus der Klasse oder Gruppe versucht, das ihm Wesentliche mit Farben zu malen (etwa in Form einer Bilderfolge). Die entstandenen Bilder werden nebeneinander aufgehängt und ausgewertet. In das auswertende Gespräch läßt sich die meditative Deutung einbringen; die Bilder werden sich dazu als gute Anhaltspunkte erweisen.
Ergänzende Literatur:
E. Eggimann, Meditation mit offenen Augen, München 1974.
Cl. Tillmann, Führung zur Meditation, Zürich 1973.
Vgl. auch in diesem Band bei W. Bergengruen, Die Märchenkutsche, die Deutung zu einem Märchen aus 1001 Nacht von Ernst Bloch.

U.K.

Zwei Menschen wollten Hochzeit halten

INHALT
Zwei arme Hochzeitsleute bitten ihre Gäste, zum Fest je eine Flasche Wein mitzubringen und in ein vor dem Festsaal stehendes Faß zu gießen. Die Gäste tun scheinbar so, doch stellt sich heraus, daß am Ende nur Wasser im Faß ist. Man bleibt bis Mitternacht, aber das Fest findet nicht statt.
LESEDAUER: 2 Minuten
THEMATIK: *Mitmenschlichkeit,* Teilen

Es ist reizvoll, diese chinesische Parabel mit der Geschichte von der Hochzeit zu Kana, die der Evangelist Johannes erzählt (Joh. 2, s.u.), zu vergleichen.

Den Geschichten gemeinsam scheint dies:
— Sie handeln beide von einer Hochzeit.
— Die Hochzeit ist ein Bild oder Symbol für wahres, erfülltes Leben.
— Der Wein ist ein Symbol für das, was der Mensch zum echten Leben braucht.
— Das Wasser ist ebenfalls ein Symbol: es „bildet all das ab, ... wovon der Mensch meint leben zu können und doch nicht leben kann" (R. Bultmann, Johannesevangelium, Göttingen 1968, 84).
— In beiden Geschichten ist an Menschen eine Einladung ergangen. Sie sind gekommen, um zu feiern, um ein Leben zu versuchen, das Erfüllung bedeutet.
— Aber es fehlt an dem, was die Hochzeit zur Hochzeit, das Leben zum Leben macht. Alle empfinden das.

Unterschiede liegen in folgendem:

JOHANNES 2	CHINESISCHE PARABEL
Es wird eine Situation erzählt, in der Jesus gegenwärtig ist.	Es wird geschildert, wie es unter Menschen zugeht.
Es geschieht etwas, was wider die Regel ist.	Zu sehen ist, was die Regel ist.
Es gibt nicht Wasser, sondern Wein.	Es gibt nicht Wein, sondern Wasser.
Menschliche Erwartungen werden übertroffen.	Menschliche Erwartungen bleiben unerfüllt.
Menschen werden beschenkt.	Menschen werden getäuscht.
Ein Wunder.	Kein Wunder.

Johannes 2, Vers 1—11:
„Und am dritten Tage war eine Hochzeit zu Kana in Galiläa, und die Mutter Jesu war da. Jesus aber und seine Jünger wurden auch auf die Hochzeit geladen. Und da es an Wein gebrach, spricht die Mutter Jesu zu ihm: Sie haben nicht Wein. Jesus spricht zu ihr: Weib, was geht's dich an, was ich tue? Meine Stunde ist noch nicht gekommen. Seine Mutter spricht zu den Dienern: Was er euch sagt, das tut. Es waren aber allda sechs steinerne Wasserkrüge gesetzt nach der Sitte der jüdi-

schen Reinigung, und es gingen in jeden zwei oder drei Maß. *Jesus spricht zu ihnen: Füllet die Wasserkrüge mit Wasser! Und sie füllten sie bis obenan. Und er spricht zu ihnen: Schöpfet nun und bringet's dem Speisemeister! Und sie brachten's. Als aber der Speisemeister kostete den Wein, der Wasser gewesen war, und wußte nicht, woher er kam — die Diener aber wußten's, die das Wasser geschöpft hatten —, ruft der Speisemeister den Bräutigam und spricht zu ihm: Jedermann gibt zuerst den guten Wein und, wenn sie trunken geworden sind, alsdann den geringern; du hast den guten Wein bisher behalten. Das ist das erste Zeichen, das Jesus tat, geschehen zu Kana in Galiläa, und offenbarte seine Herrlichkeit. Und seine Jünger glaubten an ihn.*"

Der Theologe Herbert Braun spricht von einer „Grundgenerosität" Jesu, die nicht nur in Wundererzählungen zum Ausdruck komme:
„*Es gibt Texte, die den Zusammenhang zwischen dem, was der Mensch empfängt, und dem, was er weitergeben kann, ausdrücklich deutlich machen. Da ist ein Gläubiger, der hat zwei Schuldner. Der eine ist fünfhundert, der andere fünfzig Denare schuldig. Beide können nicht zahlen. Der Gläubiger besteht nicht auf seinem Recht; er erläßt beiden die geschuldete Summe. ‚Wer von beiden wird den Schenker mehr lieben?' fragt Jesus am Ende dieses wahrscheinlich echten Gleichnisses (Luk. 7,41f). Es liegt auf der Hand, die Dankbarkeit und Liebe erwächst daraus, daß man beschenkt ist. So ist es auch bei der Feindesliebe. ‚Gott läßt seine Sonne aufgehen über Böse und Gute, er läßt regnen über Gerechte und Ungerechte' (Matth. 5,45). Jeder Mensch hat Anteil an den Grundgaben des Lebens: er genießt die Freude und Segnung des Lichtes und des Regens. Jeder, der Böse und der Gute, der Gerechte und der Ungerechte, es ist, als wolle Jesus durch seinen Hinweis auf diese Grundgenerosität, auf diese Grundgenerosität Gottes, die Menschen anstecken. Wer hätte da nicht Lust, in den gleichen Rhythmus sich einzureihen?*"
(Aus: H. Braun, Jesus, Stuttgart 1969, 137f)

Die Brüder von Taizé versuchen, von dieser Grundgenerosität etwas in ihrem konkreten täglichen Leben zu verwirklichen. An welchem Punkt hätten wir die meisten Schwierigkeiten und wie wären sie zu erklären? Vielleicht müßte man auch in mancher Hinsicht Widerspruch einlegen. In der Regel von Taizé steht u.a.:
„*Die vollkommene Freude verschenkt sich. Wer sie kennt, sucht weder Dank noch Gunst. Sie ist immer neues Staunen angesichts dessen, der ohne Entgelt geistliche und irdische Gaben im Überfluß austeilt. Sie ist Dankbarkeit. Sie ist Danksagung.*
Einfalt ... ist ein Weg, offen zu werden für den Nächsten. Sie ist da in der gelösten Freude des Bruders, der das quälerische Sorgen um seine Fortschritte und Rückschritte aufgibt, um seinen Blick unverwandt auf das Licht Christi zu richten.

Weil der Friede mit Christus den Frieden mit deinem Nächsten einschließt, versöhne dich, mach wieder gut, was gutzumachen ist... Sei jederzeit bereit zu vergeben. Vergiß nicht, daß die Liebe sich auch in der gegenseitigen Rücksichtnahme zeigt... Laß dich nicht durch Antipathien bestimmen. Sie können leicht bestehen bleiben, wenn du ... nicht mit allen in enger Verbindung stehen kannst. Deine natürliche Neigung kann dich dazu verleiten, gleich zu Anfang ein Vorurteil zu haben, deinen Nächsten nach seinem schlechten Tag zu beurteilen, dich zu freuen über Fehler, die du an deinem Bruder erkannt hast. Laß dich vielmehr ergreifen von einer Überfülle an Freundschaft zu allen.
Wer in Barmherzigkeit lebt, kennt nicht Empfindlichkeit, Enttäuschung. Er verschenkt sich einfach, sich selbst vergessend, freudig mit der ganzen Glut seines Herzens, frei — ohne eine Gegenleistung zu erwarten."

(Aus: R. Schutz, Die Regel von Taizé, Gütersloh 1965, 37ff)

R.P.

Josef Reding, Ordentlich auf Null ...

INHALT
Der junge Wettarck hört bei der Zubereitung seiner Mahlzeit von der Straße her Wortfetzen einer Demonstration gegen die drastische Erhöhung der Fahrpreise. „Es geht auch um meine Pfennige", denkt er und läuft auf die Straße. Dort sind die Demonstranten gerade dabei, einen Straßenbahnwagen umzukippen. Zunächst hat er Lust mitzumachen, dann aber besinnt er sich. Das geht ihm zu weit. Als die Polizei anrückt und es zu Tätlichkeiten kommt, zieht er sich in sein Zimmer zurück. Dort empfängt ihn die Zimmerwirtin vorwurfsvoll. Er hatte den Elektrokocher nicht abgeschaltet. Sie aber hat ihn inzwischen wieder „ordentlich auf Null" gestellt. Wettarck stellt ihn ohne Grund nochmal auf III, schaltet gleich wieder zurück, horcht noch nach draußen, vergißt es und ißt mit Genuß seine Suppe.
LESEDAUER: 19 Minuten
THEMATIK: *Demonstration*, Wagnis, Anpassung

Demonstrationen sind in unserem Straßenbild nichts Ungewöhnliches. Sie sind ein legales Mittel demokratischer Meinungsäußerung. Sie haben entweder Bekenntnis-

charakter oder wollen eine Änderung herbeiführen. Was kann durch eine Demonstration erreicht werden? Ihr Ziel ist es doch, die Mitmenschen auf ein Problem, einen Mißstand aufmerksam zu machen, sie dafür zu interessieren. Die Frage ist, wie viele sich überhaupt für etwas interessieren lassen, das sie aus ihrer Ruhe bringen könnte. Deshalb zeigt leider die Erfahrung, daß eine Demonstration am wenigsten Beachtung findet, je ruhiger sie verläuft. Erst Radau und Krawall lassen den Menschen aufmerksam werden. Allerdings geht er dann verständlicherweise in Abwehrstellung (siehe die Zimmerwirtin). Und trotzdem hat auch das in der Geschichte genannte Argument die Erfahrung auf seiner Seite: „Einem bösen Hund gibt man gern ein Stück Brot, damit er ruhig ist, einem friedlichen Köter gibt man einen Fußtritt."
Das Thema hat viele Seiten, die manchen Explosivstoff in sich tragen. Deshalb kann und soll die Diskussion darüber nicht zur Ruhe kommen.

Fragen, die die Geschichte an mich stellt:
— Wie würde ich an der Stelle Wettarcks handeln?
— Wie reagiere ich auf die Begegnung mit einem friedlichen Demonstrationszug? Wie auf einen, der Tumult auslöst?
— Auf welcher Seite stehe ich spontan, wenn es zur tätlichen Auseinandersetzung mit der Polizei kommt? Wovon hängt meine Einstellung ab?
— Warum werden Demonstranten gewalttätig? Werden bei Polizeieinsätzen immer die gewalttätigsten gefaßt? Gilt hier das Sprichwort „mitgefangen — mitgehangen"?
— Anpassung („ordentlich auf Null") birgt das geringste Risiko und die wenigste Beunruhigung für den einzelnen. Wie verhalte ich mich selbst, wenn ich ein öffentliches Anliegen für dringend halte?
— Für mich gelten in diesem Zusammenhang folgende drei Thesen:
  1. Demonstrationen und Bürgerinitiativen sind wichtige Mittel unserer Demokratie.
  2. Friedliche Demonstrationen finden kaum Beachtung.
  3. Gewalttaten sind grundsätzlich abzulehnen.
  Frage: Wie können Demonstranten ihrem Anliegen auf friedlichem Weg wirksamen Nachdruck verleihen?

Berichte von Demonstrationen aller Art im In- und Ausland bringen laufend die Medien. Jeder ist als Zusatzmaterial verwertbar.
Ergänzende Literatur:
Macht und Gewalt, in: zur sache, Heft 14, Hamburg 1978.

L.G.

Josef Reding, Den Unsrigen nachlaufen?

INHALT
Eine Krankenschwester will bei der Räumung einer Stadt, die in Kürze kampflos vom Feind übernommen werden soll, nicht mitmachen. Sie findet keinen Grund, den Ihrigen nachzulaufen.
LESEDAUER: 12 Minuten
THEMATIK: *Anpassung* und Widerstand

Auf zwei Ebenen führt die Geschichte den Leser in die Problematik „Anpassung und Widerstand" hinein. Auf der ersten Ebene wird nicht reflektiert, sondern gehandelt. Die Säuglingspflegerin, eine Frau, die sich nicht angepaßt hat, zieht nicht einfach mit den eigenen Leuten mit, weil es die eigenen sind. Sie denkt und handelt nicht nach dem Schema „hie eigene Leute — dort fremde". Die Frau hat Vorstellungen vom Leben, die sie hier und dort verwirklicht oder nicht verwirklicht sieht. Natürlich leben die Angepaßten problemloser. Sie haben keine Identifikations- und Rollenprobleme. Sie sind ja längst identifiziert mit den „Unsrigen". Und was sie dafür an Spontaneität, an Lebenskraft eingebüßt haben, wissen sie nicht einmal. Das drücken sie bloß noch in für sie unbewußten Ersatzhandlungen aus, etwa wenn sie lustvoll das Fernsehgerät auf die Straße werfen.
Widerstand ist für die Säuglingspflegerin nicht einmal eine besonders mutige Tat. Es ist nichts anderes als eine Haltung der Nicht-Anpassung. Sie ist müde, sie kämpft nicht (was wir ja häufig mit Widerstand gleichsetzen), sie hat sich bloß nicht angepaßt. Und in einer Gesellschaft der totalen Gleichschaltung bedeutet bereits das schon Widerstand.
In einer Gruppe stellt sich spätestens da die Frage nach der eigenen Anpassung. Wie angepaßt sind die Gruppenmitglieder in ihrer Gesellschaft? Oder noch besser gefragt, weil konkreter: Wie stark sind sie innerhalb der Gruppe angepaßt? Dabei kann gelten: Je stärker die Anpassung ist, desto mehr wird in Schemata gedacht und in Schwarz-Weiß-Malerei gemacht. Die Eigenen sind dann immer die saubereren, geschickteren, intelligenteren Wesen als die andern. Oder wie es ein Schweizer auf einer Thunersee-Schiffahrt einmal mir gegenüber geäußert hat: „Ich bin schon weit herumgekommen. Ich habe die Rocky Mountains gesehen, die Steppen Sibiriens und viele andere Gebiete, aber so schön wie bei uns in der Schweiz ist es nirgends."
Es gibt auch viele Witze, die einen solchen Chauvinismus zwar als gegeben hinnehmen, gleichzeitig aber in Frage stellen.

Die Säuglingspflegerin ist nicht angepaßt. Anpassung widerspricht ihrem Menschenbild. Damit kommen wir auf die zweite Ebene der Geschichte, auf die Ebene der Reflexion, die aber geschickt mit der Handlung verbunden ist. Ob ein Mensch die Haltung des Widerstandes einnimmt oder ein Angepaßter wird, das entscheidet sich schon sehr früh, bereits im Säuglingsalter. In der Erziehung werden die Grundlagen dafür gelegt mit psychischen Mitteln (Angst machen zum Beispiel), mit körperlichen Züchtigungen und im Extremfall mit staatlichen Maßnahmen. Daß angepaßte Kinder als Erwachsene in ihrem Einflußbereich eher wieder eine Politik der Anpassung verfolgen, scheint klar zu sein.

— Es könnte interessant sein, in einer Gruppe im Zusammenhang mit dieser Geschichte über den Grad der Anpassung der einzelnen Gruppenmitglieder in der Gesellschaft und innerhalb der Gruppe Aufschlüsse zu bekommen. Das kann mit einem Gespräch geschehen. Sollen die Teilnehmer aber für das Problem sensibilisiert werden, eignet sich ein Experiment besser, z.B. das Asch-Experiment. Siehe Klaus Antons, Praxis der Gruppendynamik, Verlag für Psychologie Dr. C.J. Hogrefe, Göttingen.
— Aus dem gleichen Buch soll hier das Muß-Soll-Spiel vorgestellt werden: Ziel dieses Spiels ist das Erkennen eigenen normierenden Verhaltens in Diskussionen.

„*1. Kurze Einführung: ‚Durch unsere eigenen impliziten Wertsysteme und Bewertung von Sachverhalten und Personen zwingen wir anderen unsere Normen auf: für gegenseitiges Verstehen ist eine Reduktion dieses Verhaltens sinnvoll. In unserer Sprache gibt es häufig gebrauchte Worte, die eine solche Normierung beinhalten: z.B. muß, soll, darf nicht (andere Ausdrücke des Gruppen-Jargons können nach Belieben hinzugenommen werden). Jeder, der in der nächsten halben Stunde dieses Wort verwendet, bezahlt eine Spielmarke in den Topf.‘*
2. *Jeder Diskussionsteilnehmer erhält 10 Spielmarken ausgehändigt.*
3. *Die Diskussion wird unter der Spielregel fortgeführt für den bestimmten Zeitraum, wobei Diskussionsleiter und Gruppenmitglieder Regelhüter sind.*
4. *Nach Abschluß der Zeit evtl. Auszählung der noch vorhandenen Spielmarken.*
30 Min. empfehlenswert; oder bis der 1. Teilnehmer seine Marken verbraucht hat.
100—200 Spielmarken (Papp-Plättchen), oder auch Bonbons!
Topf oder Hut.“
(Aus: K. Antons, Praxis der Gruppendynamik, Göttingen 1974, 181)

— Siehe auch das „Kindsmörderin-Experiment" aus demselben Buch, beschrieben auch im Lehrerbuch „Geschichten zum Nachdenken", 117.
— In welchem Staat möchte ich am liebsten wohnen? In welchen Staaten möchte ich gar nicht wohnen? Weshalb? Stimmen meine Gründe mit der Wirklichkeit überein?
— Was bedeutet es, daß Fernsehgeräte und anderes *lustvoll* auf die Straße geworfen werden?
— Vgl. folgende Erzählungen in „Geschichten zum Nachdenken":
Das Kind in der Krippe, 109; Freundschaft mit Hamilton, 155; Jenö war mein Freund, 157.
— Matth. 7,1—5.

Jeden Tag töten britische Eltern ein Kind

„London. Jeden Tag wird in Großbritannien ein Kind von seinen eigenen Eltern so schwer mißhandelt, daß es stirbt. Dreitausend weitere Kinder werden nach Angaben des britischen Soziologen Brian Jackson jedes Jahr vom Vater oder der Mutter schwer verletzt. Wie Jackson weiter mitteilte, werden jährlich weitere 30.000 bis 40.000 Kinder von ihren Eltern derart geschlagen, daß ihre Gesundheit leidet. Nach den Worten von Frau Hazel Wigmore, die das britische Kinderzentrum in London leitet, handelt es sich bei diesen Zahlen um amtliche Statistiken. Man müsse erst noch mit einer großen Dunkelziffer rechnen.
Das Kinderzentrum hat ein Buch mit Ratschlägen für Eltern und Anschriften von 39 Elternhilfklubs veröffentlicht, an die sich Väter und Mütter wenden können, die mit ihren Kindern nicht mehr fertig werden. Nach Angaben von Jackson gibt es in den Vereinigten Staaten bereits 600 derartige Klubs."

(Aus: Basler Zeitung vom 18.12.78)

Tik tak

„ ,Alles geht nach der Uhr', sagt Frau Ureburegurli. ,Um ein Uhr haben die Kinder gegessen, bis zwei Uhr arbeiten sie an den Schulaufgaben, bis fünf Uhr dürfen sie spielen, um halb sechs essen sie Abendbrot, danach lernt die Großmutter noch mit den Kindern, und von abends sieben bis morgens sieben schlafen sie. Um acht Uhr gehen sie zur Schule, und um zwölf Uhr dreißig sind sie wieder zu Haus.'
,Ich bin gespannt', sagt Frau Lustibustigiero, die Nachbarin, ,wie lange es dauert, bis Ihre Kinder nur noch tik tak sagen.' "

(Irmela Wendt)
(Aus: Das Menschenhaus, Zürich 1973[2], 88)

M.L.

Martin Lienhard, Die Schrift an der Wand

INHALT

Eine Frau erzählt dem Pfarrer, daß sie nicht im Grab des Mannes beerdigt sein möchte. Sie begründet diesen Wunsch mit einem unvergeßlichen Haß auf ihren Mann. Jahrelang haben sie einander wortlos, durch eine Kreideschrift an der Wand im Wohnzimmer, das Gleiche vorgehalten.

LESEDAUER: 4 Minuten
THEMATIK: *Vergebung*, Ehe, Haß

Die Geschichte klingt unglaublich. Sie beruht aber auf einer tatsächlichen Begebenheit. Erfinden könnte man eine Erzählung mit solchem abgründigen Haß wohl kaum.

Da der Leser nur die Frau hört, identifiziert er sich mit ihr und ist schnell bereit, ihr recht zu geben. Der Gesprächsleiter müßte da aber insistieren und auch das Verhalten der Frau in Frage stellen.

Sehr schnell werden dann die Diskussionsteilnehmer den banalen Spruch bringen: „Natürlich, es braucht immer zwei."

Es braucht immer zwei in ihrer unverwechselbaren Persönlichkeit, damit eine Beziehung sich zu dem entwickelt, was sie ist. Man darf und soll anhand der vorliegenden Geschichte nach dem Werden dieser Beziehung fragen. Das herausragende Merkmal ist die Sprachlosigkeit. Die beiden konnten kaum von einem Tag auf den andern nur noch durch eine Kreideschrift miteinander verkehren. Lassen sich Stationen auf dem Weg zu dieser Sprachlosigkeit vermuten? Es ist interessant, mit einer Ehegruppe dieser Frage nachzugehen. Schnell werden eigene Probleme eingebracht, da angesichts der Tragik dieses Falles keiner mehr objektivieren kann. Man könnte die Diskussion vielleicht so in Gang bringen, daß man fragt, was die beiden am Hochzeitstag wohl miteinander gesprochen haben.

Hier stellt sich auch das Problem der Scheidung. Wäre hier nicht der Fall gegeben, in dem trotz christlichem Scheidungsverbot eine Trennung besser gewesen wäre? Hat es etwas mit christlicher Demut oder bloß mit Gewöhnung zu tun, wenn dieses Ehepaar zusammen bleibt, bis der Tod sie scheidet?

Anhand des einen Satzes: „Gott wird das sehen und rechten!", läßt sich allerhand über die Frau aussagen. Sie wußte offenbar Gott auf ihrer Seite. Sie hat keine Angst davor, Gott als Richter anzurufen. Damit sagt sie, daß sie sich im Recht fühlt. Wie oft mußte das der Mann hören?

Zur Gottesfrage: Ist Gott so für die eigene Gerechtigkeit mit Beschlag zu belegen als Mitstreiter gegen die Ungerechtigkeit des andern? Stellt Gott nicht vielmehr unsere eigene Gerechtigkeit in Frage?

Eine weitere Diskussionsrunde kann sich um den Tod drehen. Was erwartet die Frau vom Tod? Was bedeutet es ihr, nicht im gleichen Grab wie ihr Mann zu liegen?

Zur Frage der Scheidung: Mark. 10,1—12. D. Sölle, Die Hinreise, Stuttgart 1975, vor allem das erste Kapitel „Der Tod am Brot allein".

Zur Vergebung und Gerechtigkeit: Matth. 18,21—35. Röm. 3,9—10; Röm. 3, 21—24.

Zur Sprachlosigkeit: K. Marti, Ja, Geschichte im vorliegenden Buch, S. 74.

Fragen für die Gruppenarbeit siehe im vorhergehenden Abschnitt.

Höllenmaschine als Erbschaft

„Selb/Oberfranken. AP Eine Höllenmaschine hat ein 77jähriger Rentner seiner Schwägerin in Selb/Oberfranken hinterlassen. Nach Mitteilung der bayerischen Landespolizei hatte der Mann mit der Frau in einem Haus gelebt, doch hatten die beiden jahrelang Streit miteinander. Als er starb, ‚bestrafte' er die Schwägerin zunächst damit, daß er eine andere Verwandte als Erbin einsetzte. Als die Schwägerin dann auf dem Dachboden eine Kiste öffnete, die dem Verstorbenen gehörte, ereignete sich eine Explosion: Der 77jährige hatte in die Kiste eine Art Höllenmaschine eingebaut. Die Frau kam mit dem Schrecken davon und ließ eine zweite verdächtige Kiste von Sprengstoffexperten der Polizei öffnen, die allerdings nur Kernseife fanden. Der 77jährige hatte kurz vor seinem Tod zur Schwägerin gesagt: ‚Du wirst noch nach meinem Tod an mich denken.' "

(Aus: Basler Zeitung, Nov. 1978)

M.L.

Werner Bergengruen, Das Netz

INHALT
Auf einer Insel im Mittelmeer gilt noch ein altes Gesetz, nach dem jede des Ehebruchs überführte Frau vom Felsen zu Tode gestürzt wird. So soll es auch der Frau eines Fischers ergehen, die nach ihren eigenen Worten von einem fremden Seemann „wie in einem Netz gefangen" worden war. Daß sie am Ende mit dem Leben davonkommt, verdankt sie ihrem Mann, der sie an der Stelle des Absturzes mit seinen Netzen auffängt, und dem abschließenden Freispruch der Markgräfin, die der Frau ihr goldenes Haarnetz übergibt — zum Zeichen, daß sie eine Gefangene bleibe der Liebe ihres Mannes.
LESEDAUER: 28 Minuten
THEMATIK: *Vergeltung* und Vergebung

Die Eindrücke, die die Geschichte hinterläßt, sind schwer auf einen Nenner zu bringen. Der klassische Stil der Schilderung, ihr zwingendes Gefälle und die kunstvolle Verflechtung des Netz-Motivs verfehlen gewiß nicht ihre Wirkung. Aber es rührt sich auch Widerspruch: Was hat das uns heute noch zu sagen? Hält die Erzählung nicht an einer verschollenen Gesellschaftsordnung fest? Denn die Grundzüge eines starren patriarchalischen Denkens sind unverkennbar: die Frau erscheint als Besitz ihres Mannes, nur *ihre* Untreue wird bestraft — und gleich mit dem Tode. Und auch in der rührenden Szene am Schluß bleibt oben und unten ordentlich getrennt.
Hat uns das also heute nichts mehr zu sagen? Dieser Auffassung könnte entgegengehalten werden, es sei an der Zeit, der allgemeinen Mißachtung von ehelicher Treue Widerstand zu leisten und aufs neue solchen positiven Beispielen Geltung zu verschaffen.
Der folgende Materialhinweis bietet einen Vorschlag, der Erzählung von Werner Bergengruen Sätze aus einer Traupredigt aus unserer Zeit entgegenzuhalten, um im gemeinsamen Gespräch herauszufinden, wie eheliche Gemeinschaft, Schuld, Vergebung und Treue für unsere Zeit ernst zu nehmen sind.

„Das Eherezept des Evangeliums ist dieses eine Stichwort: Vergebung. Nicht so wie jener Mann, der inserierte, er habe jetzt 107 Bücher und Schriften über Liebe und

Ehe gelesen und suche sich jetzt, ausreichend informiert, eine Frau. 107 Rezepte für Liebe und Ehe nützen uns gar nichts, wenn nicht das Entscheidende da ist: der Wille, einander vergebend zu tragen, zu ertragen und dadurch füreinander wirklich offen zu werden. Darum gibt uns Jesus keine Eherezepte. Wir haben große Freiheit, die Ehe so zu gestalten, so zu leben, wie es in jedem einzelnen Falle richtig und schön erscheint. Wir müssen auch nach und nach miteinander, voneinander, füreinander lernen. Keinesfalls ist eine gute Ehe eine solche, in der es keine Krisen, keinen Streit, keine Schwierigkeiten gibt! Eine Ehe, wo nichts passiert, wo alles glatt und intakt bleibt, kein lautes Wort fällt, könnte vielleicht sogar eine tote Ehe, ein letztlich indifferentes Zusammenbleiben sein. Nein: Eine gute Ehe ist die, wo es Spannungen, Zwischenfälle, Auseinandersetzungen, Krisen gibt — wo aber immer wieder Vergebung die Oberhand gewinnt, der Wille, neu miteinander anzufangen, neu füreinander dazusein. Wie Gott selber jeden Tag neu mit uns anfängt."

(K. Marti, Ehe ist Glaubenssache, in: H. Nitschke (Hg.), Worte zur Trauung heute gesagt, Gütersloh 1971, 110f)

Literatur: G. Kiefel, Du, Foto-Textbuch, Gladbeck 1975.

Bibelstellen: Joh. 8,1—11; Pred. 4,9f; Röm. 15,7.

U.K.

Siegfried Lenz, Das unterbrochene Schweigen

INHALT
In Bollerup lebten zwei Familien seit 200 Jahren in einem Streit. Einmal fuhren zur selben Zeit die Vorstände beider Familien zum Fischen aufs Meer hinaus. Ein Sturm kam auf, die Boote der beiden prallten zerkrachend aufeinander. Die Männer, Nichtschwimmer, klammerten sich aneinander und wurden schließlich von einer Welle gemeinsam an den Strand gespült. Das 200jährige Schweigen hatte ein Ende. Sie prosteten einander zu. Untergehakt, lachend gingen sie nach Bollerup zurück. Auf dem Dorfplatz lösten sie sich plötzlich voneinander, ihre Kiefer wurden hart. Das tiefe Schweigen wurde fortgesetzt.
LESEDAUER: 10 Minuten
THEMATIK: *Vergebung*, Streit, Friede

Der Leser schüttelt zunächst den Kopf: Das ist ja unmöglich, ein solches Zusammenleben. Es ist kaum glaubhaft, daß die beiden Männer nicht wenigstens nach dem Unfall Frieden geschlossen haben.
Und doch, beim zweiten Hinsehen erkennt man: So ist es. Man lebt zusammen — in der Straßengemeinschaft, in der Familie, in der Schule — in festgefahrenen, erstarrten Formen. Die Beziehungen sind gar keine Beziehungen mehr. Alle Bezugspersonen sind eingefangen in ein unveränderbares Raster, das von feindlich über neutral bis freundschaftlich eingeteilt ist. Jeder Mensch hat da seinen Platz. Nicht festgelegte Menschen gibt es kaum.
Gewiß, was Siegfried Lenz berichtet, ist in dieser Ausprägung extrem. Gerade dadurch macht es aber deutlich, daß es im Prinzip der Normalfall ist. Der Anlaß für den Streit ist unwichtig. Nach Ursachen wird nicht gefragt. Es ist einfach so. Das lernen die Kinder mit der Muttermilch.
Der Vorfall am Meer macht das überdeutlich: Es ist nichts am Todfeind, das ihn so verhaßt machen müßte. Man kann ihn sogar umarmen, wenn ein außerordentlicher Umstand es mit sich bringt. Es ist der Streit selbst, der zu einer Größe geworden ist, die auch durch besondere Umstände nicht überboten werden kann. Die Gewöhnung ist größer.
Ein Stück weit gewährt sie auch Geborgenheit. Ein Mensch, der so lebt, kommt in keine Rollenkonflikte und Identifikationsschwierigkeiten. Er weiß, wer er ist, und er weiß auch, was die anderen von ihm verlangen. Er braucht sich den Unsicherheiten, die veränderbare Beziehungen mit sich bringen, nicht auszusetzen. Natürlich ist es keine echte Geborgenheit. Sie kann von außen in Frage gestellt werden. Und um das abzuwehren, führt sie den Menschen in immer größere Beschränkung und Isolation hinein.

„Die meisten Menschen haben die Meinung, sie seien gerade recht, wie sie seien, und wer anders sei als sie, der sei nicht recht" (Jeremias Gotthelf).

Matth. 5,21—25; Matth. 18,21f.

Filme:
„Das Spiel", Zagreb Film, Zagreb 1962, Verleih Zoom, Dübendorf ZH, Schweiz.
„Auch ein Sisyphos", Robert Schär 1968, Verleih Zoom.

M.L.

Arnim Juhre, Wir wohnen schon vierzig Jahre hier

INHALT
„Tratsch" im Treppenhaus. Ein Jugendlicher, Fürsorgezögling, der bei einer Witwe eine Pflegestelle gefunden hat, erregt die Neugier und das Mißfallen der Hausbewohner. Man läßt kein gutes Haar an ihm und an denen, die sich um ihn kümmern. Erst als man entdeckt, daß er das Polsterhandwerk versteht, ändert man schlagartig seine Einstellung. Mit Hilfe seines Könnens kann man ja teure Handwerker sparen...
LESEDAUER: 19 Minuten
THEMATIK: *Vorurteil*, Außenseiter, Verleumdung

Wenn das eigene Leben inhaltslos ist, lebt der Mensch gern vom Leben der andern. Hier kann er — für sein Ich ganz ungefährlich und persönliche Unzulänglichkeiten übersehend — mit dem Finger auf andere zeigen. Seiner Sensationslust wird ebenso Genüge getan wie seiner Selbstgerechtigkeit. Als Objekt eignet sich vor allem derjenige, der nicht ins „normale" Bild paßt, der sich nicht einfach vereinnahmen läßt, hinter dessen „Geheimnis" man nicht so ohne weiteres kommt. Der Verunsicherung durch diesen andern begegnet man dann mit Urteilen, die das eigene Überlegenheitsgefühl stärken, das im sonstigen Leben zu kurz kommt. Damit alles stimmt, werden auch positiven Erscheinungen unlautere Motive unterstellt. Die Pointe der Geschichte ist typisch: Vorurteile können „außer Kraft treten", wenn es um den persönlichen Vorteil geht. Mit ihrer Überwindung hat es nichts zu tun.
Kaum einer wird sich selbst mit dem beschriebenen Klatschweib identifizieren. Aber die Versuchung, über andere zu reden, hat ihren unbestreitbaren Reiz. Bietet sich doch so eine Möglichkeit, den Mitmenschen auf diese Weise ein Stück weit „in den Griff zu kriegen".
Fragen, die sich mir im Anschluß an die Geschichte stellen:
— Die Frau im Treppenhaus wirkt unangenehm auf mich. Warum?
— Wer von den erwähnten Personen ist mir sympathisch? Warum?
— Wenn ich in diesem Haus wohnte, wie würde ich wohl über den Jungen denken?
— Würde ich wie Frau W. einen solchen Jungen ohne weiteres bei mir aufnehmen?
— Würde ich von anderen ausgesprochene Verdächtigungen gegen ihn glauben? (Auf keinen Fall? Eventuell?)

— Rede ich auch manchmal über jemanden? Z.B. über wen? Welche Beweggründe habe ich dafür? Wie fühle ich mich dabei / danach?
— Wende ich ein, daß doch zu unterscheiden sei, ob es sich um Wahres oder um Verleumdungen oder Vermutungen handelt?
— Welchen Unterschied macht es für den Betroffenen?

Ergänzende Literatur:
J.H. Rösler, Künzelmann und sein böser Nachbar, in: D. Steinwede / S. Ruprecht, Vorlesebuch Religion, Lahr/Göttingen/Zürich und Köln 1971;
J. Thurber, Der propere Ganter, in: 75 Fabeln für Zeitgenossen, Reinbek 1967.

Bibelstellen:
Das 9. Gebot; Röm. 1,30; Jak. 4,11.12; Ps. 101,5.

L.G.

E.F. Vollenweider, Fragen Sie nach Bodo

INHALT
Ein Schweizer sucht in seinen Ferien auf einer Insel einen Mann, Samuel Katzmann, um ihn von einem Freund zu grüßen. „Fragen Sie Bodo", raten ihm die Leute. Immer wieder Bodo, das muß ein geheimnisvolles Universalgenie sein.
Als er bei Bodo nach Katzmann fragt, entpuppt sich dieser als der Gesuchte. Er hat den falschen Namen Bodo angenommen, weil er hinter dem ehemaligen Kommandanten des Konzentrationslagers, in dem er interniert war, her ist. Er will diesen töten. Der Schweizer erzählt Katzmann, daß der Kommandant an Krebs erkrankt ist und nur noch ungefähr drei Monate zu leben habe. Katzmann verändert sich daraufhin total. Er scheint um zehn Jahre gealtert.
LESEDAUER: 29 Minuten
THEMATIK: *Vergebung*, Haß, Lebenssinn

Die Geschichte macht einen tiefen Eindruck auf den Leser. Die meisten Menschen, denen ich die Geschichte vorgelesen habe, sind betroffen. Dementsprechend war die erste Reaktion immer ein längeres Schweigen. Es war den Hörern meistens nicht sofort klar, woher ihre Betroffenheit rührte. Deshalb knüpfte ich mit dem Gespräch jeweils an diesem Schweigen an.

Meistens drehte sich dann das Gespräch um den Moment der Wandlung, um nicht zu sagen der Entlarvung von Bodo. Die Veränderung, die sich in ihm mit dem Wissen um den bevorstehenden Tod seines Todfeindes vollzieht, ist eindrücklich. Vorher erleben ihn die Leute als Philosophen, weise und großzügig. Nachher ist er gebrochen, müde, um zehn Jahre gealtert.

Diese Wandlung ist geradezu erschreckend. Ist es möglich, daß Haß und ein fanatischer Wille zur Rache die einzige Stütze eines Mannes ist?

Aber vielleicht tun wir dem Mann mit dieser Frage Unrecht. Was wissen wir von den Gefühlen eines Menschen, der im Konzentrationslager gelebt hat? Was würde mich zum Leben zurückbringen? Und die Frage sei erlaubt: Was sind hinter allen Rationalisierungen und Fassaden die wirklichen Corsets für unser Selbstwertgefühl und Antriebe für unsere Handlungen? Ich erinnere mich an eine Frau in meiner Gemeinde, die einmal frühmorgens auf der Straße mich anrief: „Haben Sie gehört, Frau XY, meine Nachbarin, ist schwer krank. Geschieht ihr recht, dieser Hexe, ich habe lange genug gebetet, bis sie krank geworden ist."

Trotzdem: War Bodo nicht doch ein Gefangener seines Hasses? Hätte es für ihn nicht bessere Möglichkeiten gegeben, seine schlimmen Erfahrungen zu bewältigen und sein weiteres Leben zu gestalten?

In diesen Zusammenhang gehören auch meine schon lange gehegten Bedenken gegen die immer noch andauernde Aufspürung und Bestrafung von Nazi-Verbrechern. (Als Schweizer darf ich diese Bedenken wohl äußern.)

Ich glaube nämlich, daß dadurch der Blick von aktuellen faschistischen Tendenzen und Aktivitäten abgezogen und auf diese längst kaltgestellten alten Nazis gerichtet wird. Diese werden dann zu Sündenböcken für alle zeitgenössischen Faschisten, die auf diese Weise viel ungehemmter wirken können.

Werden damit die Kräfte für eine echte Bewältigung einer schlimmen Vergangenheit nicht in ganz falsche Bahnen gelenkt? Sollte das Wort von der Vergebung — ohne falsche Toleranz allerdings und ohne die Leiden der Opfer zu bagatellisieren — nicht auch da Gültigkeit haben?

Arbeitshinweise:
1. Beim Vorlesen die Geschichte unterbrechen nach: „Er hat Krebs... Sie war mit Franckes Familie befreundet." Wie wird Bodo reagieren?
2. Lesen bis: „... der einzige Sohn sei eben verunglückt." Warum reagiert Bodo so?
3. Nach der Mitteilung, daß Francke an Krebs bald sterben werde, macht Bodo einen ganz anderen Eindruck als vorher:

VORHER: NACHHER:
Universalgenie   Voller Haß
Philosoph   gebrochen
Weiser   alter Mann
Erkläre diese Veränderung.
4. Bodos Lebensinhalt war offensichtlich Haß. Wie beurteilen wir das?
5. Was heißt im Zusammenhang mit dieser Geschichte Toleranz?
   Gibt es unvergebbare Schuld?

Bibelstelle: Matth. 18,21 ff.

M.L.

Marie Luise Kaschnitz, Wer kennt seinen Vater

INHALT
Eine Mutter hat ihren Sohn so erzogen, daß er die Welt mit ihren Augen sieht. Der Vater hat keinen Zugang. Als der Sohn zufällig schriftliche Aufzeichnungen seines Vaters findet, die sehr persönlicher Art sind, erkennt er die Zusammenhänge und richtet sein Leben neu aus. Für eine neue Beziehung zum Vater ist es aber zu spät. Ein Flugzeugabsturz hat seinem Leben ein Ende gemacht.
LESEDAUER: 31 Minuten
THEMATIK: *Identität*, Hingabe, Bindung, Familie

Die erste und engste Kontaktperson eines Kindes ist normalerweise die Mutter. Durch die enge Bindung und den Nachahmungstrieb des Kindes wird sie zu einer gewissen Programmierung in der Entwicklung beitragen. Sie hat es in der Hand, ob daraus loslassende Hilfe zur Verwirklichung der Möglichkeiten des Kindes wird oder besitzergreifende Beeinflussung. Letzteres wird dann der Fall sein, wenn die Mutter infolge von Versagungen in ihrem eigenen Leben bestrebt ist, sich selbst im Kind zu verwirklichen. Das gelingt um so leichter, je weniger der andere Elternteil in Erscheinung tritt. Zu fragen ist, warum sich der Vater in der Geschichte so leicht ausschließen läßt. Der junge Mann hat seinen Vater nie richtig kennengelernt. Aber tatsächlich kennt in der familiären Dreierbeziehung keiner den andern wirklich. Die Entwicklung gegenseitigen Verständnisses und Annehmens wäre die Bedingung für ein normales glückliches Zusammenleben.

Fragen, die die Geschichte an mich stellt:
— Mit welcher der drei Personen identifiziere ich mich spontan?
— Wem gehört meine besondere Sympathie? Warum?
— Welche Gefühle habe ich den andern gegenüber?
— Was bedeutet der Sohn für die Mutter und umgekehrt?
— Wie ist das Verhältnis des Ehepaars? Warum haben sie überhaupt geheiratet?
— Weiß der eine von den Bedürfnissen, Erlebnissen und Sehnsüchten des andern?
— Was bedeutet für den Vater das schriftliche Niederlegen seiner Gedanken? Warum hat er nie den ernsthaften Versuch gemacht, sich dem Sohn mitzuteilen?
— Kenne ich auch ähnliche Schwierigkeiten? Woher kommen sie?
— Sind wir uns unserer Bedürfnisse und deren Ursachen immer bewußt (Verdrängungen, unbewußte Verhaltensmuster)?
— Welche Möglichkeiten haben wir, uns selbst und den andern besser kennenzulernen und so im Zusammenleben einander zu helfen?
— Warum tut mir die Mutter am Ende der Geschichte leid?

Vgl. in diesem Band die Geschichte „Vater zuliebe".

Ergänzende Literatur:
E. Fromm, Die Kunst des Liebens, Ullstein-TB 258.
M. James / D. Jongeward, Spontan leben, Reinbek 1974.

L.G.

Gerd Heinz-Mohr, Das Gleichnis vom verlorenen Vater

INHALT
Das biblische Gleichnis vom verlorenen Sohn ist hier zeitgemäß umgekehrt: Jetzt ist es der Vater, der aus dem Hause geht, um Wohlstand und Geltung zu erlangen, dann aber einsehen muß, daß er nirgends wirkliche Freundschaft gefunden hat.

Er geht in sich und beschließt, zu seinem Sohn zurückzugehen, um dessen Vergebung zu bitten und seine Freundschaft zu erlangen. So geschieht es auch, aber der Sohn weist den Vater zurück, es sei zu spät. „Was haben du und ich einander noch zu sagen?" Gleichwohl bleibt der Schluß der Geschichte offen.

LESEDAUER: 4 Minuten
THEMATIK: *Eltern und Kinder,* Einfühlung, Lebensziele

Der Verfasser hat hier den Kunstgriff der Verfremdung angewendet, um mit der Umwandlung eines symbolträchtigen Textes auf bedenklich veränderte Verhältnisse aufmerksam zu machen. Allzu vertraut sind uns ja die alten Bilder vom „verlorenen Sohn", der es beim Vater nicht mehr aushielt und in die Fremde wollte, um sich auf eigene Füße zu stellen, kostete es auch das Scheitern, um bettelarm vor dem Vater niederzusinken und herrlich von ihm aufgenommen zu werden. Was daran entwicklungspsychologisch bedeutsam war (und bleibt), die irgendwann nötige Loslösung vom Vater, ist nicht zuletzt von dieser biblischen Schilderung her fast stets mit Schuldgefühlen verknüpft gewesen, dem Vater wie auch Gott gegenüber, der hinter ihm sichtbar war.
Zur Verfremdung des Gleichnisses, wie es hier geschehen ist, müßte man neue Bilder malen. Aber Bilder langen nicht aus, um zu zeigen, was in den Menschen vorgeht: wenn Söhne ihre Väter gar nicht mehr als Hausherr oder Kamerad oder Widerpart daheim vorfinden, wenn diese in einem fort auswärts zu tun haben, um „ihren Aufgaben gerecht zu werden", „am Ball zu bleiben" usw. – und dann betroffen darüber sind, wie fremd sie ihren Kindern geworden sind.
Das Hauptmotiv des Textes aber heißt „Freundschaft", und ganz gleich, ob darüber in einer Schulklasse oder in einer Elterngruppe geredet wird, ist die entscheidende Frage: Wie zwischen Vater und Sohn, zwischen den Generationen Freundschaft möglich ist, und ob es für sie zu spät sein kann.
Eine andere Frage soll nur angedeutet werden: wieweit Vaterbild und Gottesbild in einem Zusammenhang stehen, wieweit also die Abwesenheit des Vaters Folgen für das religiöse Erleben der Kinder haben kann (beispielsweise im „Ausflippen" bei modernen Jugendsekten).

Bibelstelle: Mal. 3,23f.

„... die Erfahrung lehrt, daß während des Heranwachsens Freiheit ohne Struktur, also ohne ein ‚Gegenüber', welches die Freiheit begrenzt, bzw. ohne die Autorität, die die Freiheit gewährt und damit vertieft, destruktiv wirkt. Heranwachsende

Menschen brauchen auch Figuren, denen gegenüber sie sich abgrenzen können, an deren ‚Widerpart' sie wachsen können. Freiheit und sonst nichts ist nur Raum ohne Richtung, und dieser Raum macht unsicher, ja machtlos. Es ist eine Ohnmacht, die häufig in Wut und blinde Auflehnung umschlagen kann. Diese Auflehnung und Wut unterscheidet sich kaum von der Aggression, die von einem sturen Autoritarismus hervorgerufen ist... Die Möglichkeit des wirklichen Kräftemessens fehlt bei beiden. Man kommt also in beiden Fällen nicht wahrhaft an dem Vater vorbei."
(H. Faber, Junge Erwachsene auf dem Weg zur Selbstfindung, München/Mainz 1976, 65)

„Leistung und Luxus sind Synonyme einer zunehmend als unmenschlich empfundenen Atmosphäre, die sich auf eine wohlstandsorientierte Tristesse beschränkt, gekennzeichnet durch geistige Immobilität und durch die Unlust, auf Probleme anderer einzugehen — und seien es die der eigenen Kinder. Welchen vermeintlichen Ausweg manche Jugendlichen aus diesem Klima suchen, wird beklemmend an dem Selbstmordversuch deutlich, den Katjas Freundin in Köln unternahm:
‚Die hatte einfach die Schnauze voll. Die Eltern haben sie auch nicht verstanden, das wirkte sich auf das ganze Familienleben aus. Die meisten Familien, die ich kenne, sind kaputt — von Freunden, von Freundinnen; überall gibt's Krach wegen Zeugnissen, wegen irgendwelchen belanglosen Dingen.'
Daß Katja selber schon ‚manchmal nah dran' war, erzählt sie sehr viel später:
‚Da wußte ich also wirklich nicht mehr: Abhauen oder Selbstmord. Ich meine: Ich hatte genug Schiß davor, es ist nie soweit gekommen, und dann hat mir mein Freund geholfen, als ich in der Schule Schwierigkeiten hatte. Denn zu Hause immer nur zu hören: Du bist doof und du packst das sowieso nicht — man glaubt dann selber dran. Und wenn er mir nicht eingebleut hätte: Du schaffst das — ich glaube, dann hätte ich bestimmt auch irgendwann Tabletten geschluckt oder was weiß ich gemacht.'"
(P. Körfgen, Warum sie sich verweigern, in: Merkur 32, Okt. 1978, 1007f)

U.K.

Franz Hohler, Bedingungen für die Nahrungsaufnahme

INHALT
Ein kleines Kind zwingt seine Eltern durch Nahrungsverweigerung zu immer neuen höchst unbequemen und grotesk wirkenden Verhaltensweisen.
LESEDAUER: 14 Minuten
THEMATIK: *Erziehung,* Verhältnis Eltern — Kind

Erste Reaktionen einer Gruppe von jungen Erwachsenen auf die Geschichte von Franz Hohler: „Dem Kinde kann geholfen werden", „da soll man nicht viel Federlesens machen", „es rächt sich, wenn Eltern zu nachgiebig sind", „wer es mit Kindern zu gut meint, dem tanzen sie bald auf dem Kopf herum". Erst nach einigen Minuten des Nachdenkens meinte ein Gruppenmitglied nachdenklich: „Eigentlich macht das Kind hier nur den gleichen lächerlichen Zirkus mit seinen Eltern, den sonst die Erwachsenen mit ihren Kindern machen."
Die Gruppe war sich dann relativ schnell darüber einig, daß die spitze Feder Franz Hohlers gar nicht auf solche Eltern gerichtet ist, die, wenn auch manchmal hilflos, nach Alternativen zum hergebrachten Herr- und Hund-Verhältnis zwischen Eltern und Kindern suchen. Zielscheibe sind im Gegenteil diejenigen, die immer noch glauben, der Wille des Kindes müsse erst einmal gebrochen werden. Der Spieß wird zu diesem Zweck einfach umgedreht und die Rollen vertauscht.
So beeinflußt das Kind nun seine Eltern mit den gleichen Methoden wie sonst Erwachsene ihre Kinder. Die Eltern, nicht die Kinder müssen Dinge lernen, deren Sinn ihnen nicht einleuchtet. Die Eltern, nicht die Kinder werden Sanktionen ausgesetzt, gegen die sie wehrlos sind. Den Eltern, nicht den Kindern droht Liebesentzug, wenn sie nicht gehorchen. So erreicht das Kind in der Geschichte sein „Erziehungsziel" wie sonst die Gesellschaft der Erwachsenen. Und weil ein Kind seine Maßstäbe setzt, paßt dieses Ziel nicht zu denen der Erwachsenenwelt: die Eltern müssen abweichendes Verhalten zeigen und wissen deshalb die Feldstecher der Nachbarn auf sich gerichtet. Wer richtet seine Feldstecher auf Kinder, die sich gegen ihren Willen konform benehmen müssen?

— Man vergleiche das folgende Gedicht von Bert Brecht mit Hohlers Geschichte. In beiden werden konkrete Zwänge genannt, die von einer „Partei" auf die andere ausgeübt werden. Es ist vielleicht nicht ganz leicht zu entscheiden, welche dieser Zwänge zu allererst beseitigt werden sollten, welche weniger gravierend sind und welche gar nicht aufgehoben werden können oder sollen.

Was ein Kind gesagt bekommt

Der liebe Gott sieht alles.
Man spart für den Fall des Falles.
Die werden nichts, die nichts taugen.
Schmökern ist schlecht für die Augen.
Kohlentragen stärkt die Glieder.
Die schöne Kinderzeit kommt nicht wieder.
Man lacht nicht über ein Gebrechen.
Du sollst Erwachsenen nicht widersprechen.
Man greift nicht zuerst in die Schüssel bei Tisch.
Sonntagsspaziergang macht frisch.
Zum Alter ist man ehrerbötig.
Süßigkeiten sind für den Körper nicht nötig.
Kartoffeln sind gesund.
Ein Kind hält den Mund.

(Aus: B. Brecht, Gesammelte Werke 9; Gedichte 2, Suhrkamp Verlag, Frankfurt 1967, 585)

— Parallel zu diesem Brecht-Gedicht in kurzen Sätzen aufzuschreiben, „Was Erwachsene gesagt bekommen sollen", wäre für Kinder wie für Erwachsene eine bestimmt lohnende Aufgabe, besonders, wenn sie in Gruppen aufgeführt werden kann.

— Die Karikaturen von Marie Marcks auf diesen beiden Seiten zeigen das Verhältnis eines Erwachsenen zu Kindern. Welche Ergebnisse sind zu erwarten, wenn man sie sowohl Erwachsenen als auch Kindern vorlegt mit der Frage: „Auf welchem Bild bist du (sind Sie) dargestellt?"

— Eine Diskussion wert ist die folgende Skizze eines neuen Weges bei der Gestaltung des Verhältnisses zwischen Eltern und Kindern:
„Das Hauptdilemma der heutigen Eltern ist, daß sie nur zwei Auffassungen kennen, um mit Konflikten in der Familie fertig zu werden — Konflikten, die unvermeidlich zwischen Eltern und Kindern auftreten. Sie kennen in der Kindererziehung nur zwei Alternativen. Die einen schließen sich der ‚Ich-siege-du-unterliegst'-Auffassung an, die anderen der ‚Ich-unterliege-du-siegst'-Auffassung, während andere sich zwischen beiden anscheinend nicht entscheiden können.

(Aus: M. Marcks, Krümm dich beizeiten!, Quelle & Meyer Verlag, Heidelberg 1978[2], 78f)

Eltern, die sich bei uns über die Probleme klarwerden wollen, sind überrascht festzustellen, daß es eine Alternative zu den zwei ‚Sieg-Niederlage'-Methoden gibt. Wir nennen sie die ‚Niederlage-lose'-Methode der Konfliktbewältigung...
Obschon diese Methode seit Jahren zur Bewältigung andersgelagerter Konflikte gebraucht worden ist, haben wenige Eltern sie jemals als eine Methode zur Bewältigung von Konflikten zwischen Eltern und Kindern angesehen.
Viele Ehemänner und Ehefrauen klären ihre Konflikte durch gemeinsames Lösen der Probleme. Ebenso verfahren Geschäftspartner. Gewerkschaften und Betriebsführungen handeln Verträge aus, die für beide verbindlich sind. Vermögensregelungen im Fall von Scheidungen werden häufig erreicht, indem gemeinsame Beschlüsse gefaßt werden. Sogar Kinder bewältigen ihre Konflikte in gegenseitigem Einvernehmen oder durch formlose Verträge, die für beide Seiten annehmbar sind (‚Wenn du das tust, gebe ich meine Einwilligung dazu'). Mit zunehmender Häufigkeit schulen industrielle Organisationen leitende Angestellte darin, sich der partizipatorischen Beschlußfassung bei der Bewältigung von Konflikten zu bedienen."

(Aus: Th. Gordon, Familienkonferenz, Hoffmann und Campe Verlag, Hamburg 1977[10])

R.P.

Ernst Kein, Vater zuliebe

INHALT
Ein kleiner Junge wird nachts in einer englischen Stadt von einem Polizisten aufgegriffen. Er gesteht, daß er durchgebrannt ist. Er hat zu Hause einen Brand gelegt, um seinen kleinen Bruder dann heldenhaft retten zu können. Aber die Rettung hat nicht geklappt. Dabei wollte er doch nur die Liebe und Anerkennung seines Vaters erringen, der ihn für einen Feigling hält. Vater sollte endlich stolz auf ihn sein können...
LESEDAUER: 29 Minuten
THEMATIK: *Erziehung,* Angst, Liebe, Leistung

Jeder Mensch braucht Liebe und Anerkennung. Die Vorstellung, erst etwas leisten zu müssen, um beides zu erringen, bestimmt heute wie früher weithin die Beziehung vieler Kinder zu ihren Eltern. Einschlägige Erfahrungen sind die Voraussetzung dafür. Die Art der Leistung kann verschieden sein. Es können auch, wie in der Geschichte, beide Elternteile Gegensätzliches erwarten. Dann wird das Kind zum Katalysator einer gestörten ehelichen Beziehung. Anstatt das Kind um seiner selbst willen zu lieben, liebt jeder ein bestimmtes Bild von ihm. Aber kein Mensch schafft es auf die Dauer, einem Bild gerecht zu werden.

Die Erfahrung der von Leistung abhängigen Zuwendung verhindert auch im religiösen Bereich die Vorstellung einer bedingungslosen Liebe Gottes. Sie läßt den Menschen glauben, daß er sich diese Liebe erst durch fromme Leistungen verdienen müsse.

Fragen, die mir die Geschichte stellt:
— Ich versuche, mich an die Stelle des Vaters / der Mutter / des Kindes zu versetzen. Was empfinde ich?
— Was bedeutet der Junge für die Eltern?
— Wie stehen die Eltern zueinander?
— Wie habe ich meine Eltern erlebt? Sollte ich auch einem Bild entsprechen, das sie von mir hatten? In welcher Hinsicht?
— Wenn ich dieser Meinung bin, wie habe ich es erlebt? Wann wurde es mir bewußt? Wie habe ich reagiert?
— Habe ich irgendwelche Leistungen vollbracht, um der Hoffnung gerecht zu werden, die meine Eltern in mich setzten?
— Wie wünsche ich mir meine Kinder?
— Wie ist mir zumute, wenn ich Seiten an meinem Kind entdecke, die mir nicht gefallen? Wie verhalte ich mich?
— Möchte ich auf mein Kind stolz sein können? Warum?
— Welche Rolle spielt dabei die Umwelt? Welche meine eigene Vergangenheit?
— Welche Kriterien sind für mich die wichtigsten in der Beziehung zwischen Eltern und Kind?

Vgl. auch mit der Geschichte von M.L. Kaschnitz, Wer kennt seinen Vater.

Ergänzende Texte:
1. *„Wenn Herr K. einen Menschen liebte.*

   ‚Was tun Sie‘, wurde Herr K. gefragt, ‚wenn Sie einen Menschen lieben?‘ ‚Ich mache einen Entwurf von ihm‘, sagte Herr K. ‚und sorge, daß er ihm ähnlich wird.‘ ‚Wer? Der Entwurf?‘ ‚Nein‘, sagte Herr K., ‚der Mensch.‘ "

   (Aus: B. Brecht, Kalendergeschichten, rororo-TB 77)

2. „*Mein ältester Sohn ist 23 Jahre alt und so ganz anders als ich. Ich habe es durch Fleiß und Pflichttreue zu etwas rechtem gebracht, Fritz muß ich weithin als faul bezeichnen. Meine Frau und ich haben ein Leben lang für ihn und seine Geschwister gesorgt, aber Fritz zeigt nicht die Spur von Dankbarkeit. Er vertritt unmögliche Ansichten und Weltanschauungen. Vom Christentum, das mir viel bedeutet, will er gar nichts wissen. So, wie er ist, kann ich ihn nicht lieben und ändern läßt er sich nicht. Was soll ich also tun?"*

(Aus einem Leserbrief an das Bayr. Sonntagsblatt)

Ergänzende Literatur: M. James / D. Jongeward, Spontan leben, Reinbek 1974.

Bibelstelle: Eph. 6,4.

L.G.

Josef Reding, Kobbe hatte den besseren Platz

INHALT
Der Sozialhilfeempfänger Kobbe geht einmal in der Woche ins Kino, um die Dumpfheit der übrigen Tage leichter ertragen zu können. Dort leistet er sich dann auch den besten Platz. Eines Tages sieht ihn der Beamte des Wohlfahrtsamtes, der auf einem billigeren Platz sitzt. Beim nächsten Auszahlungstermin wird Kobbe von dem Beamten Geldentzug angedroht. Er sei der Unterstützung nicht würdig, wenn er davon eine Kinokarte kaufe.
LESEDAUER: 8 Minuten
THEMATIK: *Armut*, Menschenwürde, Selbstwertgefühl

Kobbe ist innerhalb der Gesellschaft, der er angehört, ganz unten angelangt. Gründe werden nicht genannt. Sie können ganz verschiedener Art sein. Er schaut nach oben. Nicht mit Mißgunst, wie man erwarten könnte, sondern einfach sehnsüchtig wie ein Kind, das sich am Unerreichbaren sattsieht. Im Zuschauen nimmt er teil an einer Welt, die ihn ausgeschlossen hat. Und er ist zufrieden damit, muß es sein. Er hat sich arrangiert.

Aber der Beamte gönnt ihm seine Träume nicht. Er macht auch nicht den geringsten Versuch, ihn zu verstehen. Kobbe hat die Ordnung der Gesellschaft gestört. Er hat die Grenzen überschritten, die sie für ihre Gruppen gesetzt hat. Er bleibt nicht, wo er hingehört. Deshalb müssen Mittel und Wege gefunden werden, ihn wieder dorthin zu verweisen.

Fragen, die sich mir im Anschluß an die Geschichte stellen:
— Ich versuche, mich in die Situation im Kino hineinzudenken:
  a) ich stelle mir vor, ich sei Kobbe...
  b) ich stelle mir vor, ich sei der Beamte...
— Warum stört es den Beamten, daß Kobbe den besseren Platz hat? Welche Gründe dafür könnte er wohl aufzählen? Welche fände ich stichhaltig?
— Sozialhilfeempfänger klagen des öfteren, daß sie sich durch das Verhalten mancher Wohlfahrtsbeamter gedemütigt fühlen. Was verbirgt sich hinter Herablassung, Arroganz, Unhöflichkeit?
— Wieso kann ein Unterstützungsempfänger mit dem Geld nicht machen, was er für richtig hält? Genügt es, daß er Nahrung und Kleidung hat?
— Flucht in die Illusion ist keine echte Lösung für Lebensprobleme. Welche andere Lösung würde ich mir für Kobbe wünschen?

Vgl. auch die Überlegungen zu den Geschichten „Der Stationschef" und „War José anders?"

Ergänzende Beispiele zur Illustration:

1. Eine wohlmeinende Frau hat es unternommen, einer sozial schwachen Familie zu helfen, da es überall am Nötigsten fehlt. Sie sammelt zu diesem Zweck in ihrem Bekanntenkreis eine größere Summe. Bei ihrem nächsten Besuch steht ein teurer Fernsehapparat im sonst fast leeren Zimmer. Das ganze Geld wurde dafür verwendet. Stolz wird er vorgeführt...

2. Ein vornehmes Altersstift nimmt als „Sozialausgleich" einen geringen Prozentsatz von Minderbemittelten auf, für die die Wohlfahrt aufkommt. Ein Ehepaar aus dieser Gruppe genießt es, nach einem langen kargen Leben so unverhofft verwöhnt zu werden. Die Frau erzählt einer gutsituierten Mitbewohnerin glücklich, daß ihnen sogar die Wäsche umsonst gewaschen wird. Die andere, die alles selbst bezahlen muß, ist empört, daß sie bei hohen Kosten mit diesen Leuten zusammen wohnen muß...

3. Walter Helmut Fritz

Heillos

Sie hat zwei Töchter,
eine verläßt sie mit sechzehn,
kehrt nicht zurück,
die andere ertränkt sich.
Ihr Mann stirbt
bei einem Unfall.
Sie arbeitet als Putzfrau,
wird krank,
verliert ihre Wohnung,
schläft in Kellern, Baracken,
im Freien.

Sie braucht Hilfe,
soll ihre Bitte
schriftlich begründen
auf Formularen,
die sie kaum versteht,
muß warten auf Überprüfung
und die Bestätigung
von Behörden.
Unbequeme Bittstellerin,
für die zuerst
keiner zuständig sein will.
Der Beamte, mit dem sie spricht,
fertigt sie ab
mit dem Blick auf die Uhr.

(Aus: Süddeutsche Zeitung vom 30.10.78)

Bibelstellen: Mark. 12,38.39; Matth. 23,8—12.

L.G.

Jenseits des Flusses

INHALT
Vier Menschen und vier Verhaltensweisen: Eine Frau liebt einen Mann jenseits eines reißenden Flusses. Der Fährmann fordert von ihr als Bedingung für die Überfahrt, daß sie alle Kleider ablegt. Sie tut dies, wird aber vom Geliebten am anderen Ufer abgewiesen. Schließlich findet sie Zuflucht bei einem zweiten Mann, der sie liebt, aber ihr nichts bedeutet.
LESEDAUER: 4 Minuten
THEMATIK: *Liebe,* Selbsterfahrung

Eine Gruppe von männlichen Jugendlichen zwischen 17 und 19 Jahren wurde mit Hilfe des unten abgedruckten Fragebogens nach ihrer Meinung zu den vier Personen dieser Geschichte befragt. Es gab u.a. folgende Ergebnisse:

- Den größten Eindruck machte auf nahezu alle der Fährmann. Denn er habe die Situation nüchtern eingeschätzt, habe dann kraftvoll zugepackt und schließlich die Gefahr souverän gemeistert. Über die Motive seines Handelns gab es interessanterweise weder Einigkeit noch Klarheit; manche meinten, der Fährmann habe die Frau prüfen wollen, andere, er wollte sie zum Nachdenken zwingen.
- Auch die anderen beiden Männer erhielten von dem überwiegenden Teil der Gruppe gleichmäßig bessere Noten als die Frau. Der erste wurde als „selbstbewußt", „ehrlich" und „aufrichtig" gelobt. Mit der Handlungsweise des zweiten Mannes waren die meisten vorbehaltlos einverstanden, und zwar deshalb, weil sie „mitleidsvoll", „großherzig", „gefühlvoll", ja „logisch" gewesen sei.
- Das Tun der Frau hingegen erschien den meisten als „unüberlegt" und sie selbst als „ohne Sinn für die Realität". Nur weniger als 10 % konnten ihrer Haltung etwas abgewinnen.

Die Herkunft des männlichen Idealtyps auszumachen, der offensichtlich hinter diesen Urteilen und Wertungen steht, fiel nicht schwer. Es brauchte nur die Frage gestellt zu werden, in welchen Filmgattungen Männer zu Hause sind, die kraftvoll zupacken wie der Fährmann, die unbestechlich sind wie der erste Mann und so großherzig wie der zweite.

So wurde die Geschichte in der Tat zu einem Spiegel für das Selbstbild derjenigen, die über sie nachdachten. Der Weise der Rahmenerzählung (die wir beim Vorlesen wegließen) hatte das prophezeit. Junge Mädchen gleichen Alters wie die hier genannte Gruppe, Männer, die älter sind, oder Menschen, die nicht zum westlichen Kulturkreis gehören, sehen die vier Personen „Jenseits des Flusses" gewiß anders.

Fragebogen zu „Jenseits des Flusses"

A) In der Geschichte „Jenseits des Flusses" kamen vier Personen vor: die Frau, der Fährmann, der Mann I, der die Frau abwies, und der Mann II, der sie aufnahm. Welche gefiel Ihnen am besten?

. . . .

Begründen Sie kurz Ihre Wahl!

. . . .

B) Was hatte der Fährmann im Sinn, daß er so und nicht anders handelte?
Er wollte . . . .

C) Wenn Sie der Fährmann gewesen wären, hätten Sie ebenso gehandelt wie er?
   - ○ Ja
   - ○ Nein

   Begründung: ....

D) Wie beurteilen Sie die Handlungsweise der Frau?
   - ○ sie war richtig
   - ○ sie war falsch
   - ○ sie war teils richtig, teils falsch

   Begründung: ....

E) Nennen Sie 2 bis 3 Eigenschaftswörter, die Ihrer Meinung nach zum Mann I, der die Frau abgewiesen hat, passen.

   ....

F) Sind Sie mit dem Verhalten des Mannes II, der die Frau aufgenommen hat, einverstanden?
   - ○ Ja
   - ○ Ja, mit Vorbehalt
   - ○ Nein

   Begründung: ....

G) Welche der vier Personen von „Jenseits des Flusses" bringt Ihrer Meinung nach die besten Voraussetzungen für das Gelingen einer Zweierbeziehung mit?
   - ○ die Frau   ○ der Mann I
   - ○ der Fährmann   ○ der Mann II

Hinweis:
Auch wer die Geschichte für sich allein liest, kann auf für ihn interessante Sachverhalte stoßen, wenn er diesen Fragebogen ausfüllt. Wird dieser in größeren Gruppen eingesetzt, sollte man sich vorher Gedanken über seine Auswertung machen, z.B.:
— Beabsichtigt man eine schnelle Auswertung, etwa wenn das Befragungsergebnis der Ausgangspunkt für ein Gespräch sein soll, verzichtet man am besten auf die Begründungen.
— Wird in Gruppen gearbeitet, können die Bogen von diesen selbst ausgewertet werden, in diesem Fall auch mit Begründungen. Sind die Gruppen heterogen zusammengesetzt, erhält man zusätzliche interessante Ergebnisse, wenn auf dem Fragebogen das Alter, das Geschlecht, der Familienstand usw. vermerkt werden und die Auswertung nach diesen Gesichtspunkten vorgenommen wird.

R.P.

Theodor Weißenborn, Die Züge nach Morrow

INHALT
Die Geschichte läßt sich in zwei Teile zerlegen:
1. Teil: Tom sitzt mit Anne zusammen auf einer unfertigen Brücke über Bahngeleisen. Tom ist wütend über ein verlorenes Spiel. Anne spürt seine Wut und bezieht diese auf sich. Schließlich läuft sie weg und kommt nicht wieder.
2. Teil: Viel später steht Tom wieder an derselben Stelle. Die Brücke ist abgerissen. Anne hat den Bruder des damaligen gegnerischen Mannschaftsführers geheiratet. Tom denkt zurück: ,,Ich hätte Anne behalten sollen."
LESEDAUER: 13 Minuten
THEMATIK: *Liebe,* Gefühle, Schicksal

Wichtige Weichen für die Zukunft der beiden Hauptpersonen werden gestellt, ohne daß sie selber eine bewußte Entscheidung treffen. Alles entwickelt sich aus einer bloßen Laune heraus, schicksalshaft. Tom kann seinen Gefühlen nicht Ausdruck geben. Das gibt seinem Leben eine Richtung, die er später bereut. Wie oft passiert uns doch dasselbe. Wir verhalten uns in einer bestimmten Weise, ohne an die zukünftigen Folgen zu denken.
Eine wichtige Schaltstelle für die Zukunft ist die Partnerwahl. Diese wird hier aber nur als Beispiel genommen, um zu zeigen, wie zufällig sich das Leben oft entwickelt. Das Bild für ein so verstandenes Leben entlehnt der Autor aus der Welt der Eisenbahnen. Die Geschichte spielt an einer Eisenbahnstrecke. Züge kommen und gehen, wie das Leben. Entfernte, unbekannte Orte der Herkunft und der Hinfahrt. Der Zug bringt Menschen zueinander und führt sie voneinander weg.
Ein weiteres Bild ist die Brücke. Sie ist noch nicht fertig gebaut, wie die Liebe der beiden. Es wird aus ihr endgültig nichts. Sie wird abgebrochen, bevor sie fertig gebaut ist. Sie haben jetzt ganz andere Projekte.
Wird in einer Gruppe das Ausdrücken von Gefühlen zum Problem, kann diese Geschichte auch als Diskussions-Anstoß dazu verwendet werden. Anne bezieht die Wut, die Tom vom verlorenen Fußballspiel her hat, auf sich, weil Tom nichts dazu sagt. Er agiert nur, würde der Psychiater sagen. Damit gibt er Anne nur die Möglichkeit zu reagieren. Zu reagieren mit Sprüchen, die am Problem vorbeigehen, und mit Weglaufen. ,,Siehst du, du willst einfach nicht. Es ist immer dasselbe mir dir", sagte sie, oft gehörte Worte in einer Ehe.

Fragen:
- Beachte den Anfang des zweiten Teils. „Aus der Brücke ist endgültig nichts geworden." Was bedeutet dieser Anfang?
- Weshalb spielt die Geschichte im Bahnhofsgelände?
- Was bedeutet der Wechsel in der Person? Im ersten Teil ist von Tom in der 3. Person die Rede, im zweiten Teil in der 1. Person.
- Wie bin ich zu meinem Ehepartner gekommen?
- Wie sind in meinem Leben die Weichen gestellt worden? Durch wen oder durch was?
- Wie drücke ich meine Gefühle aus?

Vgl. die Geschichte von W. Bergengruen „Der Arzt von Weißenhasel" im vorliegenden Buch.
Gartenstraße. Ein Stück zur Zeit, in: D. Stolz, Sag mir, wo die Blumen sind, München 1978.
M. James / D. Jongeward, Spontan leben, Reinbek 1974.
R.C. Cohn, Von der Psychoanalyse zur themenzentrierten Interaktion, Stuttgart 1975.
M. Motter, Ds Lied vo de Bahnhöf, in: Us emene läeire Gygechaschte, Köln/Zürich 1969, 56f.

M.L.

Heinrich Böll, An der Brücke

INHALT
Ein Mann mit kaputten Beinen zählt die Menschen, die täglich über eine Brücke laufen. Er zählt sie für die Statistik und für Menschen, denen Statistiken Freude bereiten. Manchmal zählt er gewissenhaft, manchmal nicht. Einen Menschen läßt er jedoch regelmäßig ungezählt und unerfaßt: das Mädchen aus der Eisdiele, von dem er sagt, daß er sie liebe, und daß er sie nie in eine tote Zahl verwandeln würde. Selbst als man ihm sagt, er werde kontrolliert, hält er, als das Eisdielenmädchen vorübergeht, inne und nimmt den Fehler in Kauf. Weil es nur dieser eine Fehler war, wird er befördert.
LESEDAUER: 10 Minuten
THEMATIK: *Liebe,* der Mensch als Nummer

Der Mann „an der Brücke" hat eigentlich zu allen drei Aspekten, die im Vorwort zum Geschichtenband genannt wurden, etwas zu sagen:
— Er ist *auf der Suche nach sich selbst,* auf dem Weg, sich zu finden oder zu verfehlen. Der Zustand seines Körpers und der seiner Umgebung stellen ihn vor Probleme, mit denen er sich auseinandersetzen und die er lösen muß. Sein Job, in dem er arbeitet, ist kaum dazu angetan, ihn in irgendeinem Sinne zu bereichern; trotzdem sucht er in ihm seine Identität zu bewahren. Darüber hinaus passen die Überzeugungen, die er hat, schwerlich in das System, dem er dient. Die Aufgabe, sie durchzuhalten, teilt er mit allen, die auf dem Weg zu sich selbst Kompromisse schließen müssen zwischen Anspruch und Wirklichkeit.
— Er befindet sich *auf dem Weg zum anderen.* Er will nicht auf Herden treffen, die sich in Zahlen ausdrücken lassen und in denen er unterginge. Er sucht die Einzelne, die nicht verrechnet werden kann, das einmalige Mädchen von der Eisdiele und nicht Repräsentanten vergleichbarer Werte. Worum es ihm geht, sind nicht harte Daten, sondern eine zarte Bindung. Auf diesem Weg ficht er gegen die berechenbare, beliebig umformbare Welt der Nummern, weil er auch die andere, die unberechenbare Welt braucht, in der es unverhoffte Überraschungen gibt und in der Menschen sich gegenseitig beschenken.
— Er steht *auf der Grenze zum Neuland.* Er kommt aus einer Welt der Zahlen, der Daten, der Statistiken. Sein Beitrag ist zwar unbedeutend, doch ohne Arbeiten dieser Art, ohne die Erfassung der Welt in Zahlen würde sie im Chaos versinken. Die Schlauheit, ja Verschlagenheit dieses Mannes gegenüber Leuten, welche sich allzusehr über Zahlenkolonnen freuen, könnte er mit dem Hinweis darauf, was man alles mit Daten anstellen kann, begründen. Und er würde vielleicht darauf hinweisen, daß es jederzeit geschehen kann, daß Individualität erfaßt und gespeichert und Originalität beargwöhnt wird.

Die seltsame Liebe des Mannes an der Brücke läßt sicher manchen in den Spiegel und in die Runde blicken, um zu sehen, was sich in und um uns unter der Überschrift „Liebe" abspielt oder gehandelt wird.
Vielleicht stimmen einige dieser Beobachtungen mit dem Ergebnis, zu dem der Psychoanalytiker Erich Fromm kommt und das offensichtlich einiges mit der Sichtweise Bölls gemeinsam hat, überein:
„Wenn die Liebe eine Fähigkeit des reifen und schöpferischen Charakters ist, folgt daraus, daß die Fähigkeit des Liebens in jedem Menschen, der in einer bestimmten Gesellschaft lebt, von dem Einfluß abhängig ist, den diese Gesellschaft auf den Charakter des Betreffenden ausübt. Wenn wir von der Liebe in der zeitgenös-

sischen westlichen Gesellschaft sprechen, wollen wir damit die Frage stellen, ob die gesellschaftliche Struktur der westlichen Zivilisation und der aus ihr resultierende Geist der Entwicklung der Liebe förderlich sind. Diese Frage zu stellen bedeutet, sie im negativen Sinne zu beantworten. Kein objektiver Beobachter unseres westlichen Lebens kann daran zweifeln, daß die Liebe — die Nächstenliebe, die Mutterliebe und die erotische Liebe — ein verhältnismäßig seltenes Phänomen ist und daß verschiedene Formen von Pseudo-Liebe an ihre Stelle getreten sind, die in Wirklichkeit nur genauso viele Formen des Verfalls dieser Liebe sind...
Die menschlichen Beziehungen sind im wesentlichen die entfremdeter Automaten, deren Sicherheit darauf beruht, möglichst dicht bei der Herde zu bleiben und sich im Denken, Fühlen oder Handeln nicht von ihr zu unterscheiden. Während jeder versucht, den anderen so nahe wie möglich zu sein, bleibt jeder doch völlig allein, durchdrungen von dem tiefen Gefühl von Unsicherheit, Angst und Schuld, das immer auftritt, wenn die menschliche Getrenntheit nicht überwunden wird. Unsere Zivilisation bietet jedoch verschiedene Möglichkeiten, damit die Menschen dieser Einsamkeit bewußt nicht gewahr werden: in erster Linie die strenge Routine der bürokratischen, mechanischen Arbeit, die dazu verhilft, daß die Menschen ihr grundlegendstes menschliches Verlangen, die Sehnsucht nach Transzendenz und Einheit, nicht bewußt erleben. Da die Routine dazu allein nicht ausreicht, mildert der Mensch seine unbewußte Verzweiflung durch die Routine des Vergnügens, durch den passiven Konsum von Tönen und Bildern, die ihm die Vergnügungsindustrie anbietet, ferner aber auch durch die Befriedigung, immer neue Dinge zu kaufen und diese bald darauf durch andere auszuwechseln.
Menschen, die der Liebe fähig sind, bilden innerhalb des gegenwärtigen Systems eine Ausnahme; die Liebe ist notwendigerweise in der heutigen westlichen Gesellschaft ein seltenes Phänomen — nicht nur, weil viele Tätigkeitsformen keine liebende Haltung erlauben, sondern weil in einer Gesellschaft, deren höchstes Ziel die Produktion und die Konsumtion ist, sich nur der Nicht-Konformist erfolgreich wehren kann. Jene Menschen, die die Liebe ernsthaft als die einzige wahre Antwort auf das Problem der menschlichen Existenz ansehen, müssen also zu dem Schluß kommen, daß in unserer gesellschaftlichen Struktur wichtige und radikale Veränderungen notwendig sind, wenn die Liebe zu einem gesellschaftlichen und nicht nur zu einem sehr vereinzelten, individuellen Problem werden soll...
Wenn es — wie ich aufzuzeigen versuchte — wahr ist, daß die Liebe die einzig befriedigende Antwort auf das Problem der menschlichen Existenz ist, dann muß jede Gesellschaft, die die Entwicklung der Liebe ausschließt, letzten Endes an ihrem Widerspruch zu den grundlegenden Notwendigkeiten der menschlichen Natur zugrunde gehen. Wenn man von der Liebe spricht, ,predigt' man nicht, und zwar aus dem einfachen Grund, weil man von dem tiefsten wirklichen Verlangen spricht, das in jedem menschlichen Wesen liegt.
Daß dieses Verlangen in den Hintergrund gedrängt wurde, bedeutet noch lange

nicht, daß es nicht existiert. Das Wesen der Liebe zu analysieren heißt festzustellen, daß sie heute nur selten erlebt wird; es heißt aber auch, die sozialen Bedingungen zu kritisieren, die dafür verantwortlich sind. Der Glaube an die Möglichkeit der Liebe als ein allgemeines und nicht nur ausnahmsweises individuelles Phänomen ist ein rationaler Glaube, der auf der Einsicht in das Wesen des Menschen beruht."
(Aus: E. Fromm, Die Kunst des Liebens, Ullstein-TB 258, Berlin 1973, 113ff)

R.P.

O. Henry, Tildys kurzes Début

INHALT
Zwei Serviererinnen — die eine hübsch, die andere unscheinbar — bedienen in einem Speiselokal. Die hübsche hat alle Aufmerksamkeit, bekommt Komplimente und Einladungen, die unscheinbare wird als Frau übersehen. Sie bleibt allein mit ihrer heimlichen Sehnsucht nach männlicher Anerkennung. Eines Tages wird sie im Lokal von einem angeheiterten Gast geküßt. Tildy ist selig und erzählt jedem von dieser „Beleidigung". Doch da kommt dieser Mann und entschuldigt sich für sein ungehöriges Benehmen. Im nüchternen Zustand hätte er so was nie getan. Für die Frau stürzt der Himmel ein.
LESEDAUER: 22 Minuten
THEMATIK: *Liebe,* Selbstwertgefühl, Geschlechterrolle

Die Sehnsucht nach einem Menschen, der ganz zu einem gehört, ist nicht nur dem weiblichen Geschlecht eigen. Doch die Erwartung, wie eine Frau bzw. ein Mann mit dieser Sehnsucht umzugehen habe, ist verschieden. Das hat mit dem Rollenverständnis der Geschlechter in unserer Gesellschaft zu tun. Tildy und der „Übeltäter" sind im Grund vom Schicksal gleichermaßen benachteiligt. Aber von seiner Rolle als Mann her ist er immer noch derjenige, der die Initiative ergreifen kann, der die Frau durch seine Beachtung oder Mißachtung „wertvoll" oder „wertlos" machen kann.
Interessant ist es, die Geschichte mit vertauschter Rollenbesetzung einmal durchzudenken.
Im Verhältnis der Geschlechter zueinander hat sich in den letzten Jahrzehnten theoretisch zwar eine Menge geändert, und wir könnten geneigt sein, diese Ge-

schichte als einer vergangenen Zeit zugehörig zu betrachten. Aber die Praxis zeigt, daß das alte Rollenverständnis ein zählebiges Dasein führt. Umfragen unter jungen Leuten haben ergeben: Die Initiativen liegen meist nach wie vor beim männlichen Partner, das Mädchen ordnet sich seinen Wünschen unter, sie bezieht ihr Selbstwertgefühl aus dem „Marktwert", den sie bei den Männern hat u.a.m. Allerdings spielt dabei auch der soziale Status eine Rolle. Je höher die Bildung, desto mehr Eigeninitiativen entwickelt das Mädchen. Trotzdem gibt sie meist in entscheidenden Dingen dem Partner nach. Auch viele Ehen sprechen hier eine beredte Sprache. Und es gibt zu denken, daß Frauen sich oft lieber von Männern ausnützen, beleidigen, ja sogar prügeln lassen, als daß sie allein leben. Ohne Mann sein bedeutet eben auch meistens einsam und oft auch weniger geachtet sein.

Fragen, die sich mir im Anschluß an die Geschichte stellen:
— Welche Gefühle erweckt in mir die Gestalt der unscheinbaren Frau?
— Ich stelle mir vor, die Geschichte würde von einem unscheinbaren Mann handeln. Würde er die gleichen Empfindungen in mir auslösen?
— Warum ist Tildy so sehr auf das Interesse der Männer angewiesen?
— Ist die Entschuldigung des Mannes objektiv gesehen wirklich eine Beleidigung?
— Würde sie von ihr auch als solche empfunden, wenn sie ihr Selbstwertgefühl aus anderen Quellen bezöge?
— Die vermeintliche Anerkennung verändert sie auch äußerlich. Wäre sie vielleicht weniger unscheinbar, wenn ihr nicht von Kindheit an klargemacht worden wäre, daß sie es sei und deshalb keine Ansprüche zu stellen hätte?
— Warum werden alleinstehende Frauen auf Behörden, von Handwerkern usw. oft nachlässiger behandelt als solche, die einen männlichen Partner vorweisen können? Welche Rolle spielt auch hier das Aussehen?
— Weshalb reagieren wir auf schöne Menschen anders als auf unscheinbare oder häßliche?
— Warum machen wir hier noch einmal einen Unterschied, je nachdem, ob es sich um eine Frau oder einen Mann handelt?
— Warum ist dieses Rollenverständnis so schwer zu ändern?

Ergänzender Denkanstoß:
Eine Bekannte erzählt: Als ich auf einer Reise in Straßburg in einem Lokal zu abend essen wollte, wurde ich vom Ober geflissentlich übersehen. Auf meine Reklamation hin sagte er: „Frauen ohne männliche Begleitung werden bei uns nicht bedient."
Ergänzende Literatur:
M. Mead, Mann und Weib, das Verhältnis der Geschlechter in einer sich wandelnden Welt, rde-TB 69.

L.G.

Ingrid Jendrejcyk, Zwei Frauen

INHALT
Zwei alleinstehende Frauen im mittleren Alter haben sich zufällig am Strand kennengelernt, wohin sie in den Sommermonaten häufig fahren. Sie treffen sich dann jedes Jahr dort, denn beide sind froh, einen Gesprächspartner zu haben. Da lernt eine der Frauen einen Freund ihres verstorbenen Mannes kennen. Von jetzt an will sie von ihrer Sommergefährtin nichts mehr wissen.
LESEDAUER: 14 Minuten
THEMATIK: *Hoffnungslosigkeit,* Einsamkeit, Passivität, Eifersucht

Die Grundstimmung der Geschichte ist Hoffnungslosigkeit. Sie entsteht aus der fast dumpfen Passivität der beiden Frauen. Die zaghaft begonnene Freundschaft scheint von vorneherein zum Scheitern verurteilt, denn sie sind nicht fähig, ihre Einsamkeit zu überbrücken. Jede bleibt in ihrem Stück Sinnlosigkeit stecken – will sich gar nicht wirklich lösen, kann es vielleicht auch nicht mehr. Beide reden nur so ein bißchen drüber hin. Im Grund erwarten sie nichts mehr.
Erst der Mann läßt die eine wieder auf eine Zukunft hoffen. Daß ihr ihre Bekannte dann im Wege ist, ist fast folgerichtig. Hinzu kommt die Angst, den Mann mit der andern teilen zu müssen oder vielleicht gar an sie zu verlieren – um wieder allein zu sein. Die Enttäuschung der andern gilt so auch nicht nur dem versagten Gruß. Sie wird in ihre totale Einsamkeit zurückgehen.

Fragen, die sich mir im Anschluß an die Geschichte stellen:
— Welche Stimmung löst die Geschichte in mir aus?
— Was empfinde ich für die beiden Frauen?
— Könnte ich mich mit ihnen identifizieren?
— Weshalb verbringen sie ihr Leben so trostlos? Sind dafür nur äußere Umstände maßgebend?
— Warum denken sie nicht an die Möglichkeit, aus ihrer Einsamkeit herauszukommen, etwa durch eine Aufgabe, die sie erfüllt?
— Warum konnte es zu keiner echten Freundschaft zwischen den beiden Frauen kommen?
— Wie wäre es wohl weitergegangen, wenn kein Mann dazwischengekommen wäre?
— Was ändert sich für Frau W. durch die Bekanntschaft mit dem Mann?

- Warum verleugnet sie Frau B.?
- Was ist, wenn sie wieder Witwe würde?
- Wie sieht die Zukunft für Frau B. wahrscheinlich aus?
- Was würde ich an ihrer Stelle tun?

Vgl. mit der Geschichte: E. Gürt, Eine Tasche voll Einsamkeit, S. 52.

L.G.

Marie Luise Kaschnitz, Die Füße im Feuer

INHALT
Eine alternde Frau beobachtet an sich, wie sie allmählich keinerlei Schmerz mehr verspürt. Zunächst beunruhigt sie dieser Tatbestand, doch allmählich genießt sie ihn. Sie kapselt sich mehr und mehr von der Außenwelt ab, nimmt an nichts mehr Anteil. Gegen ihr zunehmendes inneres Frösteln hilft das offene Feuer im Kamin, an das sie immer näher heranrückt, bis schließlich ihre Füße Feuer fangen und beginnen zu verkohlen. Zuvor noch hat sie alte Briefe verbrannt. Einen Fetzen davon umklammern ihre Finger. Darauf steht das Wort Liebe.
LESEDAUER: 38 Minuten
THEMATIK: *Einsamkeit,* Bindung, Identität

Die Autorin beschreibt den völligen Rückzug eines Menschen auf sich selbst — scheinbar ein schicksalhafter Vorgang. Nur andeutungsweise werden Ursachen dafür genannt. Jedenfalls sind sie bereits in der Kindheit angelegt und vom weiteren Lebensweg begünstigt. Mangelnde Geborgenheit, Alleingelassenwerden in Augenblicken seelischen Ausnahmezustands, Versagungen und Verletzungen können der Grund sein, daß ein Mensch die Fähigkeit zu trauen verliert. Die Tragik dabei ist, daß er nicht nur den Weg zum Du verfehlt, sondern auch den Weg zu sich selbst. Seine Entfaltung wird eingeengt durch die Fixierung auf ein Ziel: die eigene Unverletzlichkeit. So steht die Selbstbewahrung über dem Selbstsein. Die Maske

absoluten Gleichmuts gegenüber der Außenwelt wird allmählich so sehr integriert, daß sie als solche nicht mehr erkannt wird. Aus der anfangs als bedrückend empfundenen Einsamkeit, in die dieser Mensch durch die Umwelt und sein eigenes Fehlverhalten in einem circulus vitiosus gerät, wird ein wünschbarer Wert gemacht. Sie wäre ja sonst nicht zu ertragen.
Doch dann zeigt sich, daß der scheinbar erreichte Gleichmut ins Wanken gerät, wenn die Erinnerung an die verdrängte Sehnsucht nach Nähe, Hingabe, Liebe aufbricht.
Ein vergleichbarer Weg von den scheinbar unbedeutenden Anfängen bis hin zu schwersten Störungen wird sich relativ selten finden. Doch Kontakt- und Gefühlsarmut, Angst vor dem Eingeständnis von Schwäche und Versagen, Angst vor dem Ausgeliefertsein, vor hingebender Liebe sind verbreitete Merkmale unserer Zeit. Krieg und Nachkriegsjahre zusammen mit ihrer Folgeerscheinung Wohlstands- und Leistungsgesellschaft dürften ihren guten Teil dazu beigetragen haben.
Die lockeren unverbindlichen Beziehungen der Geschlechter etwa haben ihren Ursprung in der Überbewertung der Selbstbewahrung. Ebenso das falsche Verständnis von Selbstverwirklichung als Egozentrik. Vielleicht auch bestimmte Seiten der modernen Kunst, soweit sie menschliche Empfindungen ausspart und nur in Formen und Farben schwelgt.

Fragen, die die Geschichte an mich stellt:
— Die Problematik der Geschichte beschäftigt mich sehr. Was läßt sie in mir anklingen?
— Die beschriebenen körperlichen Symptome stehen für die seelische Verfassung. Was läßt einen Menschen diesen Weg einschlagen?
— Wie geht es mir hier mit der Frage nach der Schuld?
— Das bisherige Leben der „Erzählerin" scheint durchaus ‚normal' gewesen zu sein! Was wurde durch ihre Kontakte verdeckt? Wie stellen sich ihre Beziehungen dar?
— Welche Rolle spielt für den „Ausbruch" der Krankheit ihr Alter?
— Weshalb glaubt sie, daß sie gesünder sei als alle andern?
— Woran scheitern ihre wiederholten Versuche zur Rückkehr? Warum unternimmt sie sie überhaupt?
— Ich lebe ruhiger, „schmerzfreier", wenn ich nichts an mich herankommen lasse. Wünsche ich mir ein solches Dasein?
— Was empfinde ich, wenn andere bei mir ihre Last abladen? Bei wem kann ich es selbst tun?
— Warum fällt es uns nicht leicht, anderen unsere Schwächen und Nöte zu offenbaren? Welche Erfahrung habe ich damit gemacht?
— Kenne ich meine „Masken"? Wozu brauche ich sie? Wann bieten sie mir Schutz? Wann wären sie überflüssig?

- Woher kommt in unserer Gesellschaft die ständige Zunahme an Isolation? Was muß sich bei uns selbst ändern?

Zur Autorin siehe Geschichte: Das dicke Kind, S. 15.

Ergänzende Literatur:
F. Riemann, Grundformen der Angst, München 1975⁹.

Bibelstellen:
Matth. 5,43ff; 19,35ff; Joh. 12,24f; Röm. 13,10; 1. Kor. 13,1—13.

L. G.

Die kleinen Leute von Swabedoo

INHALT
Erzählt wird von den allzeit glücklichen Swabedoo-Leuten mit ihrer Besonderheit, daß sie einander kleine weiche Pelzstückchen schenkten zum Zeichen von „Ich mag dich". Sie freuten sich am Geben und Empfangen. Das ärgerte einen großen grünen Kobold, der abseits der Ortschaft in seiner Höhle hauste, und er redete einen Bewohner an, er solle achtgeben, damit ihm der Vorrat an Pelzstückchen nicht ausginge. So wurden die Bewohner allmählich knauserig und wollten die Pelzchen nur als Tauschmittel hergeben wie Geld. Vom Kobold bekamen sie indessen kalte stachelige Steine aus seiner Höhle, die man einander wie einst die Pelzchen in die Hand drücken konnte. Aber das war nicht so schön. Gern wären sie wieder zur alten Sitte zurückgekehrt, aber das Mißtrauen war zu groß.
LESEDAUER: 15 Minuten
THEMATIK: *Kommunikation,* Zuwendung, Besitz

Die moderne Gruppenpsychologie kennt entsprechende Währungen im gegenseitigen Austausch: „Streicheleinheiten" und „Verletzungen". Fragen drängen sich auf: Wieweit habe ich selber einen Vorrat vom einen wie vom anderen, und wie

mache ich davon Gebrauch? Was fällt mir leichter, was schwerer? Und was steht dahinter?
Ziel: Mut zu „Streicheleinheiten"!

Die Geschichte eignet sich beispielsweise zu einem vorweihnachtlichen Gruppengespräch mit der Frage: Was hat diese Geschichte etwa mit dem Christfest zu tun („... und den Menschen ein Wohlgefallen")? Überlegen, was in dieser Hinsicht Grüße und Geschenke ausrichten können.
Übrigens, wir bekamen diese Geschichte von einem, der sie zu Weihnachten als Gruß an seine Freunde schickte, mit einem kleinen Fellstück dazugeheftet.

U.K.

Theodore O. Wedel,
Gleichnis von der unnütz gewordenen Rettungsstation

INHALT
Einst gab es an einer gefährlichen Küste eine kümmerlich ausgestattete, doch tüchtige Rettungsstation mit einer Handvoll Freiwilliger, ständig bereit, Schiffbrüchige zu bergen. Spenden der Geretteten verhalfen zu einem neuen Gebäude mit komfortablerer Ausstattung, mehr und mehr als Clubhaus beliebt, während immer weniger Freiwillige zur Verfügung standen. Immerhin schmückte das Wappen des Seenotdienstes noch überall die Räume. Meinungsverschiedenheiten über den Sinn der Einrichtung führten zur Gründung einer zweiten, einer dritten Station, die sich aber ebenfalls zu bloßen Clubhäusern entwickelten. Indessen wird die Küste noch immer vielen Schiffen zum Verhängnis: nur — für die meisten Schiffbrüchigen gibt es keine Rettung mehr.
LESEDAUER: 5 Minuten
THEMATIK: *Kirche*, Gemeinde, Diakonie

Das Gleichnis zielt ab auf die Kirche, auf ihr Selbstverständnis und auf ihre Praxis. Das Bild von der Rettungsstation wird in seiner Eindeutigkeit auf manche ärgerlich wirken und Reaktionen hervorrufen: Ist die Kirche nicht mehr als bloß dies

eine, und wird hier nicht wieder alles auf den Menschen abgestellt statt auf Gott? Nun, es wäre gut, dem Bild eine Weile vorbehaltlos standzuhalten, sich ihm zu stellen und seine Wahrheit anzunehmen. Wer sich an Evangelientexten vergewissern will, welcher Art die Aufträge Jesu an seine Jünger waren, kann darin eigentlich nur die ursprüngliche Gestalt der Rettungsstation bestätigt finden. Und die Perversion zum Clubhaus, zu einem Gemeindeleben, das nur um sich selber kreist, wer kann diese Gefahr völlig von der Hand weisen?
Falsch wäre, sich bei Verallgemeinerungen oder Entsprechungen in der Kirchengeschichte aufzuhalten; lohnender ist, beispielsweise der Frage nachzugehen: Was heißt für mich „Menschen retten"? Oder weiterzufragen: Wo ist unsere Rettungsstation, und wie können wir uns daran beteiligen?

In „Die Botschaft Jesu im Isolotto" (Mainz/München 1969, 128) gibt es folgendes „Arbeitsblatt für die Kinder":
Jesus sagt zu seinen Freunden: „Wie der Vater mich gesandt hat, so sende ich euch..."
Erinnere dich:
Wozu der Vater ihn gesandt hat, dazu sendet Jesus seine Freunde:
„Geht hin und ruft in meine Nachfolge alle Völker...
lehret sie alles wahren, was ich euch geboten habe..."
Die Apostel haben verstanden, daß Jesus fordert:
sie sollten einander lieben,
sie sollten demütig und arm sein,
sie sollten zu allen Menschen gehen und ihnen die Vergebung und den Frieden verkündigen, sie sollten glauben, daß er bei ihnen sei.
Überlege und tue folgendes:
Lies nach, was uns die Apostelgeschichte (4,32—35) über das Gemeindeleben in Jerusalem berichtet.
Ergänze das folgende Wort Jesu, das im Evangelium bei Johannes (13,35) steht. Es ist von größter Wichtigkeit:
„Daran werden alle erkennen, daß ihr meine Jünger seid, wenn..."
Wenn wir Christen heute die Sendung, die wir von Jesus empfangen haben, verwirklichen wollen, wie müßten wir dann sein, was müßten wir tun?

Andererseits gehören hierher Dietrich Bonhoeffers Ausführungen zu seinem Satz „Die Kirche ist nur Kirche, wenn sie für andere da ist" (WEN, 415f) und in seinem „Taufbrief" (WEN, 327f).

Vgl. in „Geschichten zum Nachdenken" W. Simpfendörfer, Haarschneiden in der Kirche, und J. Reding, Nipfes visitiert...

U.K.

Josef Reding, Sie nannten ihn Padrechico

INHALT

Eugen Bruckner, ein erfolgreicher deutscher Pater, wurde schon bald nach seiner Ankunft in Südamerika von den eingeborenen Indios zärtlich Padrechico, Päterchen, genannt. Er hat das Vertrauen der Leute schnell gewonnen.
Um der Einladung des Großgrundbesitzers Folge zu leisten, hatte der Pater lange keine Zeit gefunden. Jetzt aber, nach einem anstrengenden Tag, geht er bei ihm vorbei und genießt dort für kurze Zeit die Früchte der Zivilisation. In der Diskussion nimmt er Partei für die Indios ein. Er gebraucht harte Worte gegen den Großgrundbesitzer.
Auf dem Heimweg begegnet der Pater einem Indio. Statt einer freudigen Begegnung muß der Pater hören: „Ich kann jetzt nicht beichten. El Señor Bruckner! Später. Vielleicht." Er hat das Vertrauen verloren.
LESEDAUER: 25 Minuten
THEMATIK: *Entwicklungshilfe,* Engagement, Gerechtigkeit

Das Schlüsselwort zum Verständnis der Geschichte heißt dignidad, Würde. Wenn man davon ausgeht, so kann man den Indio, der in scheinbar primitivem Schema-Denken den Pater ablehnt, nachdem er beim Hacendado zu Besuch gewesen war, verstehen. Der Pater fragt sich zu Beginn der Geschichte einmal, ob er dem Indio die Schuld klargemacht habe, ohne seine dignidad zu verletzen. Tatsächlich hat der Indio begriffen. Nicht das Aufdecken einer Schuld, nicht die Armut verletzt seine dignidad.
Seine dignidad wird zerstört durch die sklavische Abhängigkeit, die ihn nicht als Menschen ernst nimmt. Der Hacendado ist der hassenswerte Zerstörer der dignidad. Er spricht nicht einmal mit ihm; er entzieht ihm Arbeit und Hütte, wenn er krankheitshalber nicht arbeiten kann; er behandelt sogar seine Reitpferde besser. Angesichts dieser Tatsache wird jeder, der mit dem Großgrundbesitzer auch nur Tee trinkt, zum Verräter an der dignidad.
Es kann in einer geübten Gruppe reizvoll sein, nach der Würde von Industriearbeitern oder von irgendeiner andern Sozietät in unserem Erfahrungsbereich zu fragen.
Die Geschichte eignet sich natürlich darüber hinaus besonders gut zur Darstellung von sozialen Verhältnissen in Südamerika. Allerdings sollte einiges an Information vorausgehen. Aber auch da scheint es mir wesentlich zu sein, daß die Erörterung

von Mißständen in der Dritten Welt nicht in der Darstellung von materiellem Elend stecken bleibt. Vielmehr kann gerade diese Geschichte zeigen, daß es dabei auch um Menschlichkeit und Gerechtigkeit geht.
Natürlich taucht damit die Frage nach dem Sinn der Entwicklungshilfe auf. Welche Hilfe nützt diesen Indios? Kann Entwicklungshilfe apolitisch sein? Wie steht es mit der Zusammenarbeit der verschiedenen Institutionen und Helfer? Am Rande kommt die Frage nach einem sinnerfüllten Leben in den Blick. Der Pater schaut einmal zurück auf seine erfolgreiche Vergangenheit in Deutschland. Trotzdem findet er seinen Einsatz bei den Ärmsten der Armen sinnvoller.

Material zu Geographie und Geschichte im Umfeld dieser Erzählung finden sich in den entsprechenden Fachbüchern.
— G. Weisenborn, Zwei Männer, in: Geschichten zum Nachdenken, 222ff.
— Dom Helder Camara, Stimme der stummen Welt, Zürich 1971.

Der brasilianische Bischof sagte einmal:
„Gott schuf den Menschen nach seinem Bild, damit der Mensch sein Mitschöpfer sei, und nicht, daß er Sklave sei. Wie kann man nur zulassen, daß die meisten Menschen ausgebeutet werden und wie Sklaven leben? ... Ich verabscheue jeden, der passiv bleibt, der schweigt, und ich liebe nur den, der kämpft, der etwas wagt. Die jungen Leute, die in Brasilien mit Gewalt auf Gewalt reagieren, sind Idealisten, die ich bewundere. Nur führt leider ihre Gewalt zu nichts."

M. L.

Ignazio Silone, Wir hatten gelogen

INHALT
Die Schulklasse des kleinen Ignazio Silone besucht zusammen mit dem Pfarrer eine Marionettenaufführung. Es gibt ein Stück zu sehen, in dem unter anderem der Teufel nach einem Kind sucht, das sich, nur für das Publikum sichtbar, versteckt hält. Als der Teufel sich an die jungen Zuschauer wendet und sie fragt, ob sie etwas beobachtet hätten, täuschen sie ihn und sagen, das Kind sei fortgegangen.

Anderntags, in der Katechismusstunde, kommt der Pfarrer auf diese Begebenheit zu sprechen. Dies sei eine Lüge gewesen, sagt er, zwar zu einem guten Zweck, aber eben eine Lüge. So laute die christliche Lehre. Die Kinder geben sich damit allerdings nicht zufrieden und fragen nach.
LESEDAUER: 10 Minuten
THEMATIK: *Lüge, christliche Lehre*

Wenn man die Untersuchung der Universität Leiden (s.u.) verallgemeinern darf, wird nicht sehr oft gelogen, um einen andern Menschen zu retten. Bei etwa der Hälfte aller Lügen geht es vielmehr um die eigene Haut, wie damals, als Petrus dreimal log (Mark. 14,66—72), um nicht selbst in die Mühlen der Justiz zu geraten. Bei der anderen Hälfte der Lügen ist das Motiv der persönliche Vorteil, den man zu gewinnen hofft. Auch hier gibt es ein biblisches „Vorbild": Jakob und sein bekanntes Täuschungsmanöver (1. Mos. 27), das ihn gleich an die dritte Stelle der Ahnväter-Liste (s. Matth. 1) brachte. Unsere Praxis zu lügen reicht also bis in biblische Zeiten zurück und wurde auch von namhaften Vertretern dieser Tradition geübt. Was Wunder, daß andere, wie der Pfarrer des Ignazio Silone, einen Rigorismus entwickeln, der die Verfehlungen der Väter vergessen lassen will. Die Leidtragenden scheinen wieder einmal die Kleinen und Schwachen zu sein. Doch erfrischend, wie diese die Kunst des „ja, aber..." beherrschen und auszuspielen wissen. Unmerklich erhält so der Pfarrer eine eindringliche Lektion in Sachen Christentum, wobei sinnigerweise der Teufel seine „pädagogische Funktion" behält. Was die Kinder intuitiv spürten, war, daß eine Äußerung, ob Wahrheit oder Lüge, ohne das Motiv oder das Interesse, das hinter ihr steht und zu ihr geführt hat, kaum hinreichend bewertet werden kann. Sie handelten mit dem Interesse, dem Schwachen Beistand zu leisten, und verhielten sich ganz im Sinne eines Wortes des heiligen Franz von Sales: „Wahrheit, die nicht aus der Liebe kommt, ist Liebe, die nicht wahrhaft ist." Der Pfarrer, der die absolute Wahrhaftigkeit forderte, hatte auch ein Interesse, nur ein anderes.

Nach einer Untersuchung der Universität Leiden wurden folgende Gründe für das Lügen am häufigsten genannt. Es ist nicht schwer, als „Ahnvater" jeweils Jakob oder Petrus zu ermitteln (s.o.).

Es wird am häufigsten gelogen
— um kein Mißfallen zu erregen oder Nachteile zu haben   41 %
— um den eigenen Willen durchzusetzen   14 %

- *um Sympathie oder Anerkennung zu gewinnen*   8 %
- *um sich Arbeit oder Langeweile zu ersparen*   6 %
- *um sich nicht lächerlich zu machen*   4 %
- *um auf andere Eindruck zu machen*   3 %

(Nach: Westdeutsche Rundschau, Wuppertal, 23.2.1966)

Gibt das folgende Zitat aus dem Werk eines bekannten Philosophen und Pädagogen eher die Meinung des Pfarrers oder die der Kinder unserer Geschichte wieder?

„Die Wahrhaftigkeit geht also auf das Verhalten des Menschen zu sich selbst. Sie bedeutet die innere Durchsichtigkeit und das freie Einstehen des Menschen für sich selbst. Und wenn man die Verhältnisse übersteigern wollte, so könnte man gradezu sagen, daß auch der innerlich wahrhaftige Mensch lügen kann. Eine ehrliche Lüge ist etwas andres als eine Unwahrhaftigkeit. Eine ehrliche Lüge, das bedeutet, daß der Mensch sich nichts darüber vormacht, daß er lügt — daß er weiß, daß er damit etwas Unrechtes tut und trotzdem die Verantwortung für diese Lüge auf sich nimmt. Die Unwahrhaftigkeit aber setzt da ein, wo der Mensch sich selbst etwas vormacht, wo er auch sich selbst gegenüber nicht zugibt, daß er lügt, wo er sich die Verhältnisse vielmehr so zurechtlegt, daß er auch sich selbst gegenüber den Schein der Ehrlichkeit wahrt."

(Aus: O.F. Bollnow, Wesen und Wandel der Tugenden, Ullstein-TB 209, Frankfurt 1958, 139f)

Die folgende Geschichte über die Entstehung und Wirkung von Lügen wurde mir mündlich erzählt. So plastisch sie ist, es erscheint nicht ganz einfach, die Gründe zu identifizieren, weshalb hier und in vergleichbaren Fällen gelogen wird. Vielleicht gibt es nicht nur ein denkbares Motiv, mit dem Lügen dieser Art erklärt werden können (vgl. auch die obige Aufstellung der Lügengründe).

Die Geschichte lautete in etwa so:

„ ‚Der Bauer Yang schlägt seine Knechte', sagte der Bauer Yeng, ‚das ist schlimm!' Bald wußten es alle Leute im Dorf. ‚Wir wissen', sagte der Dorfälteste, ‚daß Yang oft betrunken ist. Daß er auch Gewalt anwendet, wußten wir bisher nicht. Wir müssen den Knechten beistehen. Wir sind ein friedliches Dorf.' So sprach er, dann ging er zum Bauern Yang und verhörte die Knechte. ‚Wir sind nie von Yang geschlagen worden', sagten diese, ‚deshalb wollen wir bei Yang bleiben. Er ist ein guter Bauer.' Da ging der Dorfälteste zu Yeng und stellte ihn zur Rede. ‚Warum hast du die Unwahrheit über deinen Mitbauern gesagt? Nun will niemand mehr mit Yang zu tun haben.' ‚Ich wollte', antwortete Yeng, ‚nichts Falsches über ihn sagen, aber es schien mir eines Tages, als ich Yang mit seinen Knechten bei der Arbeit sah, daß sich einer von ihnen vor der erhobenen Hand ihres Herrn niederduckte.' ‚Du hast

Unrecht getan', sagte der Dorfälteste, ,gehe hin zum Bauern Yang und sieh, wie du die Sache bereinigst!' Da ging Yeng in das Haus von Yang und bat um Verzeihung. ,Die Sache soll vergessen sein', sagte Yang zu Yeng, ,wenn du für mich drei Dinge tust. Gehe zurück in deinen Hof, schlachte ein Huhn und bringe es mir. Auf dem Weg hierher aber rupfe ihm die Federn aus. Das dritte erfährst du, wenn du wieder hier bist.' Yeng ging und tat, wie ihm geheißen war. Bald kam er mit einem gerupften Huhn und gab es Yang. ,Und nun noch das dritte', sprach dieser, ,gehe den Weg, den du gekommen bist, zurück und sammle die Federn, die du auf den Boden geworfen hast, wieder ein!' ,Das ist nicht möglich', entgegnete Yeng, ,der Wind hat sie in alle Richtungen fortgeblasen, ich werde nur einen Teil wiederfinden.' ,Du hast recht', antwortete Yang, ,aber nun sage mir, ob es sich anders verhalten hat, als du die Lüge über mich ausstreutest!' "

R.P.

Dino Buzzati, Die Lehre von Whipping

INHALT
Der Dritte Weltkrieg ist ausgebrochen. Amerika und Rußland haben gegeneinander Raketen abgefeuert. Geladen waren sie auf beiden Seiten mit einem Stoff, der den Gegner mit der eigenen Ideologie impfen sollte. Nun sind die Amerikaner Kommunisten und die Russen Demokraten. Mit vertauschten Rollen beginnt der Kalte Krieg von neuem.
LESEDAUER: 15 Minuten
THEMATIK: *Ideologie*, Krieg

Hier haben wir einmal eine Ideologiekritik vor uns, die nicht auf wissenschaftlichen Stelzen in bitterem Ernst daherkommt. Sie entlockt uns ein Schmunzeln und macht einsichtig: So ist es doch mit den Ideologien.
Der Transfer in den individuellen Erlebnisbereich des Lesers ist aber nicht einfach. Und doch müßte in einer Gruppe genau nach den ideologischen Voraussetzungen des Einzelnen gefragt werden. Es müßte klar gemacht werden, daß wir nicht nur auf Staatsmänner zeigen müssen, wenn wir von Ideologie reden, sondern daß das

Denken jedes Einzelnen ideologisch vorgeprägt ist. Es sollte klar werden, daß vor dem Hintergrund der wirklich wichtigen Dinge („Vielleicht verschwand so zum letztenmal im Weltraum der Stolz der Menschheit, und diese entfesselten Raketen entführten – so schien es – die großen und kleinen Illusionen des Lebens, der Liebe, das sichere Heim, die zärtlichen Begegnungen, die Träume von Reichtum und Ruhm, den Frühling, die Wissenschaft, die Musik und den ruhigen Lauf der Jahre.") der ganze ideologische Überbau wie eine lächerliche Kleinigkeit erscheint. Und doch ist es diese Kleinigkeit, die zu großen Kriegen im individuellen und gesellschaftlichen Bereich führt. Spätestens hier sollte aber auch klar gemacht werden, was in der Geschichte gar nicht ins Blickfeld kommt, daß diese sogenannten ideologischen Voraussetzungen ihrerseits schon vorausgesetzt sind durch tieferliegende psychische Strukturen, die durch Erziehung und Gewöhnung so eingekerbt sind, daß sie mehr als bloß Überbau sind.

Sollte die Geschichte zum Thema „Krieg" eingesetzt werden, so empfiehlt es sich, mindestens am Anfang nur den ersten Teil vorzulesen (bis „Der Tod schien nahe"). Dieser 1. Teil ist eine apokalyptische Vision unserer Zukunft, wie sie kaum erschreckender dargestellt werden könnte. Daran kann sich eine Diskussion anknüpfen über die Frage, wie so etwas verhindert werden könnte.

Die Frage, ob ein solches „überzeugendes Gas" im Bereich der Möglichkeiten liege, wird in fast jeder Diskussion auftauchen, ist aber müßig. Ein solches Gas hat heute Realität in der Beeinflussung und dem Versuch der Gleichschaltung von Menschen eines Staates. Diese Frage gehört aber eher zu den Geschichten „Den Unsrigen nachlaufen" und „Der Mann ohne Fernsehen" im vorliegenden Buch.

Zum Krieg:
— Ist dieses „überzeugende Gas" humaner als die Tötung von Menschen?
  In diesen Zusammenhang gehört die Diskussion um die Neutronenbombe, die unter Schonung des Materials nur Lebewesen tötet.
— Stichwort Friedensforschung. Was kann für den Frieden getan werden? In der Erziehung? Politisch?

Zur Ideologie:
— Sind Psychopharmaka nicht auch eine Art eines „überzeugenden Gases"?
— Mit vertauschten Rollen begann der Kalte Krieg von neuem. Heißt das, daß erst nach Abbau der Ideologien Krieg verhindert werden könnte? Ein solcher Abbau bringt aber eine stärkere Individualisierung und eine weniger gute Manipulierbarkeit von Massen mit sich. Vergleiche dazu *Mark. 7,1–13:* Jesus entlarvt das schematische Gesetzesdenken der religiösen Führer als Ideologie und predigt eine individualistische Ethik.

- Die Gruppenmitglieder sollen aus Zeitungen Berichte über Kriege, Bürgerkriege, Streiks und andere Auseinandersetzungen mitbringen. Wer steht gegen wen? Immer werden vor allem in den Schlagzeilen verallgemeinernde Gruppenbezeichnungen gebraucht: „Kämpfe zwischen Arbeitern und Truppen." „Gefechte zwischen Kommunisten und Nationalisten." Was steckt hinter diesen Bezeichnungen? Lauter Marionetten oder Individuen wie du und ich, mit verschiedener Herkunft und verschiedenem Interesse?
- Mit welchen Argumenten wird in Abstimmungskämpfen gefochten?
- Ideologie hat mit Vorurteil zu tun. Weiteres Material siehe Stichwort „Vorurteil".
- Zum Thema Ideologie gibt es zahlreiche Kurzfilme. Ich verweise auf die Kataloge der Verleihstellen.

M.L.

Dino Buzzati, Der Streik des Teufels

INHALT
Die neue Regierung hat dem Bösen und den Krankheiten den Kampf angesagt. Gegen die Erbsünde wurde ein Impfstoff entwickelt. Diese Anmaßung des Menschen ärgert den Teufel und er ruft seinerseits den Streik aus. Keiner tut mehr Böses, keiner wird mehr krank. Die Menschen glauben, ihre eigenen Maßnahmen hätten diese Wirkung gezeigt. Nach anfänglicher Euphorie machen sich nachteilige Folgen bemerkbar: Langeweile, Arbeitslosigkeit, Überdruß. So bemüht man sich, Verbrechen, Laster, Krankheiten wieder künstlich herbeizuführen. Ohne Erfolg. Da beendet der Teufel seinen Streik und genießt das Schauspiel: In kürzester Zeit wird alles Versäumte nachgeholt. Von Blut und Schrecken belebt, findet die Menschheit wieder Freude am Leben.
LESEDAUER: 13 Minuten
THEMATIK: *Das Böse,* Aggression, Sünde, Lebensfreude

Ein alter Traum des Menschen ist der Sieg über das Böse und über die Krankheit. Dann, so meint er, würde ein paradiesisches Leben anbrechen. Buzzati versucht

in seiner Parabel diese Vorstellung auszuspinnen und er kommt zu dem Ergebnis, daß
a) der Mensch sich täuscht, wenn er meint, er könne dies aus eigener Kraft schaffen;
b) es, wenn er es könnte, doch sinnlos wäre, denn das Böse zu lassen, heißt noch nicht, das Gute zu tun;
c) der Mensch zum Leben Gegensätze braucht, denn der Wert des Positiven wird erst durch die Kenntnis des Negativen erfahrbar.

Es geht in der Welt also nicht primär darum, das Böse (was ist das überhaupt?) abzuschaffen, sondern sich um das Gute zu bemühen. Und dies bedeutet dann eben nicht Langeweile und Tatenlosigkeit, sondern Aktivität, Phantasie, Anstrengung.

Hier sind einige Überlegungen zum Wesen der Aggression nützlich. Wir haben uns daran gewöhnt, diesen Begriff mit negativem Vorzeichen zu versehen. Zu Unrecht, denn die Aggression, die zur menschlichen Natur gehört, ist an sich wertfrei. Lat. adgredi bedeutet nichts anderes als ‚auf etwas zugehen'. Das kann in guter wie in böser Absicht geschehen. Es ist demnach wichtig, daß der Aggressionstrieb gesteuert wird (sublimiert, wie Freud sagt). Forschungsdrang, Wißbegierde, der Wunsch zu verändern und zu verbessern, wären ohne diesen Trieb nicht denkbar, mithin das wissenschaftliche und kulturelle Leben überhaupt. Auch der Sport ist hier zu nennen. Aggression im positiven Sinn ist also die Antriebskraft für die konstruktive Auseinandersetzung mit Menschen und Dingen. Wir brauchen sie also auch, um Gutes zu bewirken. –

Eine andere Überlegung sei noch angefügt. In der Parabel ist der Teufel (eine außerirdische Macht) verantwortlich für alles Übel. Die Frage nach der Schuld des Menschen wird so völlig ausgeklammert. Der Teufel ist auch zuständig für die Krankheiten. Von hier würde ein direkter Weg zum Exorzismus führen.

Obgleich es sich hier eher um Randerscheinungen der Parabel handelt, sollten diese Probleme doch nicht ganz außer Acht gelassen werden.

Fragen, die sich mir im Anschluß an die Geschichte stellen:
— Wie wäre meine spontane Reaktion auf eine mögliche Abschaffung des Bösen und der Krankheiten?
— Ich versuche mir die Folgen auszumalen. Zu welchem Ergebnis käme ich?
— Wie würde ich „das Böse" definieren? Wo bleibe ich mit meinen Überlegungen hängen? Wie würde ich Konflikte einordnen?
— Der Mensch braucht gegensätzliche Erfahrungen. Kann ich mir vorstellen, daß diese auch ohne Bedrohung durch Verbrechen und Krankheit möglich sind?
— Wodurch entsteht Langeweile und Überdruß? Was bewirkt Spannung und Lebenslust?
— Wir wissen, daß wir auch das Gute nicht aus eigener Kraft schaffen können. Wozu sind wir trotzdem herausgefordert?

Ergänzende Literatur:
K. Lorenz, Das sogenannte Böse, dtv-TB 1000.
A. Mitscherlich, Die Idee des Friedens und die menschliche Aggressivität, Bibliothek Suhrkamp 233.
F. Hacker, Aggression, rororo-TB 6807.
B.F. Skinner, Futurum zwei „Walden Two". Die Vision einer aggressionsfeindlichen Gesellschaft, rororo-TB 6791.

Bibelstellen:
Eph. 4,22ff; Röm. 8,28; Matth. 5,13—16.

Zum Autor Dino Buzzati siehe die Geschichte „Wenn es dunkelt".

„Die Welt ist nicht zwischen Christus und dem Teufel aufgeteilt, sondern sie ist ganz und gar die Welt Christi, ob sie es erkennt oder nicht" (D. Bonhoeffer).
„Es gibt nichts Gutes, außer man tut es" (E. Kästner).

L.G.

Jakob Wassermann, Der Stationschef

INHALT
Der Sohn eines Türstehers im Vatikan hat von Kindheit an die Welt der Reichen und Mächtigen neiderfüllt bewundert. Je älter er wird, desto größer wird sein Verlangen nach dem ihm versagten Luxus und der damit verbundenen Macht. Als Stationschef eines entlegenen Bahnhofs nützt er eines Tages die Gelegenheit, einen Luxuszug entgleisen zu lassen. Er genießt seine Rache. Jetzt ist er der Mächtigere. Aber der Anblick eines tödlich verletzten Mädchens läßt in ihm zum ersten Mal so etwas wie Gefühle aufkommen. Er schreibt eine Beichte und erhängt sich.
LESEDAUER: 13 Minuten
THEMATIK: *Macht*, Arm und Reich, Gerechtigkeit, Dritte Welt

Ein Mensch, der von klein auf erlebt, daß es eine Welt gibt, die ihn fasziniert, in die er aber nur neidvoll hineinschauen darf, während er selbst nie dazugehören kann, wird es schwer haben, sich in der eigenen Welt zurechtzufinden, sie zu akzeptieren. Er neigt zur Isolation und zur Unfähigkeit, seine Persönlichkeit zu entwickeln. Neid schlägt um in Haß und Rachegedanken. Der Wunsch wächst, seinerseits Macht und Herrschaft über die zu gewinnen, in deren Macht es steht, ihn aus ihrer Welt auszuschließen.

Macht bekommt man üblicherweise durch Herkunft, durch Reichtum oder durch Gewalt. Dem Ausgeschlossenen bleibt im allgemeinen nur der letzte Weg. Angestauter Groll kann sich in einer haßgesteuerten Katastrophe entladen.

Natürlich ist solch eine Entwicklung nicht zwingend. Es kommen auch noch andere Faktoren dazu. Aber sie ist doch häufig genug zu beobachten.

Die in der Geschichte als Grundlage gewählten Klassenunterschiede spielen bei uns allerdings dabei heute kaum noch eine Rolle. Es haben sich aber andere Schichtungen ergeben, deren Folgen sich in Einzelschicksalen manifestieren. Besonders augenfällig aber erscheint mir in diesem Zusammenhang das Verhältnis zwischen reichen und armen Völkern und zwischen den Rassen, was weithin identisch ist.

Der beschriebene Entwicklungsweg eines einzelnen läßt sich unschwer auf den eines Volkes, einer Rasse übertragen:

Wir, die Weißen, haben dafür gesorgt, daß etwa die Länder der Dritten Welt die Werte ihrer eigenen Welt mißachteten und vergaßen, und wir haben in ihnen das Verlangen nach den oft fragwürdigen Werten unserer Welt geweckt und genährt. Aber wir haben auch dafür gesorgt, daß sie letztlich nie dazugehören konnten. So mußte sich über Jahrhunderte hinweg Haß und Bitterkeit ansammeln und wir sollten uns eigentlich nicht wundern, wenn diese Menschen heute ihre Möglichkeiten nützen, um die Machtverhältnisse umzukehren, ja auch Rache zu nehmen, die oft genug Unschuldige trifft.

Fragen, die sich mir im Anschluß an die Geschichte stellen:
— Wieviel Verständnis kann ich dem Stationschef entgegenbringen?
— Warum wählt der Autor als ersten Ort für seine neidvolle Bewunderung gerade den Vatikan?
— Was macht ihm die vornehme Luxuswelt so begehrenswert?
— Es gibt Menschen, die in ähnlichen Situationen ganz anders reagieren. Wovon ist das abhängig?
— Fühlte ich mich auch einmal zu Unrecht ausgeschlossen? Was habe ich dabei empfunden? Hatte ich Rachegefühle oder -phantasien? Habe ich mich gerächt? / beleidigt zurückgezogen? / mir nichts daraus gemacht? / resigniert?

- Könnte ich mir von einzelnen oder von ganzen Menschengruppen vorstellen, daß sie eine ähnliche Entwicklung wie der Stationschef nehmen? Warum? Wie ließe sich das vermeiden?
- Was ist der Grund für die vielerlei Trennungsmechanismen in der menschlichen Gesellschaft?
- Ist eine Änderung nötig? Möglich? Wie?

Vgl. auch die Geschichte: „Kobbe hatte den besseren Platz".

Ergänzende Literatur:
M. Traber, Rassismus und weiße Vorherrschaft, in: Stichwörter 15, Nürnberg 1971.
E. Fromm, Haben oder sein, Stuttgart 1976.

Ergänzende Denkanstöße:
1. Zitiert in Radius März 1970: Rat eines Theologen an ausreisende Entwicklungshelfer, „das von den Missionaren geschaffene hierarchische Ranggefälle in den einheimischen Kirchen zu beachten und sich nicht zu viele Blößen zu geben, um den Einheimischen den Glauben an die weißen Halbgötter zu erhalten..."
2. Ein farbiger Olympiasieger sagte in München: „Wenn wir siegen, sind wir Amerikaner, wenn wir negativ auffallen, sind wir Neger."
3. In afrikanischen Ländern werden von farbigen Rebellen immer wieder auch Missionsstationen überfallen, deren Ärzte und Schwestern unter großen Opfern ihre Hilfstätigkeit ausüben...

Bibelstelle: Matth. 23,8—12.

L.G.

Alice Childress, Es hätte für einen hübschen kleinen Laden gelangt

INHALT
Ein Teilnehmer an der Beerdigung eines befreundeten jungen Mannes macht sich Gedanken über die Diskrepanz zwischen dem Verhältnis der Hinterbliebenen zu dem lebenden und dem toten Mitchell. Als er lebte, kümmerte sich keiner um ihn, der Unterstützung für die Gründung einer Existenz gebraucht hätte. Nun, da er

tot ist, werden keine Kosten gescheut, um ihn „würdig" zu beerdigen. „Das Geld hätte für einen hübschen kleinen Laden gereicht."
LESEDAUER: 11 Minuten
THEMATIK: *Beerdigung*, Ritus, Heuchelei

Beerdigungsrituale haben wie jedes Ritual den Sinn, soziale Zusammenhänge herzustellen. Im psychischen Ausnahmezustand, wie etwa der Trauer, wird der Mensch durch bestimmte vorgegebene Abläufe entlastet und die Verbindung zur Außenwelt erhalten. Gemeinsame Handlungen festigen und erneuern das Band zu den Mitmenschen (vgl. auch Kranzniederlegungen, Gedenkminuten etc.). Diese notwendige und durchaus sinnvolle Entlastungsfunktion des Rituals kann unversehens die Bedeutung einer Konfliktflucht und Gewissensbeschwichtigung bekommen. Versäumnisse an Zeit, Zuwendung oder auch an finanzieller Unterstützung werden durch Aufwendungen für das Beerdigungsritual nachgeholt. Aber sie kommen nicht mehr dem Verstorbenen zugute, sondern dem eigenen Seelenfrieden, für den uns offensichtlich nichts zu teuer ist. Auch Ansprachen am Grab dienen oft dem Zweck, sich und andern etwas zu demonstrieren, was nicht der Wahrheit entspricht, wir aber doch allzu gerne glauben. Das Unterbewußte bastelt sich ein Wunschbild zurecht, das am wenigsten geeignet ist, uns zu beunruhigen.

Fragen, die sich mir im Anschluß an die Geschichte stellen:
— Kommen mir die Beobachtungen und Gedanken des Erzählers bekannt vor? Was habe ich ähnlich erlebt und empfunden?
— Was bedeuten für mich die üblichen Beerdigungsrituale? Was davon halte ich für notwendig, hilfreich, überflüssig?
— Was würde ich empfinden, wenn ich ganz allein am offenen Grab eines Angehörigen stehen müßte?
— Welche Gedanken bewegen mich bei pompösen bzw. sehr nüchternen Beerdigungen?
— Ich lehne die Auswüchse des Aufwands an Totengedenktagen usw. ab. Kann ich mich dieser verordneten Totenehrung ganz entziehen? Was hindert mich daran?
— Nach welchen Gesichtspunkten wählen wir Grabschmuck aus? Welche Rolle spielt dabei der Gedanke an den Toten, an unser Gewissen, an die Beurteilung der andern?
— Wir machen oft weite und kostspielige Wege, um an einer Beerdigung teilzunehmen oder ein Grab zu besuchen. Würde der Aufwand an Zeit und Geld auch für den Lebenden selbstverständlich sein?
— Was meint Jesus, wenn er sagt: Lasset die Toten ihre Toten begraben?

— Ich stelle mir vor, Mitchell wäre nur todkrank gewesen und wieder genesen. Welche Erfahrung würde er nun mit seinen Angehörigen und Freunden machen?

Ergänzender Denkanstoß:
Eines Tages beobachtete ich zufällig eine seltsame Beerdigung. Ein einsamer Sarg wurde zu einem offenen Grab gefahren. Dort warteten einige Trauergäste. Kein Pfarrer, kein Redner. Die Träger ließen den Sarg hinab und entfernten sich. Die Hinterbliebenen standen offensichtlich hilflos da. Nach einigem Zögern ergriff einer von ihnen einen Weihwasserwedel vom Nachbargrab und spritzte dreimal Weihwasser über den Sarg. Die andern taten es ihm nach.

L.G.

Franz Fühmann, Das Judenauto

INHALT
Antisemitismus als Kindheitseindruck, verhängnisvoll verknotet: wie der neunjährige Volksschüler im Sommer 1931 von einer Aufschneiderin in der Klasse die Geschichte vom gelben Auto vernimmt, das in der Gegend aufgetaucht sei, mit vier mordgierigen Juden darin, die junge Mädchen in ihre Gewalt bringen, um sie abzuschlachten und mit ihrem Blut ein Zauberbrot zu backen. Es prägt sich ihm derart ein, daß er sich in die Rolle des heldenhaften Retters hineinträumt, der eine heimlich verehrte Klassenkameradin aus den Fängen der Ritualmörder befreit, dann plötzlich voller Angst vor einem braunen Auto Reißaus nimmt, das ihn zu verfolgen scheint. Beschämend fällt für ihn die Aufklärung jenes Vorfalls aus dem Munde eben jenes begehrten Mädchens aus, daß es das Auto ihres Onkels war, der ihn nach dem Weg hatte fragen wollen. Nun waren für ihn auch die Juden an dieser Blamage schuld...
LESEDAUER: 29 Minuten
THEMATIK: *Vorurteil*, Rechtfertigung, Angst, Aggression

Franz Fühmanns Erzählung tastet in das Wurzelgeflecht des Antisemitismus vor, wie er in Deutschland bereits vor Hitlers Machtergreifung wirksam war. Dabei er-

weist sich die Beschränkung auf den kleinen Ausschnitt eines dörflichen Blickfeldes und der Erlebniswelt eines neunjährigen Schülers als besonderer Gewinn, um die Vielschichtigkeit der Einflüsse bewußt zu machen.
Wichtig ist mittendrin der eine Satz: „Ich hatte zwar noch keinen Juden gesehen..." Bei einer Fernsehdiskussion nach der aufsehenerregenden Holocaust-Serie hieß es, der Antisemitismus gedeihe gerade dort, wo man mit jüdischen Menschen nicht in Berührung komme; denn wäre dies der Fall, sähe man ja den Menschen in ihm und nicht ein Zerrbild.
So kennt der Junge die Juden nur vom Hörensagen. Auf diese Weise klingt auch etwas von den gesellschaftlichen und wirtschaftlichen Ursachen an, die den Juden zum Sündenbock für politische und ökonomische Misere werden ließen. Diese „Informationen" verbinden sich mit den intensiven Bildern, die in der Tiefenschicht des kindlichen Gemüts haften bleiben: den unheimlichen Gestalten aus dem uralten Schauermärchen vom jüdischen Ritualmord, dem geliebten Mädchen, das er von jenen bedroht sieht, und dem Selbstbild des sieghaften Retters, in das er sich hineinphantasiert. Weil diese Bilder von den starken Triebkräften der Angst und des Geltungsbedürfnisses umschlossen sind, richten dagegen die sachlichen Richtigstellungen so wenig aus. — Fragen drängen sich danach auf: Wie es dem Jungen wohl weiter ergangen ist, der zur Zeit der „Reichskristallnacht" 16 Jahre alt war, als 18jähriger 1940 vermutlich Soldat wurde und mit 23 Jahren den Zusammenbruch erlebte? Und andere Fragen: Was uns das heute zu sagen hat, nicht allein im Rückblick, sondern auch im Blick auf heutige Bilder, die das Bild des Menschen verzerren?

Die drei Grundtypen — Bestie, bedrohtes Mädchen, sieghafter Retter — sind vielfach in der damals zeitgenössischen Plakatgraphik vertreten; reiches Bildmaterial u.a. bei K. Theweleit, Männerphantasien, 2 Bde., Frankfurt/M. 1978.
Eine vortreffliche kurzgefaßte Deutung liefert J.Chr. Hampe mit seinem Aufsatz „Schwarz und Weiß", in: Türen ins Freie, München 1976, 85ff. Hieraus stammt der folgende Abschnitt:
„Der deutsche Antisemitismus ist kein hurtig erfundener demagogischer Trick. Er geht auf uralte säkularisierte Formen jenes Manichäismus zurück, von dem wir sprachen. Der Gedanke, daß Verhängnis über den einen waltet, die andern aber gesegnet sind, ist die Pervertierung der biblischen Erwählungslehre ins Fatalistische. Durch eine Fülle von Umständen, nicht zuletzt wegen der Exklusivität, mit der sich Israel auserwählt weiß zur strengsten Gesetzeserfüllung (nicht zur Weltherrschaft, wie Hitlers Lehrbücher meinten), kamen die Juden vom Altertum an in die Rolle der Outcasts und der Sündenböcke...
Das Heilmittel gegen den Antisemitismus ist nicht der Philosemitismus, sondern

die Gerechtigkeit. Gerechtigkeit aber ist das Vermögen, an dem es dem Anhänger der Schwarz-Weiß-Weltbilder mangelt. Hitler kannte nur Liebe oder Haß, und darum konnte es mit der Liebe bei ihm nicht stimmen. Wer verteufeln muß, ist schwach, er hat Angst. Schwäche sucht sich durch Aggressivität zu befreien. Heute lehrt die Psychologie auf die Rolle des Aggressionstriebs im Einzelleben und in der Gesellschaft achten. Mit diesem Wissen lesen wir auch das Evangelium neu..."
(aaO. 92f).

Franz Fühmann, Lyriker und Erzähler, ist 1922 in Rochlitz, auf der böhmischen Seite des Riesengebirges, geboren (also gleich alt wie der Schüler in dieser Geschichte). Er zählt zu den bedeutenden Autoren der DDR und lebt in Berlin. Der Band „Das Judenauto", dem diese Erzählung entnommen ist, ist 1962 erschienen und indessen in sieben Sprachen übersetzt.

U.K.

Mauro Pellegrini, War José anders?

INHALT
Ein 15jähriger Zigeunerjunge ist mit seinem Vater aus Südspanien, wo die Familie einen festen Wohnsitz hat, nach dem Norden des Landes gegangen, weil es dort mehr Arbeit gibt. Zu Hause hat niemand an seinem andersartigen Aussehen Anstoß genommen. In der fremden Stadt aber wird er gemieden. Eines Tages rettet er einen kleinen Jungen vom Tod des Ertrinkens. Er bringt ihn nach Hause. Anstatt ihm zu danken, weist der Vater des Geretteten ihm die Tür: Hau ab, du Zigeuner!
LESEDAUER: 9 Minuten
THEMATIK: *Vorurteil*, Rasse, Außenseiter

Der Gruppenmechanismus, nach dem Angehörige einer Gruppe wie Volk, Rasse, soziale Schicht usf. auf Angehörige einer fremden Gruppe herabschauen, um eigene Minderwertigkeitsgefühle zu überspielen und das Selbstwertgefühl zu steigern, begegnet uns auf Schritt und Tritt. Dies kann vom einfachen Ignorieren über Verachtung bis zum offenen Haß und Verfolgung reichen, je nachdem aus welchen Quellen das Vorurteil gespeist wird. Die Verfolgungen des Dritten Rei-

ches sind dafür ein besonders krasses, jedoch keineswegs einsames Beispiel.
Aber auch bei kleinen Gruppen ist der Vorgang zu beobachten. Meist genügt anderes Aussehen, Gebaren, Kleidung, Dialekt etc., um den Mechanismus auszulösen. Die Suche nach dem Sündenbock, den wir alle immer mal wieder nötig zu haben scheinen, spielt hier mit herein. Es heißt sogar, der Mensch dulde innerhalb seiner Gruppe fremde Minderheiten, um sich zu gegebener Zeit an ihnen abzureagieren.
Erschreckend dabei ist, daß sogar erfahrene Hilfe durch den Gehaßten das Vorurteil nicht unbedingt revidieren läßt. Wieviel Selbsthaß mag hier im Menschen stekken, den er auf den andern als willkommenes Objekt projiziert! Er nimmt in Kauf, daß damit seine eigene Existenz eingeengt wird, die fremde aber zerstört.

Fragen, die sich mir im Anschluß an die Geschichte stellen:
— Ich ergreife sofort Partei für den jungen Zigeuner. Kann ich mir Gründe denken, warum der Vater des Geretteten so reagiert? Wie beurteile ich ihn?
— Vorurteile sind anerzogen. Es ist kaum anzunehmen, daß der Mann mit Zigeunern schon in nähere Berührung kam. Warum haßt er ihn so sehr, daß er ihm nicht einmal dankt?
— Welche Empfindungen löst ein fremdartiger Mensch in mir aus? Warum diese?
— Gibt es Menschen, mit denen ich nichts zu tun haben möchte? Warum?
— Kann ich mir vorstellen, daß auf mich jemand herabschaut? Habe ich es schon erlebt?
— Kann ich mir Gründe dafür denken? Wie reagiere ich? Warum so?
— Wenn ich bestimmte Menschen nicht mag, bin ich dann bereit, mir selbst nach längerem Nachdenken auf folgende Frage eine ehrliche Antwort zu geben: Mag ich mich selbst?
— Welche Folgen haben meine eigenen Vorurteile für mich selbst, für den Betroffenen?
— Welche Folgen hat die Überwindung dieser Vorurteile durch den Versuch, sich auf den andern wirklich einzulassen, ,,vom andern her" zu denken?

Ergänzende Literatur:
M. Traber, Rassismus und weiße Vorherrschaft, in: Stichwörter 15, Nürnberg 1971.
V. McRae, Die Gastarbeiter, in: Stichwörter.
Vgl. auch die Geschichte: ,,Wir wohnen schon vierzig Jahre hier"; vgl. auch:
,,Jenö war mein Freund", in: Geschichten zum Nachdenken, 157.
A. Schwarz-Bart, Der letzte der Gerechten (Roman), Frankfurt 1959.

Bibelstellen: Jak. 11,12; Röm. 14,10—13.

L.G.

Josef Reding, Auf ziseliertem Silber

INHALT
Der Gaststudent aus Europa hat in Gloster, einem farbigen Studienkollegen, einen bereitwilligen Ratgeber gefunden, wie er sich in New Orleans und dem amerikanischen Universitätsbetrieb zurechtfinden kann. Er revanchiert sich mit der Einladung in ein gepflegtes Restaurant. Doch dort weigert man sich, den Farbigen zu bedienen; auf silbernem Tablett wird diesem die Weisung überbracht, das Lokal umgehend zu verlassen. Gloster will sich fügen, doch sein weißer Begleiter hindert ihn daran, will protestieren — worauf beide mit Gewalt hinausbefördert werden.
LESEDAUER: 16 Minuten
THEMATIK: *Diskriminierung*, Rassentrennung, Menschenrechte, Initiative

Aus der Lebensgeschichte Dietrich Bonhoeffers ist bekannt, daß ihm als Gaststudent in New York 1930/31 ähnliches widerfahren ist, als er einen farbigen Studienfreund zum Essen einlud. Insofern erzählt Reding nichts neues — ein Beweis dafür, daß sich die Verhältnisse nicht wesentlich verändert haben. Indessen zeigt die Erzählung Verschärfungen, die den Weißen betreffen: daß er die Erniedrigung des Diskriminierten ebenso handgreiflich zu spüren bekommt, und wie es ihm am Schluß zunächst einmal die Rede verschlägt.
Die Sprachlosigkeit am Schluß könnte den Leser zum Nachdenken bringen. Was der Gaststudent hatte sagen wollen, war ja nicht falsch; der Diskriminierte muß zusehen, wann und wo er sich zur Wehr setzen kann. Aber wichtiger ist an dieser Stelle, was er sich aufgrund dieser Erfahrung selber zu sagen hat; denn als Weißer befindet er sich nun einmal „auf der anderen Seite", von der die Diskriminierung ausgeht. Um ihr entgegenzuwirken, braucht es also eine Strategie der Weißen, daß sie wissen, wann und wo *sie* für die Diskriminierten Partei ergreifen und sich an deren Seite zur Wehr setzen. So ist das in der amerikanischen Bürgerrechtsbewegung geschehen.
Es ließe sich also dieser Faden weiterspinnen und überlegen, falls diese Schilderung das erste Kapitel eines kleinen Romans wäre, wie wohl das zweite Abenteuer der beiden verläuft, und was der Weiße dabei gelernt hat.
Es gibt aber noch einen anderen Faden. Um noch einmal auf Dietrich Bonhoeffer zurückzukommen: Sicherlich haben ihm seine konkreten Erlebnisse der Rassendiskriminierung in den USA dazu verholfen, daß er 1933 als einer der allerersten in der Kirche offen und klar zur Diskriminierung der Juden in Deutschland Stel-

lung nahm. Denken wir an jene Zeit zurück, dann wird uns klar, daß wir keinen Anlaß haben, selbstgerecht auf die Amerikaner oder Südafrikaner herabzublikken, als könnte es bei uns solche Unsitten nicht geben. Andererseits gilt es, aufmerksam zu sein für Dinge, die sich in der Gegenwart um uns herum abspielen, denken wir an die verschiedenartigen Probleme mit ausländischen Arbeitern, wie sie sich am Arbeitsplatz, in den Wohnquartieren, dann für deren Kinder in Kindergärten und Schulklassen ergeben.
Stellen wir uns wieder auf den Gaststudenten der Geschichte ein, so wäre interessant, sich auszudenken, was er nach seiner Heimkehr zu sagen (oder als Artikel in einer Jugendzeitschrift zu schreiben) hätte — etwa unter der Überschrift „Was habe ich für daheim gelernt?"

Bibelstellen:
Mal. 2,10; Röm. 15,7; Eph. 2,14ff; Gal. 3,28.

Text von Martin Luther King: „Ich habe einen Traum...", vielfach abgedruckt, u.a. in: W. Grüninger / E. Brandes (Hg.), Atempausen, Stuttgart/Berlin 1978, 67.

„Ich schäme mich, weil ich bezweifle und erwäge,
ob es das gibt zwischen Schwarz und Weiß:
füreinander einstehen,
sich Freund sein, lieben vielleicht..."
(Christa Weiß, in: Atempausen, aaO. 67)

„In Frankfurt am Main wurden 1975 2904 deutsche und 2514 ausländische Kinder geboren. Der Anteil der ausländischen Kinder am Geburtenjahrgang der hessischen Großstadt lag damit zum drittenmal hintereinander bei rund 45 Prozent. Die Konzentration ausländischer Familien auf einzelne Gebiete nördlich des Mains hat zur Folge, daß 1980 — also in zwei Jahren — der Anteil der Ausländerkinder in den Hauptschulen mehrerer Innenstadtbereiche bis auf 90 Prozent ansteigen wird. Die Stadtverwaltung weist bereits darauf hin, daß sich dadurch die bestehende Tendenz der deutschen Wohnbevölkerung, die Innenstadtbezirke zu verlassen, verstärken muß: Deutsche Eltern wollen vermeiden, daß ihre Kinder in ‚Ausländerschulen' unterrichtet werden. Aber selbst dann, wenn eine verstärkte Abwanderung ausbleibt, würde man wahrscheinlich vor dem aus den USA bekannten Problem des ‚busing' stehen: Schülertransport deutscher Kinder aus ‚ausländischen' Wohnquartieren in ‚deutsche' Schulen. Es bedarf keiner Phantasie, es bedarf nur der Erinnerung an die Fernsehbilder von dem erbitterten Widerstand der weißen Eltern in amerikanischen Städten gegen den durch höchsten Gerichtsbe-

schluß angeordneten Schulunterricht ihrer Kinder gemeinsam mit farbigen, um zu ahnen, was einigen deutschen Großstädten im nächsten Jahrzehnt beschieden sein wird."

(Aus: E. Moths, Politische Folgenkontrolle, in: Merkur 32, Sept. 1978, 851)

Vgl. auch die vorangegangene Geschichte, ferner in „Geschichten zum Nachdenken" H. Rein, Freundschaft mit Hamilton; W. Schnurre, Jenö war mein Freund; D. Marwig, Rein äußerlich; J. Reding, Im Schwenkkreis des Krans; ders., Dialog ohne Tannengrün; U. Kelch, Unser Gast aus Kairo.

U.K.

Armin Kraft, Der Löwenanteil

INHALT
Eine Tierfabel: Der Löwe ist mit anderen Tieren zusammen auf die Jagd gegangen und befiehlt danach dem Tiger, er solle die gemeinsam erlegte Beute teilen. Wie sich dieser um eine gerechte Aufteilung bemüht, bekommt er den Zorn des Löwen durch dessen Prankenhieb zu spüren, der ihm ein Bein zerschmettert. Nun soll der Schakal die Teilung vornehmen. Der Löwe ist nun vollauf zufrieden, da ihm bis auf einen kümmerlichen Rest das meiste vorgelegt wird, und fragt den Schakal, wer ihm das beigebracht habe, worauf dieser antwortet: „Das zerschmetterte Bein des Tigers, mächtiger Löwe!"
LESEDAUER: 2 Minuten
THEMATIK: *Anpassung*, Abhängigkeit, Gewalt, Freiheit, Autonomie

Die Tierfabel schildert klipp und klar einen Lernprozeß der Anpassung an Abhängigkeiten. Es fällt sicher nicht schwer, einzelne Züge auf die freie Wildbahn menschlicher Erfahrungen zu übertragen (wobei ein Prankenhieb durchaus per Samtpfote erteilt werden kann). Abhängigkeiten treten überall zutage: im engen Bereich der Familie, in der Schulklasse, am Arbeitsplatz, in Cliquen, Gruppen und auch in größeren gesellschaftlichen Zusammenhängen.
Fabeln vertreten ein pädagogisches Interesse und wollen im allgemeinen auf eine

Nutzanwendung hinaus. Eine erste Nutzanwendung wäre die schlichte Erkenntnis, daß es tatsächlich so bzw. so ähnlich in jedem Gemeinwesen zugeht, auch wenn nichts von grausamem Machtanspruch oder ängstlicher Unterwerfung ins Auge fällt. Dieses Wechselspiel läuft meist ja in viel gelinderen Formen ab, kann sich sogar hinter Gesten und Äußerungen betonter Liebenswürdigkeit verbergen. Wem fällt dazu kein Beispiel ein...

Aber damit wären wir schon bei der zweiten Nutzanwendung: daß wir uns nicht im allgemeinen verlieren, sondern anhand eigener Erfahrungen zur Sache kommen. ,,Freiheit, Gleichheit, Brüderlichkeit! Aber wie gelangen wir zu den Tätigkeitsworten?", heißt es bei Stanislaw Jerzy Lec. Mit anderen Worten, nachzudenken ist über Abhängigkeiten, in denen wir uns befinden, und über Möglichkeiten, darin die Chancen der Freiheit, der Wahrheit und der Gerechtigkeit wahrzunehmen.

Dazu braucht es Räume, in denen Leute miteinander erproben können, wie man aus jenem Wechselspiel von Macht und Unterwerfung aussteigen kann. Freundeskreise und Gruppen sind dazu imstande, wenn sie sich in Selbsterfahrung und gegenseitiger Hilfe bewußt machen, um was es dabei geht. Von ihrem Auftrag her sollte in besonderem Maße die christliche Gemeinde dazu dienen.

,,*Gemeinde ist ... eine neue Art des Zusammenlebens von Menschen:*
- *daß keiner mit seinen Problemen allein ist,*
- *daß keiner seine Behinderungen verbergen muß,*
- *daß es nicht solche gibt, die das Sagen haben, und andere, die nichts zu sagen haben,*
- *daß weder die Alten noch die Kleinen isoliert werden,*
- *daß einer den anderen auch dann erträgt, wenn es unangenehm wird und er nicht übereinstimmt,*
- *daß endlich einer den anderen auch mal in Ruhe lassen kann, wenn er Ruhe braucht.*"

(J. Moltmann, Neuer Lebensstil. Schritte zur Gemeinde, München 1977, 28)

,,*Die Christenheit hat sich trotz allem Betrieb derart ins Kämmerlein zurückgezogen und darin so verschanzt, daß sie im allgemeinen nicht mehr zu hören vermag, wem die Stunde heute schlägt. Ihr gruselt es noch immer, wenn im Nahen Osten die Waffen klirren, wärmt sich derweilen aber die Füße am heimischen Herd. Daß wir doch endlich aus dem Provinzialismus herauskämen, in dessen Stickluft niemand mehr recht atmen, schon gar nicht Freiheit atmen kann! Wer soll denn weltpolitisch denken, wenn nicht die, welche Gottes Herrschaft auf Erden predigen? Der Weihrauch der Mysterienreligion versperrt uns jedoch selbst im Protestantis-*

mus Sicht und Front und Bewegungsraum im Denken und Handeln. Wie weit reicht die Solidarität mit allen Unterdrückten und von Tyrannei Ermordeten bei uns? Wie tief rühren uns die Schreie nach der Rache des Richters, die in der Bibel doch einen rechtmäßigen Platz haben? Wie stark hungert und dürstet uns nach der Gerechtigkeit, die nicht nur Tote auferweckt, sondern eine neue Erde proklamiert und uns zu ihren Wegbereitern ausersehen hat?"
(E. Käsemann, Der Ruf der Freiheit, J.C.B. Mohr [Paul Siebeck], Tübingen 1968, 149f)

Literatur:
E. Berne, Spiele der Erwachsenen, Reinbek 1967.
J.O. Stevens, Die Kunst der Wahrnehmung, München 1975, bes. 102−119 mit Übungen der Selbsterfahrung und Kommunikation.

U.K.

Armin Schibler, Der Mann ohne Fernsehen

INHALT
Ein Mann besitzt keinen Fernsehapparat. Was soll das bedeuten? Die Polizei übernimmt den Fall. Der Mann wird wegen staatsfeindlicher Umtriebe zum Tode verurteilt. Da sein letzter Wunsch lautet, daß seine Hinrichtung am Fernsehen gezeigt werde, nimmt sich der Mächtigste des Staates des Falles an. Dieser schlägt ihm eine neue Gerichtsverhandlung vor: Du erklärst dich schuldig und wir verurteilen dich dazu, einen Fernsehapparat in die Wohnung zu stellen.
Um seinen Kopf zu retten, nimmt der Mann an. In Zukunft läuft abends sein Fernseher, er sitzt mit geschlossenen Augen und verstopften Ohren davor.
LESEDAUER: 9 Minuten
THEMATIK: *Gewalt*, Ideologie, Fernsehen, Manipulation

Die Geschichte läßt sich in zwei Bereichen einsetzen:

1. Zum Thema Gewalt. In diesem Bereich geht es um die Frage, wie weit die Macht eines Diktators geht. Ein Diktator begrenzt seine Macht selbst. Indem er

eine äußerliche Gewaltherrschaft aufrichtet, wird er nie die Herzen und Gedanken der Menschen beherrschen. Er wird zwar alles tun, um auch die Gleichschaltung des Denkens und Fühlens zu erreichen. Aber trotz aller Perfektion kann das nicht gelingen, meint die Geschichte. Die Gedanken sind frei, sogar bei laufendem Fernsehapparat kann ich denken, was ich will.

2. Zum Thema Ideologie und Fernsehen. Manchmal bekommt man den Eindruck, es brauche gar kein staatlich verordnetes Fernsehen, damit es schon zur Einimpfung von Ideologien kommt. Politiker sind sich bewußt, daß das Fernsehen eine ausgezeichnete Möglichkeit der Massenbeeinflussung ist. Deshalb wird es vor allem in diktatorischen Staaten gefördert. In demokratischen Staaten ringen die Politiker um Einflußnahme auf die Fernsehanstalten und um Sendezeit.
Die Manipulationsmöglichkeiten durch das Fernsehen werden zwar oft immer noch bestritten oder mindestens relativiert. Wenn man aber sieht, welche Summen für die Werbung im Fernsehen ausgegeben werden, so ist die Wirkung von Sendungen kaum mehr abzustreiten. Denn umsonst würde die Industrie wohl kaum solche Summen investieren. Nach dem Bericht im Schweizer Fernsehen über die Zusammensetzung von Konserven-Raviolis klagten die betroffenen Firmen über Umsatzrückgänge von mehr als 50 %.
Ein immer wiederkehrendes Thema in diesem Zusammenhang ist die Frage, welchen Einfluß Gewaltszenen auf Jugendliche haben. Fördern sie die Verrohung und Brutalisierung der Jugendlichen? Hängt die Zunahme der Kriminalität mit dem Fernsehkonsum zusammen? Oder sind Gewaltszenen im Gegenteil Ventile für überschüssige Aggressionen in den Menschen? (Vergleiche im Materialteil die Aussage des schweizerischen TV-Direktors.)

Zum Thema Gewalt:
Bei den Wahlen 1978 in Argentinien wurde seit langem zum ersten Mal die Opposition zugelassen. Sie erhielt das Recht zur Propaganda in der Presse, aber nicht im Fernsehen. Was bedeutet das angesichts einer überwiegend analphabetischen Landbevölkerung?
Eine Illustration zur Geschichte sind die Ängste des ugandischen Diktators Idi Amin. Er schläft nie zwei Nächte hintereinander am selben Ort. Er hält sich vorwiegend in fahrenden Zügen auf und wechselt auch da immer wieder den Wagen.

Vgl. H. Kusenberg, Ein verächtlicher Blick, in: Geschichten zum Nachdenken, 238.

Eine gute Möglichkeit zum Einstieg ist das Unterbrechen der Geschichte:
— Nach „.... das würde dir so passen, daß Hinz und Kunz zu denken beginnen".
  Wie geht die Geschichte weiter?

— Nach „... Dann lassen wir dich laufen".
Wie wird der Mann reagieren?

Zum Thema Ideologie und Fernsehen:

Totale Werbung hat begonnen.

„Bern. SDA. Mit der Aufstellung von Fernsehapparaten an Trambaltestellen hat nach Ansicht des Schweizerischen Konsumentenbundes (SKB) die ‚totale Werbung' begonnen. Die Werbung habe hier eine Marktlücke entdeckt, die Wartezeit der Tramfahrer ‚sinnvoll' zu nutzen. Auch wenn die Fernseher nicht bewußt beachtet würden, wirkten sie trotzdem wie Plakate und andere Reize und beeinflußten das Kaufverhalten. Die Straßen-TV-Werbung werde mit dazu beitragen, daß die eigenen Gedanken verdrängt und Gespräche vernachlässigt würden, was zu einer weiteren Vereinsamung und Verarmung führe.
Die Verkehrsbetriebe von Zürich, die einer Werbefirma die Bewilligung erteilten, Fernsehapparate an ihren Haltestellen aufzubauen, machten den Anfang zu dieser Werbung. Nachdem die Fernsehapparate auch in Davos eingeführt wurden, sollen noch dieses Jahr Saas Fee und Arosa folgen. Nach Angaben des SKB soll die Straßen-TV-Werbung bis 1978 auf alle größeren Städte der Schweiz ausgedehnt werden. Sie fragt sich, ob im Vergleich zu all den negativen Auswirkungen der Fernsehwerbung ‚im Freien' die finanziellen Motive als stichhaltige Gründe bestehen könnten."
(Aus: Basler Zeitung vom 22.10.77)

Der Informationschef des Schweizer Fernsehens sagte unter anderem: „... *Die beste Sendezeit zwischen acht und neun Uhr wäre künftig vor allem den Unterhaltungssendungen reserviert, die nach Freis (Schweizer TV-Direktor) Ansicht bei den von der täglichen Arbeit gestreßten Zuschauern eine wichtige psychotherapeutische Aufgabe erfüllen.*"
(Meldung in der Basler Zeitung vom 24. Jan. 1978)

Der Mann sagt: „Mir genügt, was ich mit eigenen Augen und Ohren sehe und höre." Genügt das wirklich?

Segen und Fluch des Fernsehens?

M.L.

Reinhard Lettau, Herr Strich schreitet zum Äußersten

INHALT
Der Literaturprofessor Strich glaubt erkannt zu haben, daß dem von ihm geschätzten Dichter C. nicht die Aufmerksamkeit zuteil wird, die er verdient hätte, ja daß manches an seinem Werk sogar unkorrekt wiedergegeben worden sei. Seine ausführliche Richtigstellung trifft überall auf Desinteresse. Da greift Herr Strich zu Mitteln der Gewalt, um sich Gehör zu schaffen.
LESEDAUER: 9 Minuten
THEMATIK: *Ideologie,* Fanatismus, Gewalt, Selbstwertgefühl

Herr Strich erscheint zunächst als der sattsam bekannte und viel belächelte wissenschaftliche „Fachidiot", der weltfremde Pedant, den niemand so richtig ernst zu nehmen braucht. Doch dann entpuppt er sich als der unduldsame Fanatiker, der andere dazu zwingen will, die Dinge genauso zu sehen wie er selbst.
Strich ist der komplexbehaftete Mensch, der in einem kleinen Kreis von sorgfältig ausgewählten Gleichgesinnten die Möglichkeit der Selbstbestätigung findet. Ihrer kritiklosen Bewunderung ist er sicher. Durch diese läßt er sich auch zu Taten hinreißen, die ihm die Maßstäbe für sein Handeln verlieren lassen. Jetzt kann der kleine Mann endlich seine ersehnte „Größe" zeigen! Typisch ist, daß er glaubt, völlig selbstlos einer für die Menschheit wichtigen Sache zu dienen.
Der Hintergrund dieses Heldentums ist also die Angst und der Haß auf die Menschen, die diese Angst verursachen.
Die Angst vor der Umwelt, vor der Kritik, dem Urteil der andern ist keinem ganz fremd. Es gibt aber die verschiedensten Weisen, ihr zu begegnen. Aggressivität hat immer einen Angsthintergrund. Und diese Aggressivität als Notwendigkeit im Dienst einer guten, großen edlen Sache zu tarnen, läßt die Angst zurücktreten und vermittelt ein Wertbewußtsein, das in der eigenen Person nicht genug Nahrung findet.

Fragen, die ich mir im Anschluß an die Geschichte stelle:
— Wie wirkt die Person des Herrn Strich auf mich?
— Wie würde ich ihn mit wenigen Stichworten charakterisieren?
— Welche Erfahrungen haben ihn wohl so werden lassen?
— Bin ich fähig, Mitgefühl für ihn aufzubringen? Wenn ja, warum? Wenn nein, warum nicht?

- Auch ich fühle mich im Kreis von Gleichgesinnten am wohlsten. Gibt es mehrere Gründe dafür?
- Wie erlebe ich Kritik, Unverständnis, Ausgelachtwerden?
- Habe ich eine Überzeugung, für die ich jederzeit bereit bin, einzutreten? Welchen Einsatz ist sie mir wert?
- Bin ich der Meinung, daß sie relativ ist, oder glaube ich an ihre absolute Gültigkeit?
- Ich versuche, mir zu überlegen, ob ich in Gewalttaten von einzelnen oder Gruppen eine Angstkomponente entdecken kann.
- Kann ich meine eigenen Aggressionen bis in ihren Angst-Ursprung zurückverfolgen?

Reinhard Lettau, geb. 1929 in Erfurt. Romane und Erzählungen. Er lebt abwechselnd in den USA und in Berlin.

Ergänzende Literatur:
F. Riemann, Grundformen der Angst, München 1975⁹.

L.G.

Slawomir Mrozek, Das Haus an der Grenze

INHALT
Die Familie sitzt beim Abendbrot am Tisch, als einige Herren vom Obersten Internationalen Rat kommen, um eine neue Grenze mitten durch das Haus zu ziehen. Für die Bewohner des Hauses ist das weiter nicht schlimm, da sie Dauerpassierscheine erhalten und die Zölle niedrig sind. Langsam wird es aber unangenehm. Die Zölle steigen, die Grenzen werden befestigt, die Rüstung eskaliert. Schließlich erscheinen Massen von Soldaten. Der Mann des Hauses läuft davon, um vielleicht an einem andern Ort eine neue Familie zu gründen.
LESEDAUER: 14 Minuten
THEMATIK: *Gewalt*, Grenzen

Der Erzähler erscheint als naiver Mann, der noch nie etwas von Grenzen und Armeen gehört hat. Er wundert sich deshalb noch über solche Dinge und alle damit zusammenhängenden Vorkommnisse, die für uns alle zu einer Selbstverständlichkeit geworden sind. Die Geschichte fragt damit ganz konkret danach, was eigentlich mit uns gemacht wird, wenn von andern Menschen (sind diese kompetenter als wir und wodurch?) Grenzen gezogen werden, Wirtschaftspolitik gemacht wird, aufgerüstet wird, Kriege angezettelt werden. Wir alle werden an solchen Beschlüssen beteiligt, ob wir wollen oder nicht. Keiner wird gefragt. Mrozek stellt damit die Macht, die uns in Händen hält und unser ganzes Leben prägt, als von Menschen gelenkt dar. Es ist zwar nicht genau auszumachen, was für Menschen das sind. Die Macht ist nur in ihren Erscheinungen faßbar, nicht aber in ihrem Ursprung.

Damit stellt der Autor genau das Ohnmachtsgefühl vieler Zeitgenossen gegenüber Vorschriften, Verwaltung, technischen und wirtschaftlichen Sachzwängen dar. Wie mancher möchte da nicht davonlaufen! Wie mancher tut es nicht und zieht sich auf sein privates Gärtchen zurück. Wie mancher flüchtet in eine religiöse (Schein?)-Welt, in Rausch und Vergnügen.

Fast jeder von uns steht aber mindestens zeitweise auch auf der Seite dieser anonymen Mächte. Im Beruf, wenn wir über andere Menschen und deren Angelegenheiten zu befinden haben. In der Familie, wo wir Kinder zu erziehen haben, in der Freizeit, wenn wir uns in Vereinen oder andern Gruppierungen betätigen. Die Geschichte ist geradezu eine Aufforderung, nicht naiv zu bleiben und zu warten, bis man nur noch davonlaufen kann. Nein, erste Zeichen einer bedrohenden Macht sind aufzudecken, dann hat sie es viel schwieriger, übermächtig zu werden.

Wohin will der Mann flüchten? Wo will er sich ein neues Haus bauen? Irgendwo, wo es keine Grenzen mehr gibt, keine Mächte, keine Soldaten? In dieser Richtung ist die Geschichte beinahe anarchistisch. Nur: Wir sind nicht mehr so naiv, daß wir nicht wüßten, daß diese heile Welt eine Fiktion ist.

Denken wir noch ein wenig vom Stichwort Grenzen her. Oft sind wir es selber, die innerhalb unseres eigenen Hauses Grenzen ziehen, Festungen aufbauen und zuletzt die Familie auseinandertreiben. Oft werden anonyme Mächte vorgeschoben, wo wir selber eine ungute Machtpolitik spielen.

Deutlich zeigt der Verfasser, daß es immer eine Illusion ist, dem Frieden zuliebe Grenzen ziehen zu wollen. Grenzen provozieren immer neuen Streit. Die Geschichte läßt sich gut in ungeübten Gruppen verwenden, da sie beim ersten Lesen amüsant wirkt. Und doch braucht der Leiter nur einige Stichworte zu geben, damit die Tiefendimension der Geschichte schnell gesehen wird, Stichworte wie: Grenze, Patriot, Soldaten, staatliche Vorschriften.

- Wo gibt es Grenzen?
- Gibt es Mächte, die mich bestimmen? Kann ich davonlaufen? Kann ich sonst etwas dagegen tun?
- Psalm 3.

„Als der Krieg zwischen den beiden benachbarten Völkern unvermeidlich war, schickten die Feldherren von beiden Seiten Späher aus, um zu erkunden, wo man am leichtesten in das Nachbarland einfallen könnte. Die Kundschafter kehrten zurück und berichteten auf beiden Seiten dasselbe: Es gebe nur eine Stelle an der Grenze, die sich dafür eigne. ‚Dort aber‘, sagten sie, ‚wohnt ein braver kleiner Bauer in einem kleinen Haus mit seiner anmutigen Frau. Sie haben einander lieb, und es heißt, sie seien die glücklichsten Menschen auf der Welt. Sie haben ein Kind. Wenn wir nun über sein Grundstück marschieren, dann zerstören wir das Glück. Also kann es keinen Krieg geben.‘
Das sahen die Feldherren ein, und der Krieg unterblieb, wie jeder Mensch begreifen wird."
(Ein chinesisches Märchen)

M.L.

Heinrich Böll, Mein teures Bein

INHALT
Ein Kriegsversehrter begehrt eine höhere Rente. Der Beamte lehnt im Verwaltungsjargon das Begehren ab: Der Beamte habe ohnehin ein teures Bein. Der Antragsteller geht auf den Ton des Beamten ein und rechnet ihm vor, daß das Bein noch viel teurer ist, als er glaubt, da dank seinem Bein ein General, ein Oberst, ein Major und viele andere gerettet wurden und nun eine Rente beziehen können. „Es ist schade, daß ich nicht auch zwei Minuten, bevor das mit dem Bein kam, totgeschossen wurde. Wir hätten viel Geld gespart."
LESEDAUER: 8 Minuten
THEMATIK: *Zynismus,* Gewalt, Krieg

„Mein teures Bein" ist eine Antikriegsgeschichte. Sie steht aber auch gegen eine menschenvergessende Verwaltung. Der Dialog am Anfang der Geschichte könnte ebensogut von einem Arbeitslosen unserer Zeit stammen.

Aus der Erzählung schreit das Entsetzen davor, daß Geld, ein Sieg im Krieg, die bis zum Feierabend „erfolgreich" abgeschlossene Verwaltungsarbeit mehr wiegt als ein Mensch. Indem der Kriegsversehrte als Opfer dieser Mentalität den Gedanken selber weiterführt, zeigt er die Absurdität eines Denkens auf, bei dem nicht der Mensch an erster Stelle steht: Zuerst müßten die Menschen tot sein, dann könnte die perfekte Verwaltungsarbeit beginnen, die keine „unnötigen Auslagen" kennt.

Die Geschichte sollte nur in einer umfassenderen Besprechung des Themas „Gewalt und Ohnmacht" gebraucht werden. Wichtig ist auch, daß Parallelen zum Erfahrungsbereich der Gruppenmitglieder gezogen werden, wie ich es oben mit der Erwähnung von Arbeitslosen angedeutet habe.

Fragen:
— Weshalb verzichtet der Mann schließlich auf die Stelle?
— Stimmt die Rechnung des Kriegsversehrten? Die des Beamten?
— Erleben wir solchen Zynismus heute an andern Orten?

Material:

„Kriegsbilanzen:

1. Weltkrieg	2. Weltkrieg
10 Millionen Gefallene	14 Millionen Gefallene
19 Millionen Verwundete	30 Millionen Verwundete
	2,8 Millionen Luftkriegsopfer
	16,5 Millionen Umgebrachte
	21 Millionen Obdachlose
	15 Millionen Heimatlose
Kosten: 340 Milliarden Dollar	2.500 Milliarden Dollar "

(Aus: D. Emeis, Zum Frieden erziehen, München 1968)

Wann ist denn endlich Frieden
In dieser irren Zeit?
Das große Waffenschmieden
Bringt nichts als großes Leid.

Es blutet die Erde
Es weinen die Völker
Es hungern die Kinder
Es droht großer Tod.

Es sind nicht die Ketten
Es sind nicht die Bomben
Es ist ja der Mensch
Der den Menschen bedroht.

Die Welt ist so zerrissen
Und ist im Grund so klein
Wir werden sterben müssen
Dann kann wohl Friede sein.

(Wolf Biermann)

Klage der Garde

General!
Wir sind des Kaisers Leiter und Sprossen!
Wir sind wie Wasser im Fluß verflossen...
Nutzlos hast du unser rotes Blut vergossen...
General!

General!
Wir sind des Kaisers Adler und Eulen!
Unsre Kinder hungern... Unsre Weiber heulen...
Unsre Knochen in fremder Erde fäulen...
General!

General!
Deine Augen sprühen Furcht und Hohn!
Unsre Mütter im Fron haben kargen Lohn...
Welche Mutter hat noch einen Sohn?
General!

(Aus dem Schi-king [11.–7. Jh. v. Chr.], Deutsch von Klabund)

Zwei Männer sprachen miteinander.
Na, wie ist es?
Ziemlich schief.
Wieviel haben sie noch?
Wenn es gut geht: viertausend.
Wieviel können Sie mir geben?
Höchstens achthundert.
Die geben drauf.
Also tausend.
Danke.

Die beiden Männer gingen auseinander.
Sie sprachen von Menschen.
Es waren Generale.
Es war Krieg.

(Wolfgang Borchert)

Vom gleichen Autor gibt es noch ein Gedicht, das in diesen Zusammenhang gehört: „Dann gibt es nur eins".

Vgl. J. Reding, Kobbe hatte den besseren Platz, im vorliegenden Buch. Mark. 9, 33—37. Siehe auch Materialien zu K. Marti, Ja, im vorliegenden Buch.

M.L.

Lore Graf, Schubladen

INHALT
Ein Mann erbt eine alte Kommode. Er ist über die vielen Schubladen entzückt, da er nichts Befriedigenderes kennt, als Ordnung zu schaffen. Er benützt die Schubladen dazu, auch in die Menschen seiner Umgebung Ordnung zu bringen, indem er für jeden von ihnen eine Karteikarte anlegt. So kommt jeder in seine Schublade. Da wird eines Tages die Kommode gestohlen...
LESEDAUER: 10 Minuten
THEMATIK: *Sicherheit,* Freiheit, Angst, Vorurteil, zwischenmenschliche Beziehung

Der Inhalt dieser bewußt überzeichneten Geschichte kann zunächst Kopfschütteln und eine gewisse Distanzierung bewirken: ein Neurotiker, den wir nur bedauern können...! Spontane Reaktion einiger Gruppenmitglieder: Ich hätte einen andern Schluß erwartet; er sollte doch endlich mal erleben, daß er an seiner Schubladenordnung scheitert.
Hier zeigt sich der Vorteil des offenen Schlusses, denn an diesem Punkt setzt Nachdenklichkeit ein. Ein anderer Gesprächsteilnehmer: Handeln wir nicht auch immer wieder nach dem Schubladenprinzip oder fühlen uns von andern so behandelt? –
Jeder Mensch strebt nach Sicherheit. In Kategorien zu denken und zu handeln ist eine bei einiger Aufmerksamkeit häufig wahrnehmbare Form der scheinbaren Bewältigung von Unsicherheit.
Das hat zum einen mit der menschlichen Angst zu tun. Eine Umgebung, die ihre

feste Ordnung hat, verliert einen großen Teil ihrer Bedrohlichkeit, denn Überschaubares gibt Selbstvertrauen. In Wahrheit aber ist sie eine Flucht vor den vielfältigen Risiken des Lebens. So ist es auch einleuchtend, daß totalitäre Regime bei aller Last, die sie den Menschen aufbürden, ihnen doch ein Gefühl von Sicherheit und Geborgenheit zu vermitteln vermögen. In vielen Entscheidungs- und Verantwortungssituationen tritt das Regime stellvertretend in Aktion. Auch an bestimmte Formen von Religionsgemeinschaft läßt sich hier denken.

Demnach ist zum andern hier auch die Frage nach der Freiheit zu stellen. Ein hohes Maß an Freiheit bringt ein entsprechend hohes Maß an persönlichen Risiken mit sich und braucht somit die Fähigkeit des einzelnen, Scheinsicherheiten zu durchschauen, um sie aufgeben zu können. Erst dann wird eine fruchtbare Kommunikation mit anderen möglich. Das NT bietet hier eine Fülle von ,,Lehrbeispielen"!

Fragen, die diese Geschichte an mich stellt:
— Welche Assoziationen werden in mir spontan ausgelöst?
— Wie geht es mir mit der Person des Herrn S.?
— Gibt es etwas an ihm, das ich auch in mir entdecke?
  (außergewöhnliche Ordnungsliebe, betonter Wunsch nach Sicherheit, Angst vor dem Unüberschaubaren, Drang zur Perfektion etc.)
— Wenn ja, wie treten diese Eigenschaften in meinem Leben in Erscheinung?
— Habe ich Mut und Gelassenheit zur Mittelmäßigkeit?
— Welche Gefühle lösen vollkommen erscheinende Menschen in mir aus?
— Was empfinde ich, wenn ich neue Leute kennenlerne?
  ... wenn sie mir auf Anhieb sympathisch sind?
  ... wenn sie mir unsympathisch sind?
  ... wenn sie andersartig oder undurchschaubar sind?
— Wie reagiere ich?
— Mache ich mir die Mühe, auch andersartige oder unsympathische Menschen näher kennenzulernen? Wenn nein, warum nicht?
— Hinterfrage ich die Gründe für meine Ablehnung?
— Habe ich auch ,,Schubladen" bereit für meine Mitmenschen?
— Was empfinde ich, wenn ich mich von andern in ,,Schubladen" geschoben fühle?
— Fällt mir jemand ein, den ich aus seiner ,,Schublade" befreien müßte?

Ergänzender Text:
,,Wenn Herr K. einen Menschen liebte" v. Bert Brecht; vgl. dazu die Geschichte ,,Vater zuliebe" im vorliegenden Buch.

Ergänzende Literatur:
P. Tournier, Geborgenheit, Sehnsucht des Menschen, Zürich/Stuttgart 1969.
F. Riemann, Grundformen der Angst, München 1975⁹ (hier vor allem 20).

Bibelstellen:
5. Mose 5,8; Matth. 5,44; Joh. 8,15; Röm. 13,10; 3. Mose 19,18; Matth. 7,1; Gal. 5,1ff; Eph. 4,2.

L.G.

Thaddäus Troll, Tobias und die Lügner

INHALT
Tobias darf einen Wunsch tun, weil er einen Zauberer gerettet hat. Er wünscht sich, daß morgen für alle Einwohner seiner Stadt, die eine Lüge sagen, die Schwerkraft aufgehoben sei.
Am nächsten Tag fliegen alle bis auf wenige Ausnahmen in die Lüfte. Tobias erhebt sich kurz vor Mitternacht auch, weil er sagte, er habe diesen Wunsch nur getan, um die Mitmenschen zu bessern und nicht zu bestrafen.
LESEDAUER: 6 Minuten
THEMATIK: *Wahrheit,* Lüge, Menschlichkeit

Eine liebenswürdige Geschichte! Man hat das Gefühl, der Autor zwinkere immer mit einem Auge und sage: „Gib's doch zu, so ist es. Auch du gehörst zu diesen kleinen Schwindlern." Er macht dem Leser die Zustimmung umso leichter, als er sich selber nicht ausnimmt. Nachdem wir alle von Kind auf mit Drohungen und Moralpredigten unsere Schlechtigkeit beim Lügen vorgehalten bekamen, ist dieses lächelnde Aufdecken dieser Schwäche befreiend.
Die Geschichte kann deshalb ohne Vorbereitung und auch ohne Aufarbeitung gebraucht werden. Sie wird bestimmt verstanden. Natürlich kann sich auch ein Gespräch entwickeln. Es kann sich um die Grenze zwischen Lüge und Wahrheit drehen. Wo beginnt die Lüge? Was ist bloße Flunkerei? Was sind noch Höflichkeitserweise, Notlügen?

Interessant kann es sein, nach der Art der Lügen der verschiedenen Gruppen zu fragen: Journalisten, Politiker, Geistlichkeit.
Weshalb sind die Kinder, drei Straßenmädchen, die Dichter, die Insassen des Irrenhauses, Schauspieler und Betrunkene ausgenommen?

H. Zulliger, Umgang mit dem kindlichen Gewissen, Fischer-TB 6074;
A. Friedemann, Lügen — Stehlen, Solothurn/Stuttgart 1966.

M.L.

Franz Hohler, Der Rand von Ostermundigen

INHALT
Die Geschichte beginnt damit, daß sich in Telefongesprächen ein Unbekannter einschaltet und sagt: „Das ist der Rand von Ostermundigen." Dieser Satz ist immer häufiger zu hören, Herkunft aber nicht aufzudecken. Schließlich ertönt die Stimme auch im Radio, dann im Fernsehen. Sogar in den Zeitungen und in Briefen ist immer wieder dieser Satz zu finden. Einer findet heraus, daß man sich gegen das unvermutete Auftauchen des Satzes schützen kann, indem man ihn zu Beginn gleich freiwillig sagt oder schreibt. Wie das alle tun, verstummt die Stimme, das Ziel ist offenbar erreicht: Jedermann kennt den Satz, jeder denkt den Satz.
LESEDAUER: 16 Minuten
THEMATIK: *Geheimnis,* Gewalt, Glaube

Ich hatte Mühe, geeignete Worte zur Themenangabe zu finden. Die Geschichte ist auch nur schlecht im Kapitel „Menschlichkeit und Zynismus" untergebracht. Aber wo hätte sie besser gepaßt? Machen Sie die Probe: Sie hätte in fast jedem Kapitel unseres Buches gebracht werden können, aber immer mit Einschränkungen. So vielschichtig, aber auch so unfaßbar ist die Erzählung.
Das macht sie schwierig für den Gebrauch in der Gruppe. Sie gehört in geübte Gruppen, wenn nicht einfach die Leute unterhalten werden wollen. Natürlich ist

sie auch amüsant, in der Art von Non-Sens-Geschichten gemacht. Mancher sieht vielleicht nicht mehr dahinter. Ich meine aber doch, daß sie darüberhinaus verschiedene Themenkreise ansprechen kann:

1. Was ist Wirklichkeit? Realität hat für uns alles, was wir auf unsere Erfahrung zurückführen können. Etwas Neues wollen wir mit den Mitteln unserer Erfahrung erklären. Eine Stimme wie die vom Rand von Ostermundigen muß man aufspüren können. Dann kann man allen Leuten sagen, woher sie kommt. Sie ist erklärt.
Die Stimme gebärdet sich aber immer unerklärlicher. Sie entzieht sich allen bisherigen Erfahrungen und allen Mitteln der Aufdeckung. Deshalb gibt es Leser, die alles als Unsinn abtun. Andere aber können die Stimme als Bild für das Unerklärliche, für das Geheimnis hinter der Wirklichkeit sehen.

2. Setzen Sie anstelle des Satzes „Das ist der Rand von Ostermundigen" ein: „Im Namen Gottes, des Allmächtigen" (Formel in der Präambel der Schweizerischen Bundesverfassung). Welchen Stellenwert bekäme Gott im Leben unserer Gesellschaft, wenn dieser Satz eine solche Verbreitung finden würde? Eine Idee, oder in diesem Fall ein Glaube bekommt eine Realität, wenn man nur schon davon spricht (Mission treibt) und ihn konsequent im Alltag anwendet.
Der Schutz gegen das unvermutete Auftauchen des Satzes mutet ja auch ganz religiös an: Der Satz brauchte nur zum Voraus bewußt ausgesprochen zu werden, dann war man gefeit dagegen. Das erinnert an Menschen, die bei jedem zweiten Satz „Gott behüte mich" anhängen und damit das Schlechte abwenden wollen. Man denkt auch an magische Praktiken in „primitiven" Religionen, die in Umkehrung der Tabuisierung das unheimliche Heilige gerade heraufbeschwören, um es im Griff zu haben und vor dessen überraschendem Auftreten geschützt zu sein.

3. Die Stimme vom Rand von Ostermundigen erringt eine ungeheure Macht. Die Geschichte könnte eingesetzt werden, um zu zeigen, welche Machtmöglichkeiten die Massenmedien bieten. Wir wissen, wie durch Zeitungskampagnen Menschen unmöglich gemacht werden können, wie nur schon durch „Meldungen" in den Nachrichten Meinungen gemacht werden können.

4. Der Satz „Das ist der Rand von Ostermundigen" ist natürlich keine Ideologie. Aber man könnte sich vorstellen, daß ein Machthaber anstelle eines solchen Satzes eine ganze Weltanschauung in dieser Weise verbreiten wird. Könnte er auch einen solchen Erfolg erringen?

5. Zuletzt kann die Geschichte ein Bild sein für das heute von Soziologen wissenschaftlich beschriebene Phänomen der Internalisierung. Einer Überzeugung, einer Verhaltensweise kann niemand widerstehen, wenn nur eine genügend große Anzahl und genügend gewichtige Vertreter der Gesellschaft sie äußern.

Ich verweise auf die andern Erzählungen von F. Hohler in seinem Bändchen „Der Rand von Ostermundigen", Luchterhand 1973.

Zu 1:
Vgl. die Geschichte „Die Herausforderung des Zauberkünstlers" von D. Buzzati im vorliegenden Buch; C. Castaneda, Die Reise nach Ixtlan, Fischer-TB 1809.

Zu 2:
R. Otto, Das Heilige, München 1963 (Sonderausgabe), besonders Kapitel 4b; 2. Mose 32 (Der Tanz um das goldene Kalb), Beispiel dafür, wie der Glaube, von dem man spricht, Realität gewinnt; 1. Mose 32, 24—32 (Der Kampf Jakobs).

Zu 5:
P. L. Berger, Einladung zur Soziologie, Olten 1969, bes. Kapitel 5.

Siehe die gruppendynamischen Übungen im Materialteil der Geschichte „Den Unsrigen nachlaufen" von J. Reding. Das Muß-Soll-Spiel ist hier auch angebracht, siehe S. 91.

M.L.

Franz Ochs, Von der Lebensdauer eines Fließbandes

INHALT
In einer Briefabgangsstelle wurde ein Förderband eingerichtet. Wenn das Band lief, wurde die Luft heiß und trocken. Erkältungen der Arbeitnehmer folgten, schlechtes Arbeitsklima, Krankmeldungen, Kündigungen.
Eine Befeuchtungsanlage hätte Abhilfe schaffen können, war aber zu teuer.
Das Band erlitt immer wieder Risse und mußte zeitweise stillgelegt werden.
Eine genaue Untersuchung zeigte den Grund: Die Luft war zu trocken. Mit der nun bewilligten Befeuchtungsanlage konnte die Lebensdauer des Bandes um 86 Prozent erhöht werden.
LESEDAUER: 4 Minuten
THEMATIK: *Arbeit,* Menschlichkeit, Maschinen

Man ist versucht, eine Diskussion mit der Frage einzuleiten: „Und die Lebensdauer des Menschen?" Die Frage kommt aber in den meisten Fällen spontan aus der Gruppe. Meistens schließt sich eine sehr engagierte und je nach den Beteiligten eine emotional geführte Diskussion an.
Natürlich sind vor allem die kritischen Stimmen gegenüber der technischen Entwicklung und der Automation im Arbeitsprozeß herausgefordert. Der Zynismus, der in der perfekten Anwendung der Technik liegen kann, wird in der kurzen Erzählung ganz deutlich. Es sind kaum besonders böse Menschen, die in diesem Fall der Befeuchtungsanlage entschieden haben. Es sind vielleicht liebende Familienväter, vielleicht sind sie kirchlich engagiert. Unter dem Zwang des Erfolgs, unter dem Zwang, keine unnötigen Ausgaben zu machen, haben die Männer so und nicht anders entschieden. Trotz dieses Verständnisses für Abhängigkeiten auch dieser entscheidenden Leute und für Sachzwänge sind die gefällten Beschlüsse in diesem Fall von einem christlichen Verständnis der Arbeit her falsch. Der Mensch muß immer den Vorrang haben. In Abänderung von Mark. 2,27 müßte man sagen: Die Arbeit ist um des Menschen willen geschaffen worden, nicht der Mensch um der Arbeit willen.
Wo Leute in ihren Entscheidungen vergessen oder bewußt erst in zweiter Linie berücksichtigen, handeln sie wie der reiche Kornbauer in Luk. 12,31—21.
Besonders unmenschlich werden solche Entscheidungen, wenn man daran denkt, daß Menschen auf solche Arbeitsplätze angewiesen sind, und der Rat, man solle sich eine andere Arbeit suchen, nur zynisch wirken kann.
Die Geschichte braucht keine Vorbereitung. Sie sollte aber nicht isoliert gebracht werden. Ich kann sie mir im Unterricht oder in einem Kurs zum Thema „Mensch und Arbeit" denken.

Herbert Berger, *Akkord*

Man hat genau ausgerechnet
wie lange es dauert,
wenn er sich bückt,
wieder aufrichtet,
einspannt,
ausspannt,
überhaupt ist alles
ausgerechnet.

Ohne Gitter,
und doch unentrinnbar,
genau auf Maß
umklammert ihn
der Akkord.

*Eine Wanze
kann Jahre ohne Nahrung
hinter einer Tapete sitzen,
weil wir Menschen
aber essen wollen
und müssen,
haben Menschen unsere Welt
so eingerichtet,
daß manche ein Leben lang
genau ausgerechnete Arbeiten verrichten
und andere Menschen
davon leben,
und nicht hinter Tapeten
sondern in der Sonne.*

*Eine Wanze kann nicht
eine andere ausnutzen.
Denn Akkord
stammt vom Menschen!*

(Aus: Gedichte des Sozialpartners, Neithard Anrich Verlag, Modautal-Neunkirchen)

Bibelstellen: Mark. 2,27; Luk. 12,13−21; 1. Mose 1,28.

M.L.

Adolf Sommerauer, Die toten Fische

INHALT
Der abends heimkehrende Vater findet seine Frau in tiefer Niedergeschlagenheit. Der vierjährige Sohn hat den Dorfbuben beim Angeln zugeschaut und mußte auf ihr Verlangen die gefangenen Fische mit einem Stein töten. In seiner Angst und Unwissenheit hat er blindlings drauflosgeschlagen und plötzlich gespürt, daß sich sein Grauen mit Gier verband. Nun liegt er erschöpft in seinem Bett. Die Mutter sagt: „Er hat es nun gelernt und wird es nie wieder vergessen."
LESEDAUER: 13 Minuten
THEMATIK: *Töten*, Aggression, Macht, Gewalt

Einer meiner Bekannten hat einen Karpfenteich. Sein kleiner Sohn war frühzeitig dabei, wenn der Vater die Fische für die Mahlzeit fachgerecht tötete. Später konnte er es auch allein und er sprach dann ganz sachlich darüber. Er hat es gelernt, daß und wie ein Tier für die menschliche Ernährung getötet wird.

Der Junge in der Geschichte hat etwas ganz anderes gelernt: er hat entdeckt, daß Leben zerstören nicht nur von Angst-, sondern auch von Lustgefühlen begleitet sein kann. Er ist — zunächst — allein mit diesen widerstreitenden Empfindungen, und er ist zu jung und unvorbereitet für eine Erfahrung, die jeder von uns machen kann. Denn der Wunsch zu töten steckt verborgen in uns, auch wenn wir uns dies nicht gerne eingestehen. Folgende Ursachen können dabei eine Rollen spielen:

1. Ein triebhafter Rest aus unserer tierischen Herkunft.
2. Angestaute Aggressionen, als deren Folge sich Destruktion gegen andere, schwächere richten kann.
3. Die Projektion eigener verdrängter „niedriger" Wünsche auf ein Objekt und die vermeintliche Vernichtung der einen mit dem andern.
4. Das uralte Verlangen des Menschen, das die Bibel schon in ihren ersten Kapiteln beschreibt: Sein wie Gott! Zwar kann der Mensch Leben nicht schaffen, doch er kann es bewußt auslöschen. Und besitzt dabei eine Macht, die ihn scheinbar in die Nähe Gottes rückt.

Aufgrund der gleichen Hintergründe gehören in diesen Zusammenhang auch
a) verschiedene Formen der Gewalt,
b) indirekte Arten der Zerstörung von Leben (etwa Rufmord, Diskriminierung, Entzug der Existenzgrundlage etc.),
c) das Erscheinungsbild des Voyeurs, der an fremden Taten genießerisch partizipiert, wobei es gar nicht ausschlaggebend ist, ob er sich diesen Genuß eingesteht oder im Gefühl der eigenen Integrität sich heftig darüber entrüstet. (Der Unterschied dürfte nur in der verschieden stark ausgeprägten Abwehr eigener Destruktionstendenzen liegen.)

Sinnfällige Beispiele dafür sind die öffentlichen Hinrichtungen und Hexenverbrennungen früherer Zeit. Heute übernehmen diese Funktion weitgehend die Medien.

Fragen, die sich mir im Anschluß an die Geschichte stellen:
— Ich habe außer lästigen Insekten noch kein Lebewesen getötet. Trotzdem habe ich keine Schwierigkeit, mich mit dem Kind bei der Tötungsszene zu identifizieren. Wie kommt das?
— Wieso üben blutrünstige Schlagzeilen eine besondere Anziehungskraft auf potentielle Zeitungskäufer aus?
— In welcher Reihenfolge lese ich selbst in der Zeitung: z.B. politisches Tagesgeschehen / Wirtschaftsteil / einen sensationell aufgemachten Mordbericht / Theaterkritik / Lokales / Leitartikel / Todesanzeigen? Wie begründe ich die von mir erstellte Reihenfolge?

- Löst der Mordbericht außer Abscheu noch andere Gefühle in mir aus? Welche? Wie ergeht es mir bei entsprechenden Fernsehberichten oder Filmen?
- Wieso können Abscheu und Lust so nahe beieinanderliegen?
- In welchen sonstigen Situationen spielt sich bei mir ähnliches ab?

Ergänzende Literatur:
E. Fromm, Anatomie der menschlichen Destruktivität, rororo-TB 7052;
R.L. Stevenson, Dr. Jekyll und Mr. Hyde, RVB 6649.

Ergänzender Denkanstoß:
(Aus: Hans Joachim Thilo, Aggression — ein Phänomen mit vielen Gesichtern", in: Laetare-Beiträge zur Erwachsenenbildung 9, Heft 3/26)
„Nun haben aber die Psychoanalytiker darauf hingewiesen, daß das Bild des Gekreuzigten unsere Kultur seit vielen Jahrhunderten begleitet hat. Aber gerade dieses Bild ist doppeldeutig. Für den Christen ist es bis zur Stunde die höchste Unrechtstat gewesen, die er sich überhaupt denken kann. Ein Mensch wird zu Tode gequält, weil er gegen die herrschende Macht sich unbotmäßig benommen hat. Dabei wird nicht die übliche Todesstrafe angewendet, die im Steinigen bestand, es wird auch nicht eine der üblichen Todesstrafen aus dem griechischen Bereich angewendet, sondern es wird die qualvollste Strafe angewendet, die nur dem ausgestoßenen Fremdling, dem Verbrecher gegenüber zur Anwendung kommt. Der schmerzlose Tod wird verweigert. Tod ist an sich noch nicht Strafe genug. Die Frage des Psychoanalytikers ist nun die, ob nicht beim Beschauen des Kreuzes unbewußte Folterlust geweckt werden könnte. Mitscherlich, Fritz Riemann (Grundformen der Angst) und Sigmund Freud selbst haben diese Frage immer wieder gestellt. ‚Lust ist erfinderisch, auch Folterlust. So ist es unausbleiblich, daß der Anblick des Gekreuzigten wider alle bewußte Absicht nicht nur Mitleid, Schuld erweckt, sondern verborgene, verbotene Lust am Töten und Zerstören' (Mitscherlich in: Die Idee des Friedens und die menschliche Aggressivität). Religions- und Konfirmandenunterricht werden zumindest eine solche Möglichkeit im Auge behalten müssen."

(Anmerkung: Ich kann diese Erfahrung aus dem Religionsunterricht bestätigen.)

L.G.

**Renate Katarina Oswald,
Leben und Tod im August oder ungenaue Beschreibung meiner Familie**

INHALT
Eine Frau beschreibt tagebuchartig die letzten Lebenstage ihres alten Vaters, von der tödlichen Erkrankung bis zum Sterben in der Klinik. Sie spricht von ihrem eigenen Erleben, ihren Gefühlen dabei, ehrlich und ohne Sentimentalität.
LESEDAUER: 24 Minuten
THEMATIK: *Sterben,* Tod, Schuld

Der Bericht zeigt zwei Grundzüge unserer Erfahrungen beim Sterben eines Angehörigen:
Die Ohnmacht gegenüber dem Sterben und die Schuldgefühle gegenüber dem Sterbenden. Früher starb der Mensch normalerweise zu Hause, innerhalb der Familie. Sterben war ins Leben mit einbezogen. Man machte kein Tabu daraus. Heute dagegen versucht man den Tod so gut wie möglich zu ignorieren. Er wird fast immer als Katastrophe erfahren. Das Sterben findet meist in der Klinik statt. Allein. Und der Sterbende hat Glück, wenn sich eine Schwester findet, die seine Hand hält.
Dem Patienten wie den Angehörigen bleibt wenig Entscheidungsspielraum. Sie sind den Zwängen der medizinischen Versorgung unterworfen.
Unsere Zeit nennt das Leben den höchsten Wert. Deshalb muß es so lange erhalten werden, wie es irgend geht. Liegt es vielleicht daran, daß wir keine oder zu wenig Hoffnung über den Tod hinaus haben?
Die Schuldgefühle dem sterbenden, dem toten Angehörigen gegenüber hängen zum Teil auch mit dieser Aussparung des Gedankens an das Ende zusammen. ,,Ich hatte geglaubt, wir hätten noch so viel Zeit." Zu wenig geliebt, die Liebe zu wenig gezeigt zu haben, diesen Vorwurf wird sich wohl jeder machen, der einen Angehörigen verloren hat. Das Wissen, Versäumtes nie wieder nachholen zu können, läßt uns unser immer neues Versagen besonders stark empfinden.
Hier ist zu fragen nach dem Wesen der Trauer. In ihr fließt Mit-Leiden mit dem Sterbenden zusammen mit Selbstmitleid (was muß ich aushalten! Was verliere ich!), belastetem Gewissen (was habe ich versäumt!) und der Erinnerung an die eigene Vergänglichkeit.

Fragen, die der Bericht an mich stellt:
— Warum wurde er überhaupt geschrieben? Was bedeutet er für die Verfasserin? Für den Leser?

- Was berührt mich daran am tiefsten? Warum gerade dieses?
- Kenne ich ähnliche Erfahrungen?
- Warum will die Tochter die tödliche Erkrankung des Vaters zunächst nicht wahrhaben?
- Warum möchte der Vater zu Hause sterben? Warum kommt es dann doch anders?
- Welchen Sinn sehe ich als Nicht-Mediziner in diesem Fall in der Reanimation und den belastenden Untersuchungen zum Zweck der genauen Diagnose?
- Warum „darf der Arzt seine Entscheidungen nur auf der rationalen Ebene fällen"?
- Die erschütternde Szene, als der Sterbende durch die Schläuche sogar am Weinen gehindert wird, zeigt mir das Mißverhältnis zwischen dieser rationalen Ebene und dem mitmenschlichen Gefühl. Welchen Zwängen haben wir uns – Ärzte und Patienten – hier ausgeliefert? Warum?
- Wie kann man dem großen Bedürfnis des Sterbenden nach Geborgenheit und Nähe gerecht werden?
- Wie sollte Sterbebegleitung aussehen? Was muß sich in unserer Einstellung zum Sterben ändern?

Ergänzende Literatur:
J.Chr. Hampe, Sterben ist doch ganz anders, Stuttgart 1975;
Th. Glaser, Und alles Gute, München 1978;
Evang. Erwachsenenkatechismus, Gütersloh 1976[3].

Ergänzende Denkanstöße:
- Eine Untersuchung hat ergeben, daß bestimmte Infarktkranke bei häuslicher Behandlung eine größere Überlebenschance haben als in der Klinik...
- Eine junge Frau hat nach dem Tod ihrer Großmutter folgenden Traum:
Die Großmutter liegt in einem Bett im Krankenhaus. Eine lange Schlange von schwarzgekleideten Menschen schiebt sich an dem Bett vorbei, in der Meinung, die Frau sei bereits gestorben. Als sie sehen, daß sie noch lebt, ziehen sie sich schnell und wortlos zurück. Die Großmutter fragt die Enkelin: Warum sind sie nicht geblieben?

Vgl. auch die Geschichte von C. Muhr, Der blaue Fritz, im vorliegenden Buch.

L.G.

Gabriel Garcia Marquez, Widerstand gegen das Vergessen

INHALT

Das kolumbianische Dorf Macondo wird von der Schlaflosigkeitskrankheit heimgesucht. Eine Folge dieser Epidemie ist der Gedächtnisschwund. Vater und Sohn Buendia organisieren den Widerstand gegen das Vergessen, indem sie alle Gegenstände mit ihrem Namen und ihrer Bedeutung beschriften. Während die Wahrsagerin aus ihren Karten statt der Zukunft eine nebelhafte Vergangenheit liest, baut der alte Buendia eine Gedächtnismaschine, eine Art drehbares Wörterbuch, das alle lebensnotwendigen Kenntnisse verfügbar macht, um an der Wirklichkeit zu bleiben.
LESEDAUER: 8 Minuten
THEMATIK: *Lernen,* politische Verantwortung, Identität

Der Kolumbianer Marquez gehört zu den bedeutendsten lateinamerikanischen Schriftstellern der Gegenwart. Seine Landsleute kennen ihn neben seinen Romanen als Redakteur einer politischen Zeitschrift. Politisch ist auch dieses „kritische Märchen" zu verstehen.

In den Geschichten vom Dorf Macondo bildet Marquez die Geschichte seines Heimatlandes ab: sagenhafte Vorzeit, Fremdherrschaft der Spanier und der amerikanischen Konzerne, dann den Kampf um Befreiung und Selbständigkeit. Der Widerstand gegen das Vergessen, den die Buendias leisten, betrifft die Epoche der Überfremdung, um das Wissen vom wahren Sinn und Zusammenhang der Dinge wachzuhalten für eine Zeit, in der das Volk neu zu sich selbst findet und den künftigen Aufgaben gewachsen ist.

Die Frage ist, wie diese Deutung der Geschichte auf unsere Verhältnisse zu beziehen wäre. Zwei Möglichkeiten seien angedeutet, in welcher Weise sich das Motiv vom Vergessen, dem eine Menge anheimzufallen droht und gegen das sich nur einzelne zur Wehr setzen, hierzulande lokalisieren ließe.

Die eine Möglichkeit liegt in der Erinnerung an die Hitlerzeit, an den Wahn einer Großmacht- und Rassenideologie, dem das ganze Volk verfiel und dabei alles besseres Wissen von seinen geschichtlichen Erfahrungen, von den Entwicklungen der Moderne und von den Normen der Menschlichkeit vergaß, während nur wenige sich zum Widerstand aufrafften. Dazu gehört aber auch das Phänomen des allgemeinen Vergessens jener Dinge im Volk nach der Katastrophe und die Unbeliebtheit der Leute, die immer wieder daran erinnerten, was damals schuldhaft geschehen war.

Die zweite Möglichkeit könnte in dem Versuch bestehen, einen kritischen Rückblick auf das letzte Jahrzehnt vorzunehmen. Die sechziger Jahre waren noch von starken Impulsen einer „zweiten Aufklärung", von Reforminitiativen im politischen, pädagogischen und kirchlichen Bereich sowie von einem allgemeinen Interesse an Fragen der Futurologie bestimmt. Um 1969 erfolgte der allgemeine Umschlag; von nun an bestimmte Nostalgie die Szene, interessierten sich Ev. Akademien mehr für Meditation und neue Religiosität statt für politische Themen, wurde in der Literatur ein Hang zur „neuen Innerlichkeit" auffällig. Fragen drängen sich auf: Wieweit hat sich hier in der Gesellschaft ebenfalls eine Art von Vergessen breitgemacht? Und wo sind die Kräfte, die dagegen Widerstand leisten?

„Der Inhalt einmaligen Erinnerns, auch wenn es von heftigen Gefühlen begleitet ist, verblaßt rasch wieder. Deshalb sind Wiederholung innerer Auseinandersetzungen und kritisches Durchdenken notwendig, um die instinktiv und unbewußt arbeitenden Kräfte des Selbstschutzes im Vergessen, Verleugnen, Projizieren und ähnlichen Abwehrmechanismen zu überwinden."
(A. Mitscherlich, in: Die Unfähigkeit zu trauern, München 1968, 24)

Nein, schlaft nicht,
während die Ordner der Welt geschäftig sind!
Seid mißtrauisch gegen ihre Macht,
die sie vorgeben, für euch erwerben zu müssen!
Wacht darüber, daß eure Herzen nicht leer sind,
wenn mit der Leere der Herzen gerechnet wird!
Tut das Unnütze, singt die Lieder,
die man aus eurem Mund nicht erwartet!
Seid unbequem, seid Sand
nicht Öl im Getriebe der Welt!
(Günter Eich, Träume, Frankfurt/M.)

Literatur:
M. Stöhr (Hg.), Erinnern, nicht vergessen. Zugänge zum Holocaust, München 1979.

U.K.

Ray Bradbury, Der Mann

INHALT
Kapitän Hart, Leutnant Martin und 10 Mann Besatzung landen auf einem von intelligenten Wesen bewohnten Stern. Zur Verblüffung der Erdenbürger nimmt man aber keine Notiz von ihnen. Den Kommandanten ärgert dies. Es stellt sich heraus, daß in der nahegelegenen Stadt ein Ereignis eingetreten ist, auf das die Einwohner seit Jahrhunderten gewartet haben. Man erzählt von der Ankunft eines Mannes, dessen Klugheit, Güte, Weisheit und Menschenfreundlichkeit alle verehren. Dieser Mann ist der Grund für das mangelnde Interesse an der irdischen Weltraumexpedition. Doch Kapitän Hart ist mißtrauisch. Er sucht den Bürgermeister der Stadt auf und fordert eine genaue Beschreibung des wunderbaren Mannes. Die einfachen, naiv-glaubenden Worte, sein Hinweis auf Wunderheilungen, die geschehen seien, beeindrucken Hart nicht. Sein Verdacht wächst, die ganze Sache sei ein raffinierter Coup Burtons, des Kommandanten eines von zwei anderen Raumschiffen, die mit auf die Reise gegangen waren. Er vermutet, daß Burton die Sternenbewohner mit allen erlaubten und unerlaubten Mitteln für seine Geschäftsinteressen einspannen will. Leutnant Martin jedoch widerspricht. Die kalte, überhebliche Art seines Vorgesetzten reicht ihm und läßt ihn für die Sternbewohner Partei ergreifen.
Inzwischen sind die beiden anderen Raumschiffe ebenfalls gelandet — die Mannschaften tot. Kapitän Harts Hypothese vom großen Bluff Burtons ist widerlegt. Nun soll der Bürgermeister auf Geheiß Harts den Aufenthaltsort des wunderbaren Mannes preisgeben. Als dieser sich dazu außerstande erklärt, wird er durch einen Schuß aus der Pistole Harts verwundet. Auf eigene Faust werde er jetzt, sagt der Kommandant, die Suche aufnehmen. Er werde den Mann mit seinem Raumschiff jagen, bis er ihn auf irgendeinem Planeten gestellt habe. An diesem Vorhaben teilzunehmen weigern sich jedoch Leutnant Martin und mit ihm sieben andere Besatzungsmitglieder. Nach dem Start des Raumschiffs eilen sie zusammen mit dem Bürgermeister in die Stadt zurück, um IHN nicht warten zu lassen.
LESEDAUER: 52 Minuten
THEMATIK: *Raumfahrt*, Technik, Jesus, Glaube und Naturwissenschaft

Mancher, der an den Problemen des kranken Planeten Erde zu verzweifeln beginnt, mag sich in die Haut von Leutnant Martin wünschen, der sein Heil auf einem anderen Stern findet. Denn er kann die irdische wissenschaftlich-technische Zivilisation mit allen ihren teilweise krankmachenden Auswirkungen auf Psyche und Verhalten des Menschen einfach hinter sich lassen und seine Zukunft in einer von alledem unbelasteten Gemeinschaft finden, die sich um eine Gestalt sammelt, welche die Züge Jesu trägt. In diesem Sinne thematisiert Bradburys Geschichte die Problematik des technischen Menschen und konfrontiert sie mit einer Welt des Glaubens. Das Ergebnis dieser Auseinandersetzung kann sehr verschieden sein, so verschieden wie Kommandant Hart, sein Leutnant Martin und der Bürgermeister des fremden Planeten erscheinen:

— Kapitän Hart, erfolgsorientiert, gestreßt und gewalttätig, ein echter Exponent der Welt, aus der er kommt, setzt auf technisches know how. Er ist davon überzeugt, daß alles zu machen und zu haben ist, wenn man es nur clever genug anstellt. Vor diesem Hintergrund kann er das Auftreten des wunderbaren Mannes nur als ein geschicktes Manöver interpretieren, das im Dienste von handfesten Geschäftsinteressen inszeniert wurde. Seine gelegentlich wahrnehmbare innere Schwäche verschanzt er hinter Pistolen und Raketen. Für die Welt, in der Glauben eine Rolle spielt, bleibt er blind.

— Der Bürgermeister des fremden Planeten wirkt wie das genaue Gegenteil Harts. Seine Äußerungen sind friedlicher Natur, er ist offen selbst für den unsympatischen Eindringling und lebt in einer kindlich-naiven Glaubenswelt. Seine Welt, in der er sich nicht einmal durch Revolverkugeln provozieren läßt, scheint so heil, daß sein Desinteresse an Produkten irdischer Zivilisation geradezu zwingend folgt. So stehen sich in Hart und dem Bürgermeister zwei Welten gegenüber, die miteinander unvereinbar erscheinen.

— Leutnant Martin steht zwischen diesen beiden Männern. Im Gegensatz zu ihnen bleibt er der Welt nicht verhaftet, aus der er stammt, sondern wechselt von der einen in die andere hinüber. Eine von der Geschichte nicht beantwortete Frage ist die, ob er in seinem neuen Lebenshorizont seine Herkunft vergißt oder vergessen muß. Manches spricht bei Bradbury dafür. Nicht undenkbar wäre freilich auch, daß es ihm gelingt, die Dynamik des wissenschaftlich-technischen Denkens, dem er wie Kapitän Hart entstammt, mit der entwaffnenden Menschlichkeit des außerirdischen Bürgermeisters, die ihn nicht mehr losläßt, in Einklang zu bringen. In diesem Fall wäre er ein mögliches Modell für den Menschen einer technischen, aber humanen Zivilisation der Zukunft.

„Der Christ soll den Naturwissenschaftler fragen, ob das, was er der Welt antut, nicht vielleicht objektiv verbrecherisch ist. Er soll ihn fragen, nicht anklagen. Nur die Selbstanklage eröffnet die Quellen der Gnade; gegen eine fremde Anklage kann und darf man sich verteidigen. Er soll fragen, ob sein Handeln objektiv, nicht subjektiv verbrecherisch ist; die erlösende Erfahrung der Sünde beginnt, wo

wir die Schuld für unser objektiv böses Handeln zu übernehmen lernen, obwohl unsere subjektive Intention nicht böse war. Eine durch diese Erfahrung hindurchgegangene Wissenschaft könnte zu sich selbst finden. Eine gegen diese Erfahrung abgeschirmte Wissenschaft ist gezwungen, sich selbst zu belügen; sie wird eigentlich böse.
Der Naturwissenschaftler aber muß den Christen fragen, ob er das moderne Bewußtsein vollzogen hat. In der Theologie der letzten zwanzig Jahre ist viel von diesem zuvor versäumten Vollzug nachgeholt worden. Hier wurde freilich zum Teil das moderne Bewußtsein zu naiv so akzeptiert, als wäre es selbst schon die Wahrheit. Aber als Abbau einer durch Angst bedingten unhaltbaren kirchlichen Selbstbehauptung war der Vorgang notwendig. Vielleicht gilt für die heilsame Selbstanklage der Kirche mutatis mutandis dasselbe wie für die heilsame Selbstanklage der Wissenschaft. Es ist keine Schande und keine Gefährdung, zuzugeben, daß die gedanklichen Probleme zwischen religiöser Wahrheit und modernem Bewußtsein ungelöst sind.''

(Aus: C.F. v. Weizsäcker, Deutlichkeit, München/Wien 1978, 166f)

Von diesem Text aus können Anfragen gerichtet werden
— an das Technik-Verständnis Kapitän Harts in Bradburys Geschichte,
— an das Jesus-Verständnis des Bürgermeisters.
Oder anders:
Es ist zu fragen, ob die Denkungsart
— Kapitän Harts eine notwendige Folge der wissenschaftlich-technischen Entwicklung ist oder nicht;
— des Bürgermeisters die logische Konsequenz aus dem christlichen Glauben darstellt, oder ob es dazu Alternativen gibt.

R.P.

Reinhard Pertsch, Die Affeninsel

INHALT
Auf einer exotischen Insel will ein Wissenschaftler das Verhalten und die Lernfähigkeit der Affen erforschen. In einem Experiment lehrt er einen Teil von ihnen den Umgang mit Muscheln als Zahlungsmittel für Nahrung und Dienstleistungen. Als Ergebnis konstatiert der Forscher bei den Affen Verhaltensweisen seiner eige-

nen Gesellschaft wie Besitz- und Herrschaftsstreben. Seine Berichte finden ein ungewöhnliches breites Echo, worauf in kurzer Zeit unter seiner Leitung ein Expeditionsschiff zur Affeninsel aufbricht. Die Passagiere werden Zeugen weiterer Veränderungen auf der Insel: die abgerichteten Affen haben ihren übrigen Artgenossen die neuen Verhaltensweisen beigebracht, sie genießen ihre Herrschaft über sie und verhindern gewaltsam die Landung einiger Expeditionsteilnehmer auf der Insel.

LESEDAUER: 10 Minuten
THEMATIK: *Kapitalismus*, Macht, Zivilisation

Die Geschichte von der Affeninsel wurde einer Gruppe von rund 50 Erwachsenen (Durchschnittsalter ca. 19 J.) mit der folgenden Bitte vorgelegt:

„Lesen Sie die Geschichte genau durch. Wenn Sie damit fertig sind, schreiben Sie bitte jene Probleme auf ein Blatt Papier, von denen Ihrer Meinung nach die Geschichte von der Affeninsel handelt."

Das Ergebnis dieser kurzen Befragung war nicht uninteressant. Von den Befragten nannten die Themenkreise

— Geld und Kapitalismus   58 %
— Macht und Unterdrückung   58 %
— Leistung und Konkurrenz   53 %
— Zivilisation und Gesellschaft 42 %
— Umwelt und Leben   24 %
— Aggression und Gewalt   18 %
— Anpassung und Schablone   18 %
— Forschung und Fortschritt 16 %
— Erziehung und Lernen   16 %
— Entwicklungshilfe und 3. Welt 8 %

Es wurden also bei der Lektüre der „Affeninsel" recht viele Probleme assoziiert, von deren Lösung auch die Zukunft unserer Zivilisation abhängt. Daher war es nicht schwierig und darüberhinaus spannend, innerhalb eines Rollenspieles über die Zukunft dieser Insel, die Ähnlichkeiten mit unserer Welt aufweist, nachzudenken. Einige konkrete Hinweise hierzu können dem folgenden Abschnitt entnommen werden.

Stellen Sie sich als Denkprojekt oder für ein Rollenspiel folgende *Situation* vor: Die Regierung jenes Staates, zu dem die Affeninsel gehört, ruft eine Kabinettsitzung ein.

Einziger Tagesordnungspunkt: die Zukunft der Affeninsel.
Teilnehmer sind: die Minister für Finanzen, Industrie, Handel, Forschung, Umweltschutz, Verteidigung, Fremdenverkehr, Erziehung. Sie alle kennen den Bericht von Prof. Hellmill und werden sofort nach Beginn der Sitzung vom Ministerpräsidenten aufgefordert, binnen kürzester Frist mit Unterstützung von zwei oder drei Mitarbeitern ein Gutachten zu erstellen, in dem die Frage beantwortet werden soll:

Welche Maßnahmen müssen eingeleitet werden, um eine positive Entwicklung auf der Affeninsel zu gewährleisten?

Nach Fertigstellung der Gutachten können die Äußerungen je eines Soziologen, eines Biologen und eines Theologen zur gegenwärtigen Weltsituation gehört werden (s.u.).

Nach diesen Vorbereitungen eröffnet der Ministerpräsident die eigentliche Sitzung, in der innerhalb eines abgesteckten Zeitraums eine Entscheidung herbeigeführt werden muß. Schwierigkeiten, die bei diesem Prozeß auftreten, werden festgehalten.

Ein SOZIOLOGE zum Zustand der Gesellschaft:

„Schlechter Grundbestand der Gesellschaft an sich ist der des Tausches in der modernen Gesellschaft. In dessen universalem Vollzug wird abgesehen von der qualitativen Beschaffenheit der Produzierenden und Konsumierenden, vom Modus der Produktion, sogar vom Bedürfnis, das der gesellschaftliche Mechanismus beider als Sekundäres befriedigt. Primär ist der Profit. Noch die als Kundenschaft eingestufte Menschheit, das Subjekt der Bedürfnisse, ist über alle naive Vorstellung hinaus gesellschaftlich präformiert, und zwar nicht nur vom technischen Stand der Produktivkräfte, sondern ebenso von den wirtschaftlichen Verhältnissen, so schwer das auch empirisch sich kontrollieren läßt. Die Abstraktheit des Tauschwerts geht vor aller besonderen sozialen Schichtung mit der Herrschaft des Allgemeinen über das Besondere, der Gesellschaft über ihre Zwangsmitglieder zusammen. Sie ist nicht, wie die Logizität des Reduktionsvorgangs auf Einheiten wie die gesellschaftlich durchschnittliche Arbeitszeit vortäuscht, gesellschaftlich neutral. In der Reduktion der Menschen auf Agenten und Träger des Warenaustauschs versteckt sich die Herrschaft von Menschen über Menschen. Der totale Zusammenhang hat die Gestalt, daß alle dem Tauschgesetz sich unterwerfen müssen, wenn sie nicht zugrunde gehen wollen, gleichgültig, ob sie subjektiv von einem ‚Profitmotiv' geleitet werden oder nicht."

(Aus: Th.W. Adorno, Gesellschaft, in: Evangelisches Staatslexikon, Stuttgart/Berlin 1966, Sp. 639)

Ein THEOLOGE zur Situation der Menschheit:

"Wissenschaftliche Rationalität allein, so notwendig und unentbehrlich sie auch ist, genügt nicht. Unser Überleben verlangt heute eine Neuordnung unserer Beziehungen, nicht nur der zwischenmenschlichen, sondern auch der Beziehungen zwischen Mensch und Erde, Mensch und Natur. Und das bedeutet letztlich eine Neuordnung nicht nur unserer Gedankensysteme und Meinungen, sondern auch unserer emotionalen Bindungen, Neigungen und Werte, kurz unseres zentralen geistigen Führungs- und Steuerungssystems."
(G. Ruis in: Zukunft als Schock oder Hoffnung, Evangelische Perspektiven, Sendung des Bayerischen Rundfunks vom 1. Jan. 1979)

Ein BIOLOGE zur Zukunft menschlicher Entwicklung:

"Ich glaube, daß wir von der jetzt beginnenden Weltkrise, die den Bestand aller höher entwickelten Lebewesen auf unserer Erde tief gefährdet, so sehr in den Wurzeln unserer bisherigen Wahrnehmung von Wirklichkeit getroffen werden, daß alles zur Disposition steht, worauf wir bisher verläßlich setzen durften... Sind die Kirchen, sind Politiker, Wissenschaftler, sind Wirtschaft und Öffentlichkeit bereit, alles zur Disposition zu stellen, was bisher Fundament ihres Denkens war? Kann der Mensch seine tradierten Wertmaßstäbe wechseln, wie er in einen neuen Mantel schlüpft? Seit der Auseinandersetzung um Lamarcks Vorstellung einer Vererbung erworbener Eigenschaften zu Beginn des 19. Jahrhunderts sind im wissenschaftlichen wie im politischen Raum immer wieder zwei Meinungen aufeinandergeprallt. Man könnte sie die optimistische und die pessimistische nennen, oder auch die Umwelt- und die Erbgut-Hypothese. Die eine Seite vertrat und vertritt noch heute die Auffassung, daß Charakter und Intelligenz des Menschen durch Umweltwirkungen geformt werden, das heißt auch in gewünschter Richtung veränderbar seien. Die andere Seite betonte und betont die schicksalshafte Festlegung menschlicher Eigenschaften durch entsprechende Erbanlagen. Ein biologisches Erbe aus jahrmillionenalter Vergangenheit tierischer Vorfahren ließe sich doch nicht einfach — durch noch so wohlgemeinte Anstrengungen — wegwischen.
Es ist wahrscheinlich, daß in Kürze die zukünftige Existenz der Menschheit davon abhängen wird, welche der beiden Auffassungen der Wahrheit näherkommt. Um so wichtiger scheint es daher, Pädagogen, Psychologen und Vertretern der politischen Linken klarzumachen, daß tatsächlich eine genetische Information existiert, deren Auswirkungen bis in viele Einzelheiten menschlicher Verhaltensweisen ausstrahlen. Andererseits müssen Biologen und politisch Konservative davon überzeugt werden, daß im intellektuellen Bereich der menschlichen Existenz ein zweites, ständig wirkungsstärker werdendes Informationssystem Einfluß gewinnt, das in Wechselwirkung mit dem genetischen System schließlich unsere Reaktionen

und Eigenschaften bestimmt. Wer sein ganzes Augenmerk ausschließlich auf das eine oder das andere Informationssystem richtet, muß unweigerlich zu falschen Schlußfolgerungen kommen. Wie jedoch die Bilanz der Wechselwirkungen von genetischer und intellektueller Information aussehen wird, ist mit heutiger Wissenschaftskenntnis wegen der Komplexität dieser Wechselwirkungen noch nicht abzusehen. Noch wissen wir nicht, ob die Menschheit die jetzt erstmals drohende Gefahr einer völligen Selbstvernichtung meistern wird. Noch scheint es vielen unter uns utopisch, daß der Mensch jemals seinen Egoismus, sein Streben nach Macht und Besitz überwinden könnte, daß er jemals Angst und Aggression durch Vertrauen und Toleranz ersetzen würde. Wie schon oft in der Evolution wird das, was gestern noch so nützlich war, morgen zu einer tödlichen Gefahr. Um den Preis unserer Weiterexistenz bleibt uns nur das Heute zur geistigen Neuorientierung."

(Karsten Bresch im 9. Salzburger Humanismusgespräch 1978, zit. nach Ruis aaO.)

R.P.

Ray Bradbury, Die Landstraße

INHALT
Der Bauer Hernando, der noch mit dem Holzpflug seine Bergfelder bearbeitet und glücklich mit Frau und Kind in einer grasbedeckten Hütte wohnt, wartet auf das Ende des Regens. Er wundert sich über die seit einer Stunde autofreie Straße. Plötzlich, wie auf Kommando, rasen Hunderte von schnellen Autos an ihm vorüber nach Norden, Richtung USA. Der Gesichtsausdruck der Insassen erschreckt ihn. Mit einigem Abstand nähert sich ein letzter, klappriger und verdeckloser Wagen und hält vor Hernandos Hütte. Der Fahrer bittet um Wasser für den kochenden Kühler. Die anderen Insassen, es sind fünf Mädchen, suchen unter Zeitungen vor dem Regen Schutz und weinen. Auf die Frage, was geschehen sei, erhält Hernando zur Antwort: „Der Atomkrieg ist da, das Ende der Welt!" Das Auto fährt ab. Der Bauer aber blickt zum Himmel, wo die Sonne durchbricht, und beginnt zu pflügen.
LESEDAUER: 15 Minuten
THEMATIK: *Zukunft*, Angst, Weltende

Im Angesicht der sie alle bedrohenden Katastrophe verhalten sich die Menschen, von denen die Geschichte erzählt, sehr verschieden. Unlogisch scheint die Reaktion derer, die die Flucht ergreifen, weil sie in Gestalt ihrer schnellen Autos die Mittel dafür zu besitzen glauben. Ein verzweifeltes Tun, wie der befremdliche Ausdruck in ihren Gesichtern verrät und ihr hektisches Gehupe, das die Verhältnisse im täglichen Stoßverkehr in Erinnerung ruft. Wesentlich menschlicher wirken die anderen, die über deutlich geringere Möglichkeiten verfügen. Hilflosigkeit und Machtlosigkeit liegt in dem Versuch, unter Zeitungen Schutz zu finden, und Trostlosigkeit, Trauer, aber auch Wissen sprechen aus ihren Tränen. Warum fliehen auch sie? Hat man ihnen etwas vorgemacht? Rätselhaft ist auch das Tun Hernandos. Ihn scheinen die Vorgänge kaum zu berühren. Er denkt an Regen, Sonne und Pflug. Hat er gar nichts oder mehr als die anderen verstanden? Ist er blind oder pflanzt er sehenden Auges sein Bäumchen, wie es Luther tun wollte im Angesicht des Weltendes? Die gegenwärtige Situation der Menschheit und des Planeten, auf dem sie lebt, spiegelt sich in Bradburys Geschichte auch insofern wider, als sie neben der Gefahr des Atomkriegs die andere vielleicht noch schwieriger beherrschbare Gefährdung des Lebens nennt: die Gefahr, die in der Möglichkeit einer schleichenden Vernichtung der Umwelt durch den Menschen liegt. Denn diese Gefahr geht nicht wie bei der Atombombe von wenigen Staaten bzw. Regierungen aus, die vielleicht wirksam kontrolliert werden können, sondern von uns allen.

Wie unterschiedlich Menschen auf drohende Atom- oder Umweltgefahren reagieren können (oder müssen?), deuten die Verhaltensweisen der verschiedenen in den folgenden Zeitungsausschnitten und Zitaten zu Wort kommenden Personen und Gruppen an: der unmittelbar Betroffenen, der Öffentlichkeit, der Behörden, der Verbände, der Industrie, der Vertreter der Wissenschaft.

Atomverseuchte Insulaner müssen das Bikini-Atoll wieder verlassen

„Washington (ddp.) Innerhalb von 90 Tagen müssen die 139 auf dem Bikini-Atoll im Pazifik lebenden Menschen ihr Hab und Gut packen und an einen bisher noch unbekannten Ort ziehen. Die Insel, von 1946 bis 1968 Schauplatz von insgesamt 23 Atomtests, ist wahrscheinlich noch für die nächsten 30 Jahre unbewohnbar. Ruth G. van Cleve, Leiterin des Amtes für Regionalplanung im US-Innenministerium, erläuterte einem Unterausschuß des Repräsentantenhauses, daß der Umzug unbedingt erforderlich sei, auch wenn die im vergangenen Monat an den Insulanern vorgenommenen Untersuchungen ‚keine unmittelbare Gefahr'

für sie ergeben hätten. Die Strahlendosis in ihren Körpern sei aber noch immer zu hoch. 1969, als den Insulanern die Rückkehr erlaubt worden sei, habe es keine Hinweise auf eine Gefährdung durch verseuchte Nahrungsmittel gegeben."
(Aus: Süddeutsche Zeitung vom 24./25. Mai 1978, 64)

Atom-Schutzbunker

„Objekt in unmittelbarer Nähe Frankfurts erstellt. 3 Autobahnanschlüsse vor der Tür.
Miete oder Pacht (99 Jahre) von 1 bis zu 50 Plätzen möglich.
Steuerbegünstigt. Notarielle Abwicklung. Übertragbar. Privat an Privat.
ASSS - Atom-Sicheres-Schutz-System, Kiefernweg 17, 6082 Mörfelden-Walldorf.
Vertrauen gegen Sicherheit!"
(Aus der „Frankfurter Allgemeinen"; wieder abgedruckt in: Der Spiegel vom 8. Jan. 1979, 162)

Aufruf zum einfachen Leben

„Stuttgart (ddp) Unter dem Motto ‚einfacher leben, einfach überleben" hat das Diakonische Werk zur Anwendung umweltfreundlicher und energiesparender Techniken aufgerufen. Die Aktion ‚Brot für die Welt' des Werkes teilte in Stuttgart mit, daß sie ab sofort Briefe und Briefdrucksachen auf Recycling-Papier, das aus 100 Prozent Altpapier besteht, schreiben wird. Mit dieser ‚Aktion E' will sie zu einem einfacheren Lebensstil aufrufen."
(Aus: Süddeutsche Zeitung vom 11./12. Febr. 1978, 11)

Gaswolke läßt Probleme zurück
Ruf nach Informationspflicht chemischer Werke / Politiker und Gewerkschaften empört

„München, 8. Januar. – Der Austritt einer stinkenden Gaswolke aus einem Chemiebetrieb in Burghausen hat zumindest in Bayern die Diskussion um eine Verschärfung des Umweltschutzes und die Einführung einer obligatorischen Meldepflicht für Störfälle in chemischen Produktionsstätten neu belebt. Zu dem Vorfall vom Samstag erklärte gestern das Umweltministerium, Minister Alfred Dick wolle das Ergebnis der bisherigen Untersuchungen heute auf einer Pressekonferenz in seinem Hause vorlegen. Geklärt werden muß vor allem, ob die Zusammensetzung der Gaswolke identisch ist mit den chemischen Substanzen, die aus dem Leck in dem Burghausener Unternehmen freigesetzt worden sind.
Äußerst zurückhaltend hat sich am Montag der Landesverband Bayern der che-

mischen Industrie zu dem Gaswolken-Vorfall vom Samstag geäußert. Solange nicht einwandfrei bewiesen sei, daß das Werk in Burghausen als der Verursacher dieser Umweltbelästigung anzusehen ist, wolle man keine endgültige Stellungnahme abgeben. Geschäftsführer Werner Kalb bestätigte gegenüber der SZ, daß der Vorgang Gegenstand einer Diskussion der Landesgeschäftsführer des Verbandes in Frankfurt war.
Kalb nannte die ‚Nervosität‘ der Öffentlichkeit in diesem Fall ‚zwar verständlich‘, warnte aber gleichzeitig davor, die Dinge ‚hochzuspielen‘. In dem vorliegenden Tatbestand seien noch ‚viele Fragezeichen‘ vorhanden."
(Aus: Süddeutsche Zeitung vom 8. Jan. 1979, 1 und 14)

Asketische Weltkultur?

„Zunächst, so scheint mir, spiegeln alle Gefahren, die wir vor uns sehen, keine technischen Ausweglosigkeiten, sondern eher umgekehrt die Unfähigkeit unserer Kultur, mit den Geschenken ihrer eigenen Erfindungskraft vernünftig umzugehen. Maschinen können automatisiert werden, ein Gesellschaftssystem aber bedarf der Träger, die dieses System verstehen und ihm mit ihrem Willen zustimmen. Verzicht auf die fortschreitende Technik ist, auch wo er heilsam wäre, in einer unerleuchteten Menschheit wie der heutigen politisch und ökonomisch nicht durchsetzbar; in einer ihrer Situation bewußteren Menschheit aber wäre er vermutlich überflüssig. Bewußtseinsentwicklung ist die Aufgabe, welche die technische Entwicklung uns stellt. Ich bin gelegentlich gefragt worden, woher ich das Vertrauen auf die Vernunft nehme. Mein Vertrauen auf die heute wirksame Vernunft ist nicht groß; meine Gegenfrage wäre nur, ob der Frager mir Vertrauen auf die Unvernunft empfehlen will. Wir haben in der Tat keine andere Wahl als die, uns durch unsere selbsterzeugten Probleme bewußt unter denjenigen Leidensdruck setzen zu lassen, ohne den nie eine Bewußtseinsreifung geschieht. Und ohne Bewußtseinsreifung meistern wir unsere Probleme nicht.
Erst in diesem Zusammenhang würde man ernstlich von einer asketischen Kultur sprechen können. Bewußte Askese, selbstbeherrschende Zurückhaltung, ist etwas anderes als die Bescheidenheit des Armen, der sich mit dem begnügt, was er haben kann. Bewußte Askese ist bisher stets von Minderheiten geübt worden, die dadurch das Bewußtsein ihrer Aufgabe wachhielten. So die tiefe Erfahrungswelt, welche die religiöse Askese aufschließt. So die Selbstzucht, ohne welche herrschende Eliten niemals lange zu dauern vermochten, bis hin zu den Leistungsanforderungen, die jeder heutige Technokrat an sich stellen muß. So die eindrucksvollen Ansätze intellektueller Minderheiten unserer Tage, zu einem bedürfnislosen Leben zurückzukehren."
(Aus: C.F. v. Weizsäcker, Deutlichkeit, München/Wien 1978, 70f)

R.P.

Friedrich Dürrenmatt, Der Tunnel

INHALT
Ein junger, fetter Mann steigt in den Zug, der ihn jede Woche einmal an den Studienort bringt. Dieses Mal will der Tunnel nicht aufhören. Der junge Mann scheint der Einzige zu sein, der das merkt. Er drängt sich nach vorne zum Zugführer. Dieser hat schon alles versucht, den immer schneller abwärts rasenden Zug anzuhalten. Vergeblich! Beide klettern schließlich zur Lokomotive hinüber. Aber auch da ist keine Möglichkeit, den Fall abzuwenden. Der Lokomotivführer ist bereits abgesprungen. Angesichts der Ohnmacht, etwas tun zu können, nimmt der junge Mann nun gierig auf, was da vorgeht. Man kann nichts tun, sagt er zum Zugführer, „Gott ließ uns fallen, und so stürzen wir denn auf ihn zu."
LESEDAUER: 23 Minuten
THEMATIK: *Verhängnis,* Zukunft, Apokalyptik

Dürrenmatt hat ein reales Erlebnis zu einer surrealen Geschichte ausgeweitet. Ein Tunnel, jeder hat das schon erlebt, ist der Auslöser. Wer wäre in einem Tunnel nicht schon einmal von einem leichten Grausen gepackt worden, wenn er sich beim Gedanken an die Unendlichkeit dieser Finsternis ertappt hat? Auch meine achtjährige Tochter hat mit Schaudern einmal gefragt: „Wenn der Tunnel nicht mehr aufhört?"
Eine andere Assoziation steigt mir aus meiner Traumwelt auf. All die Alpträume, in denen man fällt und fällt, oder rennt und rennt, ohne vom Fleck zu kommen, sind angesprochen.
Beim Gebrauch dieser Geschichte in einer Gruppe lohnt es sich, zunächst in dieser Art Assoziationen zu wecken. Wir werden sehen: Das Material, das zusammenkommt, ist ungeheuer vielfältig. Und es lassen sich dementsprechend auch die verschiedensten Deutungen des Tunnels und der ganzen Geschichte geben. Aber aufgepaßt: Es ist bei dieser Geschichte wie bei einem Traum. Jeder muß sich seine Deutung selber geben. Eine bloß „gelernte" Deutung trifft nicht persönlich.
Für einen kann der Fall im Tunnel ein Bild für die Entwicklung der Zivilisation und der Technik sein. Für einen andern in religiöser Interpretation ein Bild für den Sündenfall, für einen dritten kann er den Ablauf des menschlichen Lebens darstellen (ich denke da an die Bedeutung des Bildes „Tunnel" bei Depressiven) und für einen vierten die Reise ins Unterbewußtsein (siehe S. Freud, Traumdeutung, Condition humana, Band II, Frankfurt 1974[2], bes. 383).

Die Geschichte erinnert zudem an Berichte, die wir von Menschen im LSD-Rausch kennen. Ebenso könnte eine Meditation einen solchen Weg nehmen. Für ungeübte Gruppen ist es aber leichter, nicht von Assoziationen auszugehen, da die Verarbeitung schwierig ist. Einfacher ist es, die Geschichte in einem bestimmten Themenkreis eingebettet zu bringen und von da aus sorgfältig den Reaktionen in der Gruppe entsprechend den Horizont auszuweiten.

Die Geschichte kann, wie schon angedeutet, in verschiedenem Zusammenhang verwendet werden:
— Zur Interpretation des zivilisatorischen und technischen Fortschritts. Ist der Fortschritt ein Fall ins Dunkle? Ist das eine zu pessimistische Sicht?
— Zur Frage nach Gott. Dabei empfiehlt es sich, vom letzten Satz auszugehen: „Gott ließ uns fallen, und so stürzen wir denn auf ihn zu." Dieser Satz erinnert an die Sündenfallgeschichte und an den Kampf Hiobs mit Gott. Stellen Sie diesem Satz Texte gegenüber, die vom Gehaltensein in Gottes Hand sprechen.
— Zum Selbstverständnis jedes Einzelnen. Was bedeutet es, daß der junge Mann so fett ist und alle seine Löcher verstopft? Erst wie er das Unausweichliche im Fall sieht, sperrt er die Augen auf. Erst jetzt kann er wahrnehmen. Will Dürrenmatt damit den Menschen unserer Zeit charakterisieren; den Menschen, der inmitten einer apokalyptischen Welt individualistisch nur sich selber lebt? Oder zeichnet er den Menschen überhaupt, der nur dank seines Vermögens, die Löcher zu verstopfen, diese Welt aushalten kann?

Aus der ganzen Geschichte spricht ein sehr pessimistischer Ton. Sowohl das Leben des Einzelnen als auch die Entwicklung der Gesellschaft wird in regelmäßig eingestreuten Bemerkungen pessimistisch gedeutet. Der junge Mann ist von Schrecklichem, Ungeheuerlichem umgeben. Davor verstopft er die Löcher. Er fährt im Zug durch das Leben, nimmt die Umwelt nur hinter Glasscheiben wahr. Er hat überhaupt keinen Kontakt mit den Mitreisenden. Er sieht bloß, wieder durch Scheiben, wie diese einander zuprosten, aber er gehört nicht dazu. Sein Fett ist äußeres Zeichen dieser Distanz. „Wir bewegen uns auf Schienen." Mit dieser Bemerkung meint der Autor wohl nicht nur die Reisenden in der Geschichte. Und er geht noch weiter: „Wir fahren abwärts." Das tönt wie das Ergebnis einer Deszendenz-Lehre. Die Verantwortlichen sind abgesprungen. Eine Ausnahme macht nur der Zugführer, der ohnehin schon immer ohne Hoffnung gelebt hat.

Es kann reizvoll sein, mit einer Gruppe diesen pessimistischen Grundton herauszuarbeiten, um Widerspruch zu provozieren. Die Frage wird nämlich bestimmt kommen, welche Art von (christlicher) Hoffnung gegen einen solchen Pessimismus aufkommt.

Ich weise vor allem auf die Ausführungen im obigen Abschnitt hin. Es hat sich aus der Sache heraus so ergeben, daß dort schon viele für die Praxis brauchbare Fragen aufgeworfen sind.
Achten Sie auf Werke der „art brut", aber auch expressiver Kunst, die ähnliche Erfahrungen darstellen.
Beispiel: Hieronymus Bosch, gest. 1516, Visionen vom Jenseits. Der Aufstieg in den Himmel hat er als Durchreise durch einen Tunnel dargestellt.
Vgl. Berichte von Menschen, die klinisch tot waren und wieder ins Leben zurückgeholt wurden. Sie erzählen häufig von einem Tunnel, z.B. J.Ch. Hampe, Sterben ist doch ganz anders, Stuttgart 1975; vgl. aus der Bibel: 1. Mose 3; das Buch Hiob.

Eine ganz ähnliche Problematik behandeln in ähnlicher Form die Filme: „Die Reise des Herrn Guitton", Verleih Zoom, CH Dübendorf; „Die Reise" im gleichen Verleih erhältlich. Der Film spielt in einem Eisenbahnwagen. Sieben Menschen reisen darin. In jedem Tunnel verschwindet einer.

M.L.

Hermann Hesse, See, Baum, Berg

INHALT
Ein Wanderer hält Rast unter einem Baum, versinkt in einen Traum, in dem er sich selbst wieder als Kind erlebt und damit zugleich ganz elementar den Zusammenhang mit der Landschaft, ja der Schöpfung wahrnimmt. Wieder erwacht und wiederum unterwegs, bekommen aufs neue Zeiteinteilung und Verpflichtungen des Tages ihre Geltung, und das erlebte Einssein mit der Schöpfung gerät abermals in Vergessenheit.
LESEDAUER: 5 Minuten
THEMATIK: *Schöpfung,* Umwelt, Lebensziel, Leistung, Meditation

Auf den ersten oberflächlichen Blick wirkt die Geschichte fast ereignislos. Doch sie gewinnt an Intensität, wenn man sie so in sich aufnimmt, daß das Ineinandergleiten der Bilder, das Aufklingen der Farbtöne wirksam wird. Dabei zeigt sich,

daß der Gang der Erzählung dem Verlauf einer Meditation gleichkommt. Die gewöhnlichen Grenzen von Zeit und Raum lösen sich auf, die augenfällige Wirklichkeit vertieft und weitet sich zu anderen Wirklichkeiten, zu einer Transparenz auf den großen Zusammenhang der Schöpfung hin.
Beim Erwachen ist dem Wanderer wieder nur die Landschaft vor Augen, aber noch Teil und Ausdruck des Ganzen, und er selbst empfindet sich damit in vollem Einklang.
Zum Ende hin wird abermals der Vordergrund bestimmend mit Terminen, Wegrichtung und dem „Zug nach Mailand", und der Leser gewinnt den Eindruck, als verlösche im Bewußtsein des Wanderers das vorangegangene großartige Erlebnis. Eben von diesem Schluß her ist über die ganze Schilderung nachzudenken: Will der Verfasser darauf hinweisen, wieviel Wirklichkeitsverlust der Mensch erleidet, der nach Terminkalender und Fahrplan lebt? Kommen wir nur im Traum oder nur in der Meditation den anderen Wirklichkeiten nahe? Andererseits, müssen wir nicht auch für den „Zug nach Mailand" Partei ergreifen? Je mehr wir uns auf den kurzen Text einlassen, desto spannender kann die Kontroverse werden, bis hin zu den folgenden Gedanken, die Dorothee Sölle in ihrem Buch „Die Hinreise" entwickelt hat:
„Fast scheint es unmöglich, dies zusammenzubekommen: das Ausmaß an Weg nach innen, das wir zur Selbsterfahrung brauchen, und den Rückweg in die Sozialität einer endlich bewohnbar werdenden Erde. Innerlichkeit und Engagement fallen den meisten auseinander, die Sensiblen sind selten solidarisch und die Solidarischen bringen zu wenig Sensibilität auf. Ora et labora, lutte et contemplation (Roger Schütz) scheinen wie auf zwei Welten verteilt... Die kritische Frage an jeden Ausdruck der tiefsten menschlichen Erfahrungen, die wir als Weg nach innen fassen, ist die Frage nach der Verbindung zur Sozialität des Menschen..." (aaO. 75f).

Um die Wirkungen der Erzählung nicht allzu schnell auf die Ebene von Begriffen zu reduzieren, empfiehlt es sich auch in diesem Fall, die betreffende Klasse oder Gruppe zunächst die wahrgenommenen Elemente mit Farben oder in Collagen darstellen zu lassen, um danach erst miteinander über die gewonnenen Eindrücke zu reden.

Literatur:
D. Sölle, Die Hinreise, Stuttgart/Berlin 1975, bes. die Kapitel „Erfahrung nannte man früher Seele", „Der goldene Vogel" und „Der Wunsch, ganz zu sein".
E. Eggimann, Meditation mit offenen Augen, München 1974.
Vgl. in diesem Band die Geschichten von Hermann Hesse „Flötentraum", von Werner Bergengruen „Die Märchenkutsche" und die Legende „Am seidenen Faden".

U.K.

Register

Stichworte

Abhängigkeit 38, 89f, 95, 105, 145f, 162
Abwehrmechanismen 82f, 89, 169
Aggression 104, 133, 139ff, 150f, 163f, 173, 176
Alter 18f, 52f, 123, 146
Anerkennung 20ff, 108
Angst 25f, 29, 44, 54f, 82, 108f, 118, 123, 139ff, 150f, 156, 164, 172, 176f
Anpassung 88—91, 145f, 173
Antisemitismus 78f, 139ff
Apokalyptik 27f, 176—181
Arbeitswelt 18f, 47, 145, 161f
Armut 71ff, 110ff, 127f, 135
Atomkrieg 176ff
Außenseiter 45, 74—81, 88, 139ff, 142
Autonomie 145, 168

Barmherzigkeit 27, 68f, 88, 125
Beerdigung 43f, 93, 137ff
Befreiung 75, 80, 85, 158, 168
Behinderung 74f, 79f, 82f, 146
Beichte 62f, 135
Besitz 38, 60, 124f, 173, 176
Bewußtwerden 13, 38
Beziehung 93, 97, 101f, 108f, 114f, 122f, 156, 175, 181
Bindung 101, 122f
Böse, das 76, 133f, 163
Bürgerinitiative 89

christl. Lehre 39f, 129, 162
Christsein 60f, 126ff, 172

Dankbarkeit 32f, 87, 110
Demokratie 89
Demonstration 88f
Diakonie 125f
Diskriminierung 141—144, 164
Dritte Welt 127f, 135f, 168, 173

Ehe 48f, 93—96, 108, 115f
Ehrlichkeit 46, 128, 158
Eifersucht 62f, 121
Einfühlung 15ff, 38, 74f, 101ff
Einsamkeit 47, 52, 55, 85, 118, 121ff
Eltern 25, 54f, 101—110, 163
Engagement 125ff, 168f, 183
Entfremdung 47f, 54, 60, 93, 102, 117f
Enttäuschung 32, 88, 102, 119
Entwicklungshilfe 127f, 173
Erfolg 20, 171
Erwachsen werden 13, 25, 101ff
Erwachsenen-Ich 33
Erwartungshaltung 76ff
Erziehung 29, 64, 78, 91, 101—110, 132, 152, 173

Familie 101—107, 145, 152, 166
Fanatismus 20f, 139—145, 150
Feindschaft 96f, 99f
Fernsehen 147ff, 165
Fortschritt 60f, 161f, 170ff, 173—181

Freiheit 17f, 26, 85, 96, 103f, 145,
  148, 156f
Freizeit 18
Freundschaft 88, 103, 121
Friede 88, 96f, 132, 152
Frömmigkeit 60f

Geduld 84
Gefühle 56, 115, 120
Geheimnis 56—59, 159f
Geltung 82f, 140
Gemeinde 125f, 146
Gerechtigkeit 27f, 36f, 93f, 127f,
  135, 141, 146f
Gesellschaft 38f, 60f, 90f, 95, 118,
  123, 140f, 145, 160, 169, 173ff,
  179, 181, 183
Gesetz 95, 132
Gewalt 80, 84, 88f, 128, 136,
  145—148, 150—153, 159, 163,
  168, 171, 173
Gewissen 138, 166
Glaube 25, 39, 56—61, 159f, 170f
Gottesbild 27, 39, 60f, 103, 109
Gottesfrage 35, 63, 80, 85, 93f, 160,
  164, 170f, 176—183
Grenze 151
Grundvertrauen 25
Gruppe 91

Haß 48, 63, 93f, 99f, 136, 141f, 150
Häßliche, das 39
Herrschaft 29, 173
Heuchelei 138
Hingabe 101
Hoffnung 43, 166, 181
Hoffnungslosigkeit 121, 181
Humor 23

Ideale 17
Identifikation 74f, 90f, 97

Identität 15, 20, 22, 31, 101f, 117,
  122, 168
Ideologie 131f, 147ff, 150, 160
Initiative 88f, 120, 143
Isolation 97, 118—124, 136

Jesus 58f, 165, 170f
Jugend 36f, 98, 148

Kapitalismus 178
Kinder-Ich 33, 105, 108
Kinderträume 16f
Kindheit 15, 54, 65, 78f, 92, 101—109,
  139f, 163f, 182
Kirche 28f, 60f, 125—129, 172, 175
Kleinmut 25, 54, 145
Kommunikation 74f, 124f, 157, 181
Kompromiß 117
Konflikt 48, 96, 102, 107f, 134
Kontaktarmut 52, 76, 122
Krankheit 38, 56, 74, 133f, 166
Krieg 131f, 152ff, 176
Kriminalität 133, 148, 163
Krisen 53, 60f, 96, 175, 179

Leben 13, 80, 180
Lebenseinstellung 32, 133
— inhalt 18, 31
— sinn 16ff
— ziele 103, 182f
Leiden 32, 41, 68f, 79f
Leistung 30, 103f, 108f, 173, 182f
Lernen 20, 168
Liebe 66, 68f, 72, 95f, 108f, 112—119,
  122f, 141, 166
Lüge 65, 128f, 158, 172

Macht 135f, 146ff, 152, 160, 163ff,
  168f, 173, 176
Märchen 54, 59, 65ff, 168
Mandala 70f

Manipulation 147ff, 172f
Massenmedien 160, 164f
Maßstäbe 25, 156
Meditation 66, 70, 84f, 169, 181ff
Menschenbild 29f, 91, 140, 154, 170f, 181
— rechte 143
— würde 110f, 143f
Menschlichkeit 158, 161f, 171
Mißtrauen 54, 76
Mitmenschlichkeit 32, 85, 167
Moral 27ff, 158
Mord 33, 62f, 163

Nachfolge 126
Natur 175, 182f
Normen 30, 39, 91, 168

Ordnung 111, 156f

Partnerschaft 84, 93ff, 102, 115, 121
Passivität 120f, 128
Phantasie 134
Politik 88—91, 168f, 175
Prophetie 27f, 70

Rache 93, 99f, 135
Rassenkonflikt 136, 141—144, 168
Raumfahrt 170f
Rechtfertigung 139
Ritual 34, 42, 95, 138
Rollenprobleme 90f, 97, 105, 119f, 127f, 139f

Scheidung 93f
Schicksal 35f, 56, 60, 115
Schöpfung 39f, 69, 79ff, 182f
Schuld 33—36, 45f, 80, 82, 95, 103, 118, 123, 134, 165—168, 172
Schule 29, 128f, 139, 145, 168
Selbsterfahrung 112f, 181, 183

— findung 23, 25, 52, 65f, 101, 112f, 122f
— mord 45—48, 104, 176
— wertgefühl 110ff, 119ff, 127f, 141, 150
Sicherheit 156f
Sinn des Lebens 16f, 74, 80, 99, 168
Solidarität 27, 127f, 143f
soz. Anerkennung 20, 110f, 119f
— Einfluß 76, 118f
— Gegensätze 31, 38, 136
— Wahrnehmung 74ff
Sprache 74f, 93f
Strafe 62f, 93ff, 99, 165
Streit 96f
Sünde 133, 171f, 180f
Sündenbock 33f, 100, 140ff

Technik 161f, 170f, 177—181
Teilen 85
Teufel 128f, 133ff, 141
Tier 42, 48—51, 163f, 172f
— Töten von 41, 163f
— Tierschutz 41
Tod 13f, 18f, 43, 48, 68f, 94, 137f, 163—167, 182
Toleranz 100f, 176
Totschlag 76—80
Tradition 33
Transzendenz 118
Trauer 32, 36, 43f, 48, 138, 166, 177
Traum 13, 15f, 56f, 66, 111, 139f, 180, 182
Treue 84, 95

Umwelt 64, 76, 81, 109, 150, 173, 175, 177ff, 182f
Unfall 35ff, 108, 135, 141, 161
Unterdrückung 173

Vegetarisch leben 41

Verantwortung 36, 56, 130, 157, 168
Verdrängung 36
Vergeben 88, 93, 95ff, 99f, 103
Vergelten 27, 48, 95
Vergessen 15, 168f
Verleumden 98
Verlust 18, 32, 60f, 90f, 102
Vertrauen 25f, 66, 127, 176, 179
Verzweiflung 43, 48, 119f
Vorurteil 76, 88, 98, 133, 139ff, 156

Wagnis 25, 32, 88
Wahrheit 128f, 146, 158
Wahrsagen 56
Weihnachten 68—73, 125

Weltbild 59, 69
— ende 176f
Werbung 148f
Werte 75, 80, 91, 136, 166
Widerstand 88—91, 168f
Wirklichkeit 21, 58, 65, 92, 117, 160, 175, 183
Wissenschaft 39, 134, 170ff, 175ff
Wünsche 17, 164

Zeit 13, 183
Zivilisation 173—181
Zukunft 121f, 132, 169—182
Zuwendung 124f
Zwang 30, 84, 105f, 150, 162, 166f, 174
Zynismus 153f, 162

Bibelstellen

1. Mose
1,26—31	43
1,28	81, 163
2,4b—24	81
2,19—20	81
3	183
3,17—19	19
40,41	57

2. Mose
20,9	19

3. Mose
19,18	158

5. Mose
5,8	158

Hiob
	60

Ps.
8,7—8	81
104,10—24	81

Spr.
6,6	19

Pred.
2,1—12	81
4,9f	96

Jes.
9,1—6	70
11,1—9	70
11,6—9	40

Dan.
7—8	57

Mal.
3,23f	103

Matth.
5,13—16	135
5,21ff	64, 97
5,43ff	124
5,44	158
6,19—24	32
6,25—34	57
6,26	57
7,1	29, 158
7,1—5	92
10,29—31	57
14,22—33	26
18,10	32
18,21f	97
18,21—35	94, 101
19,35ff	124
23,8—12	112, 137

Mark.
1,22	59
2,27	163
8,11—13	59
10,1—12	94
12,38.39	112

Luk.
10,29—37	32
10,38—42	19
12,13—21	163
12,15ff	19
15,11ff	17
16,19ff	72
18,9—14	29
18,18ff	72
19,1—10	29, 64
24,13—35	44

Joh.
1	75
2,1—11	86
6,17—21	67
8,1—11	96
8,15	158
12,24f	124
13,35	126

Apg.
4,32—35	126

Röm.
2,1—2	37
3,9—10	94
3,21—24	94
3,24	64
4	37
8,18—25	40
8,28	135
13,10	124,158

14,10—13	142
15,7	96

1. Kor.
13,1—13	124

Gal.
5,1	158

Eph.
4,2	188
4,22f	135
6,4	110

Jak.
4,11f	142

1. Joh.
3,14	17

Offb.
12	70

John O. Stevens

Die Kunst der Wahrnehmung

Übungen der Gestalt-Therapie. Aus dem Amerikanischen von Anna Sannwald. 272 Seiten. 4. Auflage. Kartoniert.

„Der Autor verknüpft in wirksamer Weise Erwachsenenbildung und Lebenshilfe; die Übungen implizieren nämlich Formen der Kommunikation, der Beobachtung, der Offenbarung von Phantasien und der kreativen Gestaltung im pantomimischen, musikalischen und bildnerischen Bereich. Der Nutzen der Übungen für das Wahrnehmungsvermögen ist ohne Zweifel erheblich."

Archiv für angewandte Sozialpädagogik

„Was wir immer wieder versuchen, ist problematisch: Sich selbst verändern zu wollen, um ein anderer zu werden als der, der ich bin. Dazu bedarf es der Wahrnehmung der ganzen Erfahrung, auch derjenigen, die ich nicht zulasse. Wenn ich mit meinen Gefühlen und körperlichen Empfindungen Kontakt bekomme, sie zulasse und mit ihnen in Übereinstimmung komme, geschieht Veränderung von selbst. Das Buch von Stevens enthält eine große Zahl von Übungen, die den Körper, die Sinne und die Phantasie einbeziehen." *Wege zum Menschen*

Muriel James / Louis M. Savary

Befreites Leben

Transaktionsanalyse und religiöse Erfahrung. Mit einem Leitfaden für die Gruppenarbeit. Aus dem Amerikanischen von Anna Sannwald. Redaktion und Einführung von Helmut Harsch. 216 Seiten. Kartoniert.

Die erste praktische Psychologie des Glaubens in deutscher Sprache, also die Anwendung der Psychologie zum Verständnis verschiedener religiöser Einstellungen und Verhaltensweisen. Die Autoren — Schüler von Eric Berne („Spiele der Erwachsenen") — haben in der Transaktionsanalyse das adäquate Instrument entdeckt, religiöse Erfahrungen nicht abstrakt, sondern in einem die Persönlichkeitsstrukturen des Einzelnen berücksichtigenden psychologischen Bezugsrahmen zu erklären. Zu Beginn machen sie den Leser mit der Transaktionsanalyse vertraut. Mit ihrer Hilfe werden die verschütteten, heilsamen spirituellen Kräfte im Einzelnen für ein „befreites Leben" (o.k. sein) freigesetzt. Auch für die Gruppenarbeit ist der „James / Savary" eine ganz neue Hilfe. Ein Leitfaden zur praktischen Arbeit rundet das Buch ab.

CHR. KAISER VERLAG

Ulrike Finke / Reinhard Hübner / Fritz Rohrer
Spielstücke für Gruppen
Eine Praxis der Spielpädagogik. 2. Aufl. VI. 234 Seiten. Mit zahlreichen Fotos. Zeichnungen: Doris Lerche. Visualisierung und Buchgestaltung: Reinhard Schubert. Format 21 x 27 cm. Kst.

Das Buch ist eine anspruchsvolle, ideenreiche und praxisbezogene Anleitung zu allen Formen des Spielens in Schule und Gemeinde. Der Religionslehrer wird aus dem reichen Angebot auswählen müssen. *ru*

Dieter Stolz
Schlange im Schlaraffenland
Elf Stücke zu den zehn Geboten. Kt.

Da die einzelnen Szenen keine fertigen Rezepte präsentieren, eignen sie sich sehr gut zur Aufführung mit anschließender Diskussion, für Religions- und Gruppenstunden, für Pfarreianlässe usw. *Zeichen der Liebe*

Dieter Stolz
Sag mir, wo die Blumen sind
Zehn Stücke zur Zeit. (ganz praktisch / materialien) 160 Seiten. Kt.

Hans Frör
Spiel und Wechselspiel
Kommunikationsspiele für Gruppen — Material und Methodik. 3. Auflage. 176 Seiten. Kt.

Hans Frör geht in seinem Buch von seiner eigenen reichen Spielerfahrung aus und stellt dabei eine große Zahl neuer und zum Teil von ihm selbst geschaffener Kommunikationsspiele vor, ein reichhaltiges Material für Gruppenleiter.
Gewerkschaft Erziehung und Wissenschaft

Hans Frör
Spielend bei der Sache
81 Spiele für Schulklassen, Konfirmandengruppen und Gemeindekreise. 7. Auflage. 104 Seiten Text und 18 Seiten Beilage (Arbeitsmaterial). Kst.

Eine Fundgrube für alle, die in unserer phantasielosen, konsumwütigen Zeit junge Leute zu eigenem Tun aktivieren und nicht nur intellektuell anpredigen wollen.
Sonntagsblatt für die Ev.-Luth. Kirche in Bayern

CHR. KAISER VERLAG

PROJEKTE FÜR RELIGIONSUNTERRICHT UND ERWACHSENENBILDUNG

Peter Antes / Werner Rück / Bernhard Uhde
Islam — Hinduismus — Buddhismus
Eine Herausforderung des Christentums
Bd. 1. 2. Aufl. 1977. 132 S. Kst.

Karl-Heinz Bloching
Tod
Bd. 2. 2. Aufl. 1977. 152 S. Kst.

Werner Rück / Hansjörg Volk
Kirche für die Zukunft
Bd. 3. 212 S. Kst.

Hubert Frankemölle
Jesus von Nazareth
Anspruch und Deutungen
Bd. 4. 192 S. Kst.

Anton Täubl
Gleichnisse Jesu
Ein theologischer Kurs im Medienverbund
Bd. 5. 176 S. Kst.

Georg Evers / Dagmar Plum
Mission
Bd. 6. 144 S. Kst.

Norbert Scholl
Tot — und was kommt dann?
Ein theologischer Kurs im Medienverbund
Bd. 6. Ca. 144 S. Kst.

MATTHIAS-GRÜNEWALD-VERLAG · MAINZ